ESCOLAS
CRIATIVAS

R662e   Robinson, Ken.
            Escolas criativas: a revolução que está transformando a educação / Ken Robinson, Lou Aronica ; tradução: Luís Fernando Marques Dorvillé. – Porto Alegre : Penso, 2019.
            x, 258 p. : il. color. ; 23 cm.

            ISBN 978-85-8429-161-8

            1. Educação. I. Aronica, Lou. II.Título.

                                       CDU 37

Catalogação na publicação Karin Lorien Menoncin – CRB 10/2147

Ken Robinson (Ph.D.)
Lou Aronica

ESCOLAS CRIATIVAS

a revolução
que está
transformando
a educação

Tradução
Luís Fernando Marques Dorvillé

penso

2019

Obra originalmente publicada sob o título
Creative schools: the grassroots revolution that's transforming education
ISBN 9780143108061
Copyright ©2015 by Ken Robinson.

Gerente editorial
Letícia Bispo de Lima

Colaboraram nesta edição
Editora
Paola Araújo de Oliveira

Capa
Paola Manica

Preparação de original
Daniela de Freitas Louzada

Leitura final
Antonio Augusto da Roza

Editoração
Ledur Serviços Editoriais Ltda.

Reservados todos os direitos de publicação, em língua portuguesa, à
PENSO EDITORA LTDA., uma empresa do GRUPO A EDUCAÇÃO S.A
Av. Jerônimo de Ornelas, 670 – Santana
90040-340 – Porto Alegre – RS
Fone: (51) 3027-7000 Fax: (51) 3027-7070

SÃO PAULO
Rua Doutor Cesário Mota Jr., 63 – Vila Buarque
01221-020 – São Paulo – SP
Fone: (11) 3221-9033

SAC 0800 703-3444 – www.grupoa.com.br

IMPRESSO NO BRASIL
PRINTED IN BRAZIL

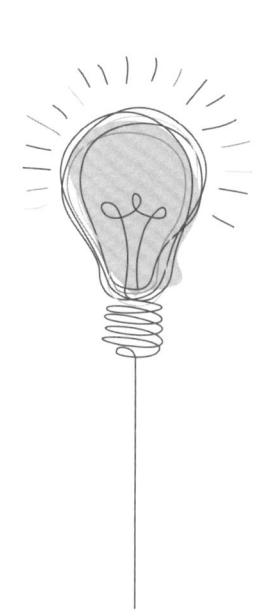

Autores

Ken Robinson, Ph.D., é um líder internacionalmente reconhecido em educação e autor dos livros *The element, Finding your element* e *Out of our minds*. Foi citado pela revista *Fast Company* como "um dos maiores pensadores mundiais em criatividade e inovação" e classificado pelo Thinkers50 entre os maiores líderes de pensamento de negócios do mundo. Ken Robinson trabalhou com governos na Europa e na Ásia, agências internacionais, empresas citadas na Fortune 500, sistemas educacionais estaduais e nacionais, bem como algumas organizações culturais e sem fins lucrativos espalhadas ao redor do mundo. Foi professor de educação na University of Warwick, no Reino Unido, durante 12 anos e hoje é professor emérito da instituição. Sua palestra de 2006 – *Será que as escolas matam a criatividade?* – é a mais assistida na história do TED, já tendo sido vista por milhões de pessoas em mais de 150 países.

Lou Aronica é autor de três romances e coautor de diversos livros de não ficção, incluindo os *best-sellers The culture code, The element* e *Finding your element.*

Para o Bretton Hall College, Wakefield (1949-2001),
e todos que lá navegaram.

Agradecimentos

Passei toda a minha vida trabalhando com educação. Ao longo do caminho, fui inspirado por muitos professores, acadêmicos e profissionais extraordinários de todas as áreas. Como se diz, são muitas pessoas para que eu possa agradecer individualmente. O nível da minha gratidão deve ficar evidente à medida que você for lendo este livro, especialmente a todos com quem trabalhei nas escolas e em outros locais que são mencionados e descritos. Preciso, entretanto, agradecer a algumas pessoas específicas que participaram diretamente da produção deste livro.

Primeiro, quero agradecer a Lou Aronica, meu coautor e colaborador. Ele realizou e transcreveu muitas das entrevistas e dos estudos de caso que apresentamos aqui e, do início ao fim, foi um especialista e um parceiro sábio. Sou imensamente grato. Obrigado, Lou.

John Robinson realizou boa parte da pesquisa de base e da verificação dos fatos. Ele contribuiu imensamente de muitas outras maneiras para o processo geral de pesquisa e para torná-lo agradável e importante para mim.

Nosso agente literário, Peter Miller, foi profissional como sempre, assegurando o melhor caminho para a publicação. Kathryn Court e Tara Singh Carlson, da Penguin, foram parceiras experientes no processo de trazer este livro para o mundo em sua forma atual.

Jodi Rose foi, como sempre, mestre em certificar-se de que todas as partes dinâmicas de uma complexa agenda fossem adequadamente priorizadas, me auxiliando a perceber quando as coisas que eu achava importantes, na verdade, não eram.

Minha filha, Kate Robinson, foi fonte constante de apoio construtivo, compartilhando, como costuma fazer, uma paixão por esses temas. Meu filho,

James, me pressionou, como geralmente faz, para que eu fosse mais claro e mais direto para falar o que pretendia e fazê-lo com precisão.

Acima de tudo, sou grato, de mais maneiras do que sou capaz de expressar, a Terry, minha parceira no trabalho e na vida, que me apoia sempre com sua convicção de que o que fazemos importa. Seu senso infalível do caminho certo a seguir e dos valores corretos a defender me desafia todos os dias. É uma guia e mentora constante, e é difícil imaginar o que eu conquistaria sem ela.

Sumário

*A civilização é uma corrida entre
a educação e a catástrofe.*

H. G. Wells

INTRODUÇÃO
Um minuto para
a meia-noite

Você está preocupado com a educação? Eu estou. Uma das minhas mais profundas preocupações é que, embora os sistemas educacionais estejam sendo reformados no mundo todo, muitas dessas reformas são conduzidas por interesses políticos e econômicos que não entendem como as pessoas reais aprendem e como as grandes escolas, na verdade, funcionam. Como consequência, elas comprometem as perspectivas de inúmeros jovens. Mais cedo ou mais tarde, para o bem ou para o mal, elas irão afetar você ou alguém que você conhece. É importante entender do que essas reformas tratam. Se você concordar que elas estão indo na direção errada, espero que se torne parte do movimento em defesa de uma abordagem mais holística, que cultive os diversos talentos de todas as crianças.

Neste livro, quero mostrar como a cultura de padronização está prejudicando os alunos e apresentar uma maneira diferente de pensar sobre a educação. Também quero mostrar que não importa quem você seja e onde esteja, você tem o poder de mudar o sistema. As mudanças estão acontecendo. Em todo o mundo, existem muitas grandes escolas, professores maravilhosos e líderes inspiradores que estão trabalhando de maneira criativa para oferecer aos alunos os tipos de educação personalizada, solidária e voltada para a comunidade de que eles precisam. Distritos escolares inteiros e até sistemas nacionais estão se transformando nessa mesma direção. Pessoas em todos os níveis desse sistema estão pressionando pelas mudanças que defendo aqui.

Em 2006, dei uma palestra em uma conferência TED, na Califórnia, chamada *Do schools kill creativity?* (Será que as escolas matam a criatividade?).[*] A essência da apresentação estava no fato de que todos nós nascemos

---

[*] N. de E. Disponível em: www.ted.com/talks/ken_robinson_says_schools_kill_creativity#t-3203.

com talentos naturais imensos, mas, quando passamos pela escola, muitos perdem contato com eles. Como eu disse na época, muitas pessoas que são excepcionalmente talentosas e brilhantes não percebem isso, porque aquilo em que eram boas na escola não era valorizado ou, na verdade, era estigmatizado. As consequências são desastrosas para os indivíduos e para a saúde das nossas comunidades.

Essa palestra foi a mais vista na história do TED. Ela foi visualizada *on-line* mais de 30 milhões de vezes e assistida por aproximadamente 300 milhões de pessoas em todo o mundo. Eu sei que não se compara à quantidade de visualizações que os vídeos de Miley Cyrus têm, mas o fato é que não danço de maneira provocativa.

Desde que ela foi postada na internet, recebi mensagens de alunos de todo o mundo que dizem tê-la mostrado a seus professores ou a seus pais, de pais que disseram que a mostraram a seus filhos, de professores que a mostraram a seus diretores e de superintendentes que a mostraram a todos. Considero isso uma evidência de que não estou sozinho ao pensar dessa forma. Além disso, todas essas questões não são recentes.

Em 2014, fui palestrante em uma faculdade da região Centro-Oeste dos Estados Unidos. Durante o almoço, uma pessoa da faculdade me disse: "Você está nisso há muito tempo, não está?". Eu perguntei: "Nisso o quê?". Ela respondeu: "Tentando mudar a educação. Há quanto tempo? Oito anos?". Respondi: "O que você quer dizer com oito anos?". O sujeito disse: "Você sabe, desde a palestra do TED". Eu falei: "Sim, mas eu estava vivo antes disso...".

Trabalho com educação há mais de 40 anos, atuando como professor, pesquisador, instrutor, examinador e conselheiro. Trabalhei com todos os tipos de pessoas, instituições e sistemas de educação e com negócios, governos e organizações culturais. Coordenei iniciativas práticas em escolas, distritos e governos, ensinei em universidades e ajudei a criar novas instituições. Em todas essas funções, defendi abordagens mais equilibradas, individualizadas e criativas para a educação.

Especialmente nos últimos 10 anos, escutei pessoas de todos os lugares dizendo o quanto ficavam exasperadas com os efeitos mortais dos testes e das padronizações sobre si mesmas, suas crianças ou seus amigos. Muitas vezes, elas se sentem impotentes e dizem que não há nada que possam fazer para mudar a educação. Algumas pessoas dizem que gostam das minhas palestras *on-line*, mas que ficam frustradas porque eu não digo o que elas podem fazer para mudar o sistema. Tenho três respostas. A primeira é: "Era uma palestra de 18 minutos, me dá um tempo!". A segunda é: "Se você realmente estiver interessado no que eu penso, publiquei muitos livros, relatórios e estratégias sobre tudo que você pode considerar útil".[1] A terceira resposta é este livro.

Frequentemente me fazem as mesmas perguntas: O que está dando errado na educação e por quê? Se você pudesse reinventar a educação, como ela seria? Você teria escolas? Existiriam vários tipos de educação? Como seria cada um deles? Todos teriam que frequentar as escolas e que idade deveriam ter? Haveria exames? E se você diz que posso fazer a diferença na educação, por onde começo?

A questão fundamental é: *para que serve a educação?* As pessoas discordam profundamente sobre educação. Assim como *democracia* e *justiça*, *educação* é um exemplo do que o filósofo Walter Bryce Gallie denominou "conceito essencialmente contestado". Ela representa aspectos diferentes para pessoas diferentes, de acordo com seus valores culturais e a maneira como encaram temas relacionados, como etnia, gênero, pobreza e classe social. Não significa que não possamos discuti-la ou que não há nada que possamos fazer a respeito. Apenas precisamos ser claros sobre os termos.[2] Assim, antes de prosseguir, deixe-me dizer algumas palavras sobre os termos *aprendizagem*, *educação*, *treinamento* e *escola*, que algumas vezes são confundidos.

Aprendizagem é o processo de adquirir novos conhecimentos e habilidades. Os seres humanos são aprendizes altamente curiosos. Desde o momento em que nascem, as crianças pequenas têm apetite voraz por aprender. Para muitos, esse apetite começa a desaparecer quando entram na escola. Mantê-lo vivo é o segredo para transformar a educação.

Educação significa programas organizados de aprendizagem. O pressuposto da educação formal é que os jovens precisam aprender, entender e ser capazes de fazer coisas que não fariam se fossem deixados sozinhos com seus próprios recursos. Aqui, as questões centrais são: quais são essas coisas e como a educação deve ser organizada para ajudar os alunos a aprendê-las.

Treinamento é um tipo de educação centrado na aprendizagem de habilidades específicas. Lembro-me de que, quando eu era aluno, aconteciam debates sérios sobre a dificuldade em diferenciar educação de treinamento. A diferença era clara o suficiente quando falávamos sobre educação sexual. A maioria dos pais ficaria feliz em saber que seus filhos adolescentes tiveram aulas de educação sexual na escola; porém, provavelmente não gostariam nem um pouco se tivessem recebido treinamento sexual.

Quando falo sobre *escolas*, não me refiro apenas às instalações convencionais para crianças e adolescentes às quais estamos acostumados. Trata-se de qualquer comunidade de pessoas que se organizam para ensinar umas às outras. A escola, como emprego o termo aqui, inclui o ensino domiciliar (*homeschooling*), a desescolarização (*unschooling*) e as reuniões informais, tanto presenciais quanto *on-line*, do jardim de infância ao ensino superior, e assim por diante. Algumas características das escolas convencionais têm pouco a ver com a aprendizagem e podem ativamente dificultá-la. A revolução de que precisamos envolve repensar como as escolas trabalham e o que é importante nelas. Trata-se também de acreditar em uma história diferente sobre a educação.

Todos nós amamos histórias, mesmo as que não são verdadeiras. À medida que crescemos, uma das maneiras de aprendermos sobre o mundo é por meio das histórias que escutamos. Algumas são sobre eventos e personalidades particulares dos nossos círculos pessoais de família e amigos. Outras fazem parte de culturas maiores às quais pertencemos – os mitos, as fábulas e os contos de fada sobre nossas próprias maneiras de viver que têm cativado as pessoas ao longo das gerações. Em histórias que são contadas com frequência, a linha entre fato e mito pode tornar-se indistinta a ponto de facilmente confundirmos um com o outro. Isso vale para uma história que muitas pessoas consideram verdadeira sobre educação, mesmo que ela não seja real e nunca tenha sido. A história é a seguinte:

Jovens entram nos anos iniciais do ensino fundamental principalmente para aprender as habilidades básicas de leitura, escrita e matemática. Essas habilidades são essenciais para que possam ter um bom desempenho acadêmico no ensino médio. Se prosseguirem para o ensino superior e se graduarem com uma boa nota, eles encontrarão um emprego que paga bem, e o país também irá prosperar.

Nessa história, a inteligência real é o que você utiliza nos estudos acadêmicos: as crianças nascem com diferentes níveis dessa inteligência, e, assim, naturalmente, algumas têm bom desempenho escolar e outras não. Aquelas que são de fato inteligentes prosseguem para boas universidades com outros alunos academicamente brilhantes. Aquelas que se formam em uma boa universidade têm assegurado um emprego bem remunerado e no qual terão seu próprio escritório. Os alunos que são naturalmente menos inteligentes têm pior desempenho na escola. Alguns podem ser reprovados ou abandonar os estudos. Alguns dos que concluem o ensino médio podem não prosseguir com sua formação e buscar um emprego de baixa remuneração. Alguns entrarão no ensino superior, mas em cursos vocacionais menos acadêmicos, e conseguirão um emprego decente ou um trabalho manual, com seu próprio *kit* de ferramentas.

Quando contada de modo tão direto, essa história pode se parecer muito exagerada. Mas quando você observa o que se passa em muitas escolas, quando ouve o que muitos pais esperam de seus filhos e para seus filhos, quando leva em conta o que tantos legisladores em todo o mundo estão, na verdade, fazendo, parece que eles de fato acreditam que os sistemas atuais de educação são basicamente consistentes e só não estão funcionando tão bem quanto deveriam porque os padrões decaíram. Consequentemente, a maior parte dos esforços se concentrou em elevar os padrões por meio de mais competição e responsabilidade. Você pode acreditar nessa história também e querer saber o que há de errado com ela.

Essa história é um mito perigoso. Ela é uma das razões principais pelas quais tantos esforços de reforma não funcionam. Ao contrário, eles frequentemente são parte dos problemas que dizem estar resolvendo. Eles incluem as alarmantes taxas de não graduação, tanto das escolas como das instituições de ensino superior, os níveis de estresse e depressão – mesmo suicídio – entre alunos e professores, a crescente desvalorização do título universitário, os custos astronômicos para se obter um diploma e os níveis crescentes de desemprego tanto entre graduados quanto entre não graduados.

Os políticos frequentemente não sabem o que fazer em relação a esses problemas. Às vezes, eles punem as escolas por não serem bem-sucedidas. Às vezes, criam programas remediadores para trazê-las de volta à linha. Mas os problemas persistem e estão, de muitas maneiras, piorando. O motivo é que muitos deles são causados pelo próprio sistema.

Todos os sistemas comportam-se de maneira particular. Quando eu tinha 20 anos, em Liverpool, fiz uma visita a um abatedouro (não me lembro do motivo agora; provavelmente tinha um encontro). Abatedouros são planejados para matar animais. E eles funcionam. Pouquíssimos escapam e formam clubes de sobreviventes. Quando chegamos ao fim, passamos por uma porta em que estava escrito: "veterinário". Imaginei que essa pessoa estaria bem deprimida ao fim de um dia e perguntei ao guia por que o abatedouro tinha um veterinário. Não era um pouco tarde para isso? Ele disse que o veterinário vinha periodicamente para realizar autópsias aleatórias. Eu pensei: "A essa altura, ele já deve ter encontrado um padrão".

Se você desenvolver um sistema para fazer algo específico, não se surpreenda se ele o fizer. Se você conduzir um sistema educacional baseado na padronização e na conformidade que suprime a individualidade, a imaginação e a criatividade, não se surpreenda se for isso que ele fizer.

Há uma diferença entre sintomas e causas. Existem muitos sintomas do mal-estar atual na educação, e eles não serão aliviados, a menos que os problemas mais profundos que estão por trás deles sejam compreendidos. Um desses problemas é o caráter industrial da educação pública. Em resumo, a questão é a seguinte: a maioria dos países desenvolvidos não tinha sistemas de educação pública de massa antes do meio do século XIX. Esses sistemas foram desenvolvidos em grande parte para atender às necessidades de trabalho da Revolução Industrial, e foram organizados segundo os princípios da produção em massa. O movimento de padronização alegadamente tem como meta se concentrar em tornar esses sistemas mais eficientes e responsáveis. O problema é que eles são inerentemente inadequados para as circunstâncias inteiramente diferentes do século XXI.

Nos últimos 40 anos, a população do mundo dobrou, passando de menos de 3 bilhões para mais de 7 bilhões. Somos a maior população de seres humanos que já viveu na Terra ao mesmo tempo, e os números estão crescendo aceleradamente. Ao mesmo tempo, as tecnologias digitais estão transformando o modo como trabalhamos, brincamos, pensamos, sentimos e nos relacionamos uns com os outros. Essa revolução mal começou. Os antigos sistemas de educação não foram planejados tendo esse mundo em mente. Melhorá-los por meio da elevação dos padrões convencionais não significa atender aos desafios que agora enfrentamos.

Não me entenda mal; não estou sugerindo que todas as escolas são terríveis ou que todo o sistema é uma porcaria. É claro que não. A educação pública beneficiou milhões de pessoas de diversos modos, inclusive eu. Não conseguiria ter a vida que tenho a não ser devido à educação pública gratuita que recebi na Inglaterra. Crescendo em uma grande família da classe trabalhadora na década de 1950, em Liverpool, minha vida poderia ter tomado uma direção completamente diferente. A educação abriu a minha mente para o mundo à minha volta e me forneceu os pilares sobre os quais construí minha vida.

Para um número infinito de outras pessoas, a educação pública tem sido o caminho para a realização pessoal ou o rumo para escapar da pobreza e da falta de condições. Várias pessoas prosperaram no sistema e tiveram uma vida bem-sucedida graças a ele. Seria ridículo sugerir o contrário. Mas bem mais pessoas não se beneficiaram como deveriam dos longos anos de educação pública. O sucesso daqueles que foram bem-sucedidos no sistema vem à custa do alto preço daqueles que não foram. À medida que o movimento de padronização ganha força, cada vez mais alunos estão pagando o preço do fracasso. Muito frequentemente, aqueles que estão sendo bem-sucedidos conseguem isso apesar da cultura dominante de educação, e não devido a ela.

Então, o que você pode fazer? Seja você aluno, educador, pai ou mãe, administrador ou legislador – se estiver envolvido em educação de alguma forma –, você pode ser parte da mudança. Para fazer isso, você precisa de três tipos de entendimento: uma *visão crítica* sobre o modo como as coisas são, uma *meta* de como elas podem ser e uma *teoria para a mudança* sobre como passar de uma situação para a outra. É isso que ofereço neste livro, com base na minha própria experiência e na de muitas outras pessoas. Três tipos de materiais são construídos ao longo dos capítulos a seguir: análise, princípios e exemplos.

Se você quiser mudar a educação, é importante reconhecer que tipo de sistema ela é. Ela não é monolítica nem imutável, sendo essa a razão pela qual você pode fazer algo a respeito. Ela tem muitas faces, muitos interesses interconectados e muitos pontos de inovação potencial. Saber disso ajuda a explicar por que e como você pode mudá-la.

A revolução que estou defendendo se baseia em princípios diferentes daqueles do movimento de padronização. Ela se baseia na crença do valor do indivíduo, no direito à autodeterminação, no nosso potencial para evoluir e viver uma vida plena e na importância da responsabilidade cívica e do respeito pelos outros. À medida que avançarmos, desenvolverei melhor o que considero os quatro propósitos básicos da educação: pessoal, cultural, social e econômico. Para mim, o objetivo da educação é *possibilitar às pessoas a compreensão do mundo à sua volta e de seus talentos a fim de que se tornem cidadãos plenos, ativos e solidários.*

Este livro está cheio de exemplos de vários tipos de escolas. Ele se baseia no trabalho de milhares de pessoas e organizações que se esforçam para transformar a educação, bem como nas pesquisas atuais disponíveis que estão sendo colocadas em prática. Meu objetivo é fornecer uma visão geral coerente das mudanças que são urgentemente necessárias nas escolas. Isso inclui o contexto transformador da educação, a dinâmica das instituições que estão mudando e as questões centrais de aprendizagem, ensino, currículo, avaliação e política. O preço inevitável de uma visão geral é um menor detalhamento das partes. Por esse motivo, faço referência frequentemente aos trabalhos de outras pessoas, que se aprofundam mais em algumas questões do que eu posso fazer aqui.

Estou inteiramente consciente das pressões políticas que recaem sobre a educação. As políticas por meio das quais são exercidas essas pressões precisam ser desafiadas e mudadas. De certo modo, parte do meu apelo é feito aos legisladores para que defendam a necessidade de uma mudança radical. No entanto, as revoluções não devem esperar pelas leis. Elas são criadas a partir do que as pessoas fazem na base. A educação não ocorre nas salas dos comitês das legislaturas ou da retórica dos políticos. Ela ocorre entre estudantes e professores em escolas reais. Se você for professor, para os alunos *você é* o sistema. Se você for o diretor da escola, para a comunidade *você é* o sistema. Se você for um legislador, para as escolas sob seu controle *você é* o sistema.

Se, de algum modo, estiver envolvido com educação, você tem três opções: fazer mudanças no sistema, pressionar por mudanças no sistema ou assumir iniciativas fora do sistema. Vários exemplos neste livro são inovações dentro do sistema. Os sistemas como um todo também podem ser mudados e já estão sendo transformados de muitas maneiras. Quanto mais inovações existirem dentro deles, mais provável será a sua mudança como um todo.

Durante a maior parte da minha vida, morei e trabalhei na Inglaterra. Em 2001, eu e minha família nos mudamos para os Estados Unidos. Desde então, viajei muito pelo país, trabalhando com professores, distritos escolares, associações profissionais e legisladores em todos os níveis da educação. Por isso, este livro aborda especialmente o que está acontecendo nos Estados Unidos e no Reino Unido. Mas as questões que afetam a educação são globais, e há exemplos de outras partes do mundo ao longo dos capítulos.

O foco deste livro é principalmente a educação da primeira infância até o fim do ensino médio. As questões com as quais lidamos apresentam implicações importantes, e muitas instituições estão mudando radicalmente com o mundo à sua volta. Abordo, de maneira geral, essas mudanças, mas lidar com elas adequadamente exigiria um livro dedicado somente a esse assunto.

Em uma entrevista recente, perguntaram sobre minhas teorias. Respondi que não são somente teorias. De fato, ofereço várias perspectivas teóricas sobre a abordagem que estou sugerindo, mas o que estou desenvolvendo não é hipotético, pois se baseia em longa experiência e estudo sobre o que funciona na educação, o que motiva professores e alunos a alcançar seu melhor desempenho e o que não funciona. Fazendo isso, sigo uma longa tradição. A abordagem que "recomendo" tem raízes profundas na história do ensino e da aprendizagem desde os tempos antigos. Não é uma moda ou uma tendência. Ela está baseada em princípios que sempre inspiraram a educação transformadora, princípios que a educação industrial, apesar de tudo que alcançou, sistematicamente relegou a um segundo plano.

Os desafios que enfrentamos na Terra também não são teóricos; eles também são reais e estão sendo em grande parte criados pelas pessoas. Em 2009, a série *Horizon* (Horizonte), da BBC, apresentou um episódio sobre quantas pessoas podem viver em nosso planeta, chamado *How many people can live on planet Earth?* (A BBC tem o dom de escolher bons títulos.) Existem, agora, 7,2 bilhões de pessoas na Terra. Isso é aproximadamente duas vezes o número de pessoas que viviam em 1970, e estamos a caminho de 9 bilhões de pessoas na metade do século XXI e 12 bilhões ao fim dele. Todos temos as mesmas necessidades básicas de ar puro, água, alimentos e combustível para as vidas que levamos. Então, quantas pessoas a Terra é capaz de sustentar?

O episódio consultou alguns dos maiores especialistas em população, água, produção de alimentos e energia. Eles concluíram que, se todas as pessoas que estão na Terra consumissem na mesma intensidade que a média de uma pessoa na Índia, a Terra seria capaz de sustentar uma população máxima de 15 bilhões de pessoas. Estamos a meio caminho. O problema é que nem todas as pessoas consomem nesse ritmo. Se todos consumissem na mesma intensidade média de uma pessoa nos Estados Unidos, o planeta seria capaz de dar suporte a uma população máxima de 1,5 bilhão. Já ultrapassamos esse valor em cinco vezes.

Assim, se todos quiserem consumir como fazemos nos Estados Unidos, e parece que querem, na metade do século XXI precisaríamos de cinco planetas para tornar isso possível. A necessidade de inovação radical no modo como pensamos, vivemos e nos relacionamos com os outros não poderia ser mais urgente. Enquanto isso, estamos mais divididos do que nunca por diferenças culturais e pela competição econômica pelos mesmos recursos.

Frequentemente dizem que temos de salvar o planeta. Não tenho certeza. A Terra está aí há quase 5 bilhões de anos, e ainda restam outros 5 bilhões de anos antes de colidir com o Sol. Até onde sabemos, os seres humanos modernos, como nós, surgiram há menos de 200 mil anos. Se você imaginar toda a história da Terra em um ano, nós aparecemos quando faltava menos de 1 minuto para a meia-noite em 31 de dezembro. Quem está em perigo não é o planeta, mas as condições da nossa própria sobrevivência nele. A Terra pode muito bem concluir que testou a humanidade e não se impressionou. As bactérias causam muito menos problemas, e essa pode ser a razão pela qual sobrevivem há bilhões de anos.

Provavelmente era esse tipo de coisa que o escritor de ficção científica e futurista H. G. Wells tinha em mente quando disse que a civilização é uma corrida entre a educação e a catástrofe. A educação é, de fato, nossa maior esperança. Não o antigo tipo de educação industrial, que foi desenvolvida para atender às necessidades do século XIX e início do século XX, mas um novo tipo de educação adequada aos desafios que agora enfrentamos e aos reais talentos que se encontram profundamente dentro de todos nós.

À medida que enfrentamos um futuro incerto, a resposta não é fazer melhor o que já fizemos antes. Temos de fazer algo diferente. O desafio não é consertar esse sistema, mas mudá-lo; não *re*formá-lo, mas *trans*formá-lo. A grande ironia no atual mal-estar na educação é que nós, na verdade, sabemos o que funciona. Nós apenas não fazemos isso em grande escala.

Estamos em condições, como nunca antes, de usar nossos recursos criativos e tecnológicos para mudar essa realidade. Agora, temos oportunidades ilimitadas para mobilizar a imaginação dos jovens e oferecer maneiras de ensinar e aprender adaptadas a eles.

Embora a educação seja, agora, uma questão global, ela é inevitavelmente um processo de base. Entender isso é o segredo para a transformação. O mundo está passando por mudanças revolucionárias; também precisamos de uma revolução na educação. Como a maioria das revoluções, essa está fermentando há muito tempo e já está bem adiantada em muitos locais. Ela não está vindo de cima para baixo; está vindo, como deve ser, de baixo para cima.

De volta ao básico

A Dra. Laurie Barron desculparia seus alunos e colegas se eles tivessem colocado uma porta giratória na sua sala antes do seu primeiro dia como diretora da Smokey Road Middle School, em Newnan, Geórgia, Estados Unidos. Afinal, a escola dos anos finais do ensino fundamental ficou aberta por apenas cinco anos e por ela já haviam passado outros quatro diretores. "Não é que tivéssemos líderes ruins ou ineficazes", ela me falou. "Na verdade, a maioria dos líderes que me precedeu foi de diretores mais velhos, muito bem-sucedidos. Três deles se tornaram superintendentes. O problema foi a falta de uma liderança estável. Eles não ficaram lá tempo suficiente para fazer algo acontecer."

Isso foi especialmente problemático na Smokey Road, para a qual os números não eram favoráveis. Localizada a cerca de 56 km de Atlanta, aproximadamente 20% da população de Newman vivem abaixo da linha de pobreza e mais de 60% dos alunos da Smokey Road são considerados economicamente desfavorecidos. Quando Laurie chegou à Smokey Road, em 2004, a instituição apresentava continuamente o pior desempenho acadêmico das cinco escolas dos anos finais do ensino fundamental do distrito. Também apresentava o maior número de ausências, de recomendações disciplinares, de acusações arquivadas no sistema juvenil de justiça e de estudantes colocados nos sistemas de educação alternativa em função de problemas disciplinares. A Smokey Road precisava de ajuda em vários níveis, mas Laurie estabeleceu que ela precisava, em primeiro lugar, de uma sensação de estabilidade e segurança.

"Passei aquele primeiro ano subindo em cima de mesas e separando brigas. As pessoas me perguntavam que tipo de dados eu tinha, e eu lhes dizia que subia em cima de mesas, não sabia nada sobre dados. Sou muito organizada e voltada para dados, mas quando olho para trás e vejo os meus cadernos dos nove anos que passei lá, estão vazios naquele primeiro ano. A única coisa que fiz naquele período foi tentar estabelecer segurança. Nenhum dos alunos se sentia confortável, porque existiam todos os tipos de confrontos acontecendo."

Laurie passou boa parte do tempo do seu primeiro ano apartando brigas dos garotos e, com mais frequência do que desejava, mandando-os para casa suspensos. Era necessário. Ela percebeu que a aprendizagem era quase impossível quando os alunos estavam arrumando brigas ou preocupados sobre entrar em uma. Ao final do primeiro ano, ela havia estabelecido um número suficiente de regras básicas para que os alunos começassem a entender que tipo de comportamento era esperado deles. O mais importante foi que ela voltou no ano seguinte. Isso parou a porta giratória e permitiu que a escola trabalhasse de acordo com um plano de longo prazo produtivo – um plano que quebraria os hábitos que haviam se enraizado na cultura da instituição.

"Nossa escola não era considerada boa, e todos simplesmente aceitavam isso. Ninguém estava desapontado com nosso desempenho. Era quase como se dissessem: 'Ei, vocês estão fazendo um bom trabalho com o que vocês têm'. Era satisfatório ser o que nós éramos. No meu segundo ano foi quando realmente começamos a pensar no que realmente queríamos ser. Precisávamos levar os garotos até o ponto em que eles de fato desejassem estar ali. Passamos o ano inteiro desenvolvendo nossa missão e visão. Foi quando percebemos que precisávamos conhecer os alunos. Foi um processo muito longo, com a participação de professores, alunos, parceiros comerciais e membros da comunidade. Fundamos uma associação de pais e professores. Creio que muitos professores acreditavam no potencial dos alunos, mas, holisticamente, como uma escola, acho que *nós* não acreditávamos neles, e nossa comunidade também não. Alguns docentes acreditavam, pois tínhamos bons professores, que ainda hoje continuam na escola, mas não tínhamos uma missão."

Essa visão evoluiu para um plano em quatro etapas. A primeira etapa foi se certificar que os alunos viessem à escola. A Smokey Road tinha um registro baixo de frequência, e Laurie percebeu que a escola não havia criado uma cultura em que os alunos sentissem que sua presença era importante – e que *ela* era parte do problema. "Eu os suspendia toda hora por brigarem", ela disse, "então certamente não estava lhes mostrando que queria que estivessem presentes".

Em seguida, ela e sua equipe precisavam fazer os alunos sentirem-se seguros enquanto estivessem na escola. Os confrontos na Smokey Road raramente chegavam ao ponto em que alguém se ferisse seriamente, mas as explosões regulares de violência tinham que parar para os alunos sentirem-se seguros e não serem distraídos.

Depois disso, a etapa seguinte deveria ajudar os estudantes a se sentirem valorizados como indivíduos. A grande reviravolta veio quando Laurie e seus colegas perceberam que precisavam lidar com cada estudante com base nas necessidades e nos interesses individuais (isso será detalhado em seguida).

A quarta etapa foi a de ensinar o currículo adequado para que os alunos tivessem sucesso no futuro. É impressionante que Laurie tenha visto isso como a última de suas quatro etapas. O currículo era importante, mas apenas depois que os outros objetivos tivessem sido atendidos. O mesmo era verdade em relação à avaliação dos professores.

"Realmente não nos concentramos em ensinar, porque ensinávamos ao longo de todo o processo. Não achava que os professores não sabiam ensinar. O problema era que havia muitos obstáculos para ensinar o currículo. Eu achava que, se pudéssemos dar aos professores 75 minutos com os alunos, eles seriam capazes de fazer algo. Assim que resolvêssemos esses obstáculos, poderíamos nos dedicar aos professores. Antes disso, não poderíamos dizer se o professor tinha dificuldades ou não, porque o problema poderia ser a segurança e a gestão da sala de aula ou a construção de relacionamentos com os alunos. Estávamos em todas as salas de aula todas as semanas. Eu tinha dois diretores assistentes, e nós três visitávamos cada professor toda semana. Não podíamos fazer isso quando tínhamos 70 pessoas na nossa sala todos os dias por razões disciplinares."

Apenas quando Laurie começou a pensar sobre o que importava para seus alunos é que as coisas começaram a mudar em Smokey Road. "O mais importante é o que realmente é relevante para o aluno. Nenhuma questão é mais importante do que outra: futebol americano, banda, matemática, inglês. Não diríamos aos alunos que o futebol americano não é importante e que matemática é o que realmente importa. Nossa abordagem era que, se o futebol americano era o mais importante para o estudante, então faríamos o que fosse necessário para mantê-lo nesse esporte. Quando adotamos essa abordagem e as crianças perceberam que valorizávamos o que era relevante para elas, começaram a nos dar um retorno. Assim que começamos a construir relacionamentos com os alunos, eles se sentiam culpados em nos desapontar. Podiam não gostar de matemática, mas não queriam decepcionar a professora de matemática. Dessa forma, os professores finalmente podiam ensinar, em vez de escrever notificações disciplinares."

"Alguns professores que não se interessavam por futebol, mas iam aos jogos e torciam por Bobby, no dia seguinte o usavam como exemplo em uma equação de matemática. Então Bobby estudaria toda a ciência do mundo por aquele professor."

Esse tipo de abordagem exigiu que Laurie abrisse mão dos modelos que recebia do Estado e do Governo Federal e deixasse de lado qualquer traço do pensamento "sempre fizemos dessa forma" que ainda pudessem existir. Isso funcionou brilhantemente com vários estudantes. Um dos seus alunos era um bom atleta, mas repetiu o 6º ano, em grande parte porque havia recebido 33 notificações disciplinares. Quando Laurie finalmente o fez perceber que ela concordava que educação física era o mais importante na sua vida, os problemas de disciplina desapareceram. "Ele teve duas notificações nos 7º e 8º anos e passou em todos os exames padronizados. Ele era negro, da educação especial, com auxílio na alimentação – uma estatística que estava apenas esperando para ser cumprida. Dissemos que o futebol americano podia ser o mais importante para ele, mas que teríamos que lhe ajudar a passar por essa etapa."

Ela me deu outro exemplo. "Temos uma menina no coral: branca, da educação especial, desfavorecida economicamente. Seu pai morreu quando ela estava no 4º ano. Ela ficou retraída, não queria fazer nada. Estava perdendo o 6º ano. O professor do coral viu algo nela e lhe deu um solo; ela o cantou no final do primeiro trimestre e tirou A em todas as disciplinas no restante do ano. Ela nunca teria conseguido, mas o professor disse que tudo o que ela queria era cantar. Você tem que escutar o que é importante para a criança."

"Nossos professores não ficam na frente da turma e dizem: 'Vocês precisam passar no teste de matemática'. Eles vão a cada aluno e falam: 'Ei, você quer estar na banda, você quer ser o líder? Ser bem-sucedido em matemática irá ajudá-lo'. Todo mundo vai ficar lhe devendo um favor. Você não pode esperar que grupos sigam uma ordem." A mudança em Smokey Road era evidente para todos, e as estatísticas também melhoraram significativamente. As notas dos testes eram altas em todos os níveis – as notas dos alunos da educação especial aumentaram em 60% em matemática e leitura, e houve um aumento expressivo na frequência escolar, bem como uma queda acentuada nas notificações disciplinares.

A mudança na Smokey Road foi tão profunda que ela recebeu o Georgia Title I Distinguinshed School (Escola de destaque da Geórgia) e o título de Breakthrough School (Escola inovadora) de 2011 da MetLife Foundation – National Association of Secondary School Principals (NASSP) por ter um alto desempenho a serviço de um grande número de alunos que viviam na pobreza. Em 2013, Laurie Barron recebeu o National Middle Level Principal of the Year (título nacional de diretora do ano de escolas dos anos finais do ensino fundamental) da MetLife/NASSP.[1]

O que Laurie Barron presenciou na Smokey Road foi uma escola que precisava desesperadamente de uma reforma – não o tipo de reforma vinda de decretos ou de regulamentações federais, mas do tipo que vem de baixo para cima quando você verdadeiramente entende seus alunos e educadores. Laurie personifica o tipo de reforma tão importante em nossas escolas. Mas, como veremos, a palavra *reforma* tem diferentes significados para cada pessoa.

O MOVIMENTO DE PADRONIZAÇÃO

Reforma não é algo novo em educação. Sempre houve debates sobre os propósitos da educação, bem como sobre o que deve ser ensinado e como. Mas agora é diferente. O movimento de padronização moderno é global. Pasi Sahlberg, um analista importante das tendências internacionais em educação, habilmente refere-se a ela como o Global Education Reform Moviment (movimento de reforma global da educação) ou GERM. Esse germe parece muito contagioso, a julgar pelo número de países que o pegaram. As políticas nacionais de educação costumavam ser principalmente assuntos internos dos governos. Hoje, os governos analisam os sistemas de educação uns dos outros tão seriamente quanto o fazem em suas políticas de defesa.

Os riscos políticos são grandes. Em 1992, Bill Clinton disse que queria ser conhecido como o presidente da educação. O mesmo fez George W. Bush, instituindo a reforma educacional uma prioridade máxima do seu primeiro mandato presidencial. Em janeiro de 2002, na véspera do fim de semana de Martin Luther King Jr., Bush disse que acreditava que a educação era a questão atual dos direitos civis, acrescentando: "Superamos a intolerância institucionalizada contra a qual o Dr. King lutou. [...] Agora o nosso desafio é garantir que toda criança tenha uma chance justa de vencer na vida".[2] O presidente Obama fez da reforma da educação uma das maiores prioridades da sua administração. A China está promovendo reformas massivas na educação como uma parte central da transformação nacional.[3] Dilma Rousseff, a primeira presidente mulher do Brasil, elegeu a educação como o centro da estratégia do seu governo para renovação.[4] Para onde você olhar a educação está no topo da agenda dos governos em todo o mundo.

Desde 2000, o movimento de padronização foi impulsionado pelas tabelas de classificação do Program for International Student Assessment, PISA (Programa Internacional de Avaliação de Alunos). Essas tabelas são baseadas no desempenho dos alunos em testes padronizados de matemática, leitura e ciências, que são administrados pela Organisation for Economic Co-operation for Development, OECD (Organização para Cooperação e Desenvolvimento Econômico), com sede em Paris. O PISA realiza testes a cada três anos com grupos de alunos de 15 anos em países do mundo inteiro. O número de nações participantes aumentou de 32 em 2000 para 65 em 2012, e o número de alunos avaliados quase dobrou, passando de 265 mil em 2000 para 510 mil.[5]

O impacto político do PISA também cresceu. Em 2001, os resultados atraíram uma atenção relativamente pequena na imprensa europeia. Em 2013, eles fizeram parte das manchetes em todo o mundo e espalharam receios entre os governos de todas as partes do planeta.[6] Os ministros da educação agora comparam suas respectivas classificações como fisiculturistas que flexionam seus bíceps. Como a imprensa, eles parecem tratar as classificações como uma medida absoluta do seu sucesso.

Quando o distrito de Shangai, na China, participou do PISA pela primeira vez, em 2009, ele assumiu a primeira posição em todas as três categorias. Esse resultado abalou profundamente os países ocidentais. Em 2012, Shangai foi novamente a primeira colocada, seguida por Cingapura, Hong Kong e Taiwan. A imprensa ocidental especulou intensamente sobre o poder do "modelo asiático" de educação e mandou uma mensagem clara aos políticos em seus próprios países para elevarem os padrões e acompanharem o ritmo da competição global.

O secretário de educação dos Estados Unidos, Arne Duncan, comentou: "O quadro geral do desempenho dos Estados Unidos no PISA de 2012 é direto e duro: é uma representação da estagnação educacional". Esses resultados, disse, "devem servir como um alerta contra a complacência educativa e as baixas expectativas. O problema não é que nossos alunos de 15 anos estejam tendo um desempenho pior hoje do antes. [...] [É que] nossos estudantes estão basicamente perdendo terreno. Estamos correndo sem sair do lugar, pois os outros países de alto desempenho começam a nos ultrapassar".[7] A principal iniciativa educacional do governo Obama se chamava, apropriadamente, Race to the Top (Corrida para o topo), um programa nacional de incentivos financeiros que é impulsionado por padrões e testes.[8]

Por que a educação é um tema político importante? A primeira razão é *econômica*. A educação tem imensas implicações para a prosperidade econômica. Nos últimos 25 anos, o comércio foi transformado pelos rápidos avanços da tecnologia digital e pelo crescimento populacional massivo. Nesse processo, a competição econômica intensificou o comércio, a produção de mercadorias e os serviços. Os governos sabem que uma força de trabalho educada é crucial para a prosperidade econômica nacional, e suas políticas estão salpicadas de retórica sobre termos como inovação, empreendedorismo e *habilidades do século XXI*. É por isso que eles investem tanto na educação e que ela é um dos maiores negócios do mundo. Apenas nos Estados Unidos, educação e treinamento custaram 632 bilhões de dólares em 2013.[9] Em todo o mundo, o quadro é de mais de 4 trilhões de dólares.[10]

A segunda razão é *cultural*. A educação é uma das principais maneiras das comunidades transmitirem seus valores e tradições de uma geração para a outra. Para alguns, a educação é uma maneira de preservar uma cultura contra influências externas; para outros, é uma maneira de promover a tolerância cultural. É parcialmente devido a sua importância cultural que existe tanto debate político em torno dos conteúdos da educação.

A terceira razão é *social*. Um dos objetivos declarados da educação pública é o de proporcionar a todos os alunos, independentemente de suas origens e circunstâncias, a oportunidade de prosperar e ser bem-sucedidos, tornando-se cidadãos ativos e engajados. Na prática, os governos também desejam que a educação promova as atitudes e os comportamentos que consideram necessários para a estabilidade social. Estes variam, é claro, de um sistema político para outro.

A quarta razão é *pessoal*. A maioria das afirmações em política pública sobre educação contém passagens habituais sobre a necessidade de todos os alunos reconhecerem seu potencial e viverem vidas plenas e produtivas.

Mas como os governos enfrentam essa situação para atingir esses objetivos?

ASSUMINDO O CONTROLE

Governos de todas as partes estão agora puxando firmemente as rédeas da educação pública, dizendo às escolas o que ensinar, impondo sistemas de avaliação para torná-las responsáveis e impondo penalidades se não atingirem as notas. Em alguns países, o governo sempre teve um papel forte na educação. Em outros, os políticos tradicionalmente mantiveram distância das escolas. Nos Estados Unidos, por exemplo, a educação está principalmente organizada no nível estadual e, até recentemente, o papel do governo federal era relativamente fraco. Tudo isso mudou em 2001 quando o Congresso aprovou No Child Left Behind Act, NCLB (Nenhuma criança deixada para trás). Desde então, os governos federal e estadual gastaram juntos mais de 800 bilhões de dólares em milhares de programas e novos sistemas de avaliação.[11]

Embora existam algumas diferenças importantes entre os países, as estratégias de reforma em muitos deles apresentam algumas características em comum. A típica história de reforma é a seguinte: um sistema de educação de alto desempenho é fundamental para a prosperidade da economia nacional e para estar à frente dos competidores. Os padrões de desempenho acadêmico devem ser os mais altos possíveis, e as escolas devem dar prioridade aos indivíduos e métodos de ensino que promovam esses padrões. Diante do crescimento da economia do conhecimento, é essencial que o maior número possível de pessoas chegue à educação superior.

Como esses assuntos são importantes demais para serem deixados a critério das escolas, o governo precisa controlar a educação, estabelecendo parâmetros, especificando o conteúdo do currículo, testando os alunos sistematicamente para avaliar se os padrões estão sendo alcançados e tornando a educação mais eficiente por meio da prestação de contas e da competição.

Assim como a história geral sobre educação mencionada, a da reforma parece bastante plausível, apesar de falaciosa, como será visto. Entretanto, primeiro será apresentado como essa história está sendo posta em prática.

ELEVANDO OS PADRÕES

Elevar os padrões na educação certamente parece uma boa ideia. Não há nenhum motivo para baixá-los. Mas quais padrões? Como escolhê-los e implantá-los? Um mantra comum é que as escolas devem se "voltar ao básico". É uma frase com um apelo popular que sugere uma abordagem pragmática de senso comum. É como comer vegetais e dormir o suficiente. Que básico é esse para o qual as escolas devem se voltar? O movimento de reforma tem quatro prioridades: os três Rs[*], a elevação dos padrões acadêmicos, as disciplinas STEM (ciência, tecnologia, engenharia e matemática) e o ingresso no ensino superior.

Em alguns países, incluindo o Reino Unido e os Estados Unidos, uma preocupação de longo prazo são os baixos padrões em *leitura* e *matemática*. Os reformadores não estão errados em relação a isso. Existem problemas e eles não são novos. Em 1983, o Departamento de Educação dos Estados

---

[*] N. de E. Em inglês, *reading, riting and rithmetic* (leitura, escrita e aritmética).

Unidos publicou *A nation at risk* (Uma nação em risco).[12] O relatório alertava que o país estava afundando em uma "crescente maré de mediocridade" que ameaçava o futuro da sua economia e do seu bem-estar social. Os reformadores priorizam o ensino da gramática, escrita e pontuação corretos, bem como o ensino básico de matemática.

O movimento de padronização está preocupado especialmente em elevar os *padrões acadêmicos*. Mais uma vez, isso parece razoável. Mas o trabalho acadêmico é apenas parte da educação. Envolve principalmente certos tipos de argumentação analítica, sobretudo com palavras e números, bem como um foco no que costumamos chamar de *conhecimento propositivo*. Por várias razões, como veremos, a educação é dominada por essa ideia.

Ironicamente, o movimento de padronização também deveria, em princípio, preparar os estudantes para o mundo profissional e para lidar com a competição internacional, por isso a ênfase nas disciplinas STEM: ciência, tecnologia, engenharia e matemática. Mas aqui há uma contradição curiosa. De um lado, os políticos estão pressionando por mais trabalho acadêmico nas escolas; de outro, eles dizem ser totalmente a favor da relevância econômica. Porém, os acadêmicos são frequentemente vistos como afastados do mundo real, vivendo em torres de marfim e imersos em teoria pura. Como o trabalho acadêmico no mundo moderno veio a ser encarado como a salvação das nações é um tema interessante, ao qual retornaremos.

Por fim, em muitos países aumenta o número de alunos que ingressam no ensino superior. Na Europa e nos Estados Unidos dos anos 1950 e 1970, cerca de uma em cada 20 pessoas entrava no ensino superior. Entre 1970 e 2000, houve um aumento global de quase 300%.[13] Pelo menos nos países desenvolvidos, uma em cada três pessoas ingressa no ensino superior. Hoje, entrar no ensino superior costuma ser visto como o objetivo final do ensino médio.[14]

Então o que os reformadores estão fazendo para promover essa agenda? Existem três estratégias principais: padronização, competição e corporativização.

Padronização

A educação formal é composta de três elementos principais: currículo, ensino e avaliação. A estratégia básica é padronizá-los ao máximo. Muitos países apresentam regulamentações determinadas sobre o quê as escolas devem ensinar, geralmente definido ano a ano, em algum tipo de currículo nacional. Isso vale para a Inglaterra, França, Alemanha, China e muitos outros países.

Alguns têm estruturas mais livres, como Finlândia, Escócia e, até o momento, Estados Unidos e Cingapura.

A maioria dos currículos nacionais se baseia na ideia de disciplinas distintas, e na maioria dos sistemas existe uma hierarquia delas. No topo estão leitura, matemática e, agora, as disciplinas STEM. Em seguida vêm as humanas, incluindo história, geografia e estudos sociais. Uma vez que o movimento de padronização enfatiza o estudo acadêmico, ele atribui um valor menor às disciplinas práticas, como arte, teatro, dança, música, desenho e educação física, e a "temas mais leves", como comunicação e estudos de mídias, que são considerados não acadêmicos. Nas artes, as artes visuais e a música recebem em geral uma importância maior do que o teatro e a dança. Frequentemente, esses dois últimos não são sequer ensinados. Programas vocacionais como oficinas e economia doméstica também desapareceram de muitas escolas. Em alguns países, a oferta dessas disciplinas "não essenciais" foi arrasada.

Em termos de *ensino*, o movimento de padronização favorece o ensino direto de informações e habilidades factuais para uma turma inteira, em vez de atividades em grupo. Ele é cético sobre criatividade, expressão pessoal e tipos de trabalho não verbais, não matemáticos e da aprendizagem por descoberta e trabalho criativo, mesmo na pré-escola.

Em relação à *avaliação*, o movimento da padronização enfatiza exames formais escritos e a extensa utilização de testes de múltipla escolha de modo que as respostas dos alunos possam ser facilmente codificadas e processadas. Ele é cético a respeito de trabalhos de conclusão de curso, portfólios, testes com consulta, avaliação de docentes, avaliação por pares e outras abordagens que não são tão facilmente quantificáveis. É por isso que os alunos ficam tanto tempo sentados em suas mesas, trabalhando sozinhos.

Competição

Um dos objetivos dos testes é aumentar a competição entre os alunos, professores e escolas, supondo que isso elevará os padrões. Nesse novo ambiente, os estudantes competem uns com os outros, os professores são julgados unicamente a partir dos resultados dos seus alunos e as escolas e os distritos se digladiam para disputar recursos. Testes baseados em padrões influenciam a alocação de fundos, promoções de funcionários e se as escolas continuarão a existir ou serão colocadas sob uma nova jurisdição. É por isso que elas são chamadas de avaliações de *alto risco*. Como vimos, a competição é agora de natureza cada vez mais internacional.

Corporativização

Por mais de 100 anos, a educação de massa nos países industrializados era financiada pelos impostos e encarada como um investimento em um bem público. Agora, alguns governos estão encorajando o investimento na educação por parte de instituições privadas e empresários. Sua participação varia da venda de produtos e serviços às escolas à manutenção de suas próprias instituições com fins comerciais. Os governos estão promovendo diferentes tipos de escolas públicas – tais como *charter schools* e *free schools** – nas quais alguns rigores do movimento de padronização são deliberadamente flexibilizados. Existem vários motivos para isso. Um deles é intensificar a competição; o segundo é promover a diversidade de oferta; o terceiro é diminuir o custo público; e o quarto é o lucro. Como eu disse, a educação é um dos maiores negócios do mundo.[15]

QUAL É O RESULTADO?

Se o movimento de padronização estivesse funcionando do modo previsto, não haveria nada mais a ser dito. Mas não está. Pegue, por exemplo, os três Rs. Apesar de bilhões de dólares gastos, o movimento de padronização tem apresentado, na melhor das hipóteses, um sucesso parcial. Países como os Estados Unidos e a Inglaterra investiram muito em um impulso desesperado para aumentar os padrões em leitura e matemática. Porém, a pontuação nos testes dessas disciplinas melhorou muito pouco.

Em 2012, 17% dos formandos do ensino médio nos Estados Unidos eram incapazes de ler ou escrever fluentemente e apresentavam problemas básicos de escrita, gramática e pontuação (abaixo do nível 2 nas escalas do PISA).[16] Mais de 50% dos adultos estavam abaixo do nível 3 de leitura.[17] "Embora poucas notas na National Assessment of Educational Progress, NAEP (Avaliação Nacional do Progresso Educacional), tenham lentamente aumentado um pouco", disse Paul R. Lehman, um ex-presidente da National Association for Music Education (Associação Nacional para Educação Musical), em 2012, "muitas permaneceram essencialmente imutáveis nos últimos anos, e em março de 2013, Arne Duncan alertou o Congresso que mais de 80% das

---

* N. de T. *Free schools* são novas no Reino Unido. Como as *charter schools* nos Estados Unidos, elas são financiadas pelo governo, mas funcionam independentemente do sistema escolar público, submetidas a diferentes regulamentações e administradas de modo privado.

escolas do país provavelmente seriam rotuladas com um desempenho ruim no NCLB em 2014".[18]

Os problemas não são apenas nas "habilidades básicas". Os alunos norte-americanos lutam para adquirir conhecimento cultural elementar. Em 2006, a *National Geographic* fez um levantamento sobre conhecimento cultural nos Estados Unidos e descobriu que 21% dos adultos jovens de 18 a 24 anos não eram capazes de identificar o Oceano Pacífico no mapa. Ainda mais alarmante (pelo menos para mim), 65% não conseguiam identificar o Reino Unido no mapa, o que é vergonhoso por quaisquer padrões.[19] A situação não é muito melhor no próprio Reino Unido, onde quer que ele se situe.[20]

O movimento de padronização não está atendendo aos desafios *econômicos* que enfrentamos. Uma de suas finalidades declaradas é preparar os jovens para o trabalho. Entretanto, os níveis de desemprego de jovens no mundo atingem níveis recordes. Existem no mundo cerca de 600 milhões de pessoas entre 15 e 24 anos, e cerca de 73 milhões delas estão desempregados há muito tempo.[21] Esse é o maior número já registrado – quase 13% da população total dessa faixa etária. De 2008 a 2013, o desemprego de jovens na Europa aumentou drasticamente, atingindo quase 24%.[22]

O flagelo do desemprego está afetando até mesmo jovens que fizeram tudo o que se esperava deles e se formaram no ensino superior. Entre 1950 e 1980, um diploma universitário era a garantia de um bom emprego. Se você tivesse um título superior, os empregadores formavam uma fila para lhe entrevistar. Agora eles não fazem mais isso.[23] O problema essencial não é a qualidade dos títulos, mas a quantidade. As qualificações acadêmicas são um tipo de moeda, e, como todas as moedas, seus valores variam de acordo com as condições do mercado. Um título universitário costumava ser valioso porque relativamente poucas pessoas tinham um. Em um mundo repleto de graduados, um título universitário não é mais uma distinção como já foi.

A recessão de 2008 deixou muitos universitários graduados lutando para encontrar empregos que utilizassem seus títulos de algum modo. Recém-graduados naturalmente precisam de algum tempo para iniciar suas carreiras nos campos escolhidos. Mesmo assim, o número de desempregados ou "subempregados" – que trabalham em um emprego que em geral não exige um título de bacharel – aumentou desde a recessão de 2008. Além disso, a qualidade dos empregos dos subempregados declinou. Muitos formandos recentes têm que aceitar empregos de baixa remuneração ou de tempo parcial para pagar as contas.[24]

As perspectivas para os universitários formados têm se deteriorado em muitas partes do mundo. Em 1999, a China deu início a uma massiva expansão de universidades e faculdades. Desde então, o desemprego de graduados tem se tornado cada vez mais sério. Em 1999, havia 840 mil graduandos na China. Em 2013, havia quase 7 milhões de graduados. O ministro da educação da China observou com desesperança que "mesmo se 80% dos graduandos conquistassem o primeiro emprego, o número daqueles sem trabalho ainda seria grande".[25]

Para algumas carreiras, ter uma graduação ainda é importante. E, em geral, graduados ainda podem esperar receber bem mais ao longo de suas vidas do que não graduados. Mas ter um título não é mais uma garantia de trabalho em qualquer área, e, em algumas, essa é uma irrelevância cara.

É claro, algumas pessoas ingressam no ensino superior porque realmente desejam continuar seus estudos acadêmicos. Mas, julgando pelas baixas taxas de graduação (mais de 40% dos alunos do ensino superior dos Estados Unidos não obtêm o título universitário),[26] um número considerável, especialmente no Ocidente, arrasta-se até a educação superior porque é o que se deve fazer após terminar o ensino médio. Muitos não têm sentido particular de propósito quando chegam ao ensino superior, e um número significativo abandona no início da graduação. Outros se formam sem uma ideia clara do que farão em seguida. Muitos estão sobrecarregados de dívidas. Em 2014, o graduando norte-americano médio, após quatro a seis anos de faculdade, carregava uma dívida por empréstimo de 20 a 100 mil dólares.[27] Nos Estados Unidos, o peso do débito estudantil tem aumentado a cada ano desde 2004, de pouco mais de 300 bilhões de dólares para 1,3 trilhão em 2013 – maior do que todos os tipos de dívidas de cartão de crédito somadas.[28]

Existe uma distância de habilidades cada vez maior entre o que as escolas estão ensinando e o que a economia de fato precisa.[29] A ironia é que em muitos países existe uma abundância de trabalho a ser realizado, mas, apesar de massivos investimentos em educação, muitas pessoas não têm as habilidades necessárias para realizá-lo. Embora toda a retórica do movimento de padronização seja sobre a empregabilidade, a ênfase não tem recaído sobre cursos que preparam as pessoas diretamente para o trabalho, mas em elevar os padrões dos programas acadêmicos.

Yong Zhao é presidente e diretor do Institute for Global and Online Education do College of Education, da University of Oregon. Ele calcula que em 28 anos, de 1977 a 2005, mais de um milhão de empregos desapareceu anualmente de empresas nos Estados Unidos. Durante esse mesmo período, novas empresas criaram mais de três milhões de empregos por ano. Muitos desses novos empregos necessitavam de um conjunto de habilidades significativamente diferente dos antigos empregos perdidos – e houve pouquíssimos avanços no alerta sobre quais devem ser essas novas habilidades. O trabalho foi para aqueles empregados que já haviam aperfeiçoado seus talentos e para pessoas com capacidade criativa e empreendedora para fazer os ajustes na carreira e no treinamento.[30]

Nossas comunidades dependem de uma enorme diversidade de talentos, papéis e ocupações. O trabalho de eletricistas, construtores, bombeiros, chefes de cozinha, paramédicos, carpinteiros, mecânicos, engenheiros, seguranças e todos os demais (que podem ou não ter diplomas de ensino superior) é absolutamente vital para a qualidade de vida de todos nós. Muitos desses profissionais estão muito satisfeitos com seus trabalhos e se sentem muito realizados por meio deles. Um dos efeitos da ênfase no trabalho acadêmico nas escolas foi que o sistema educacional não se concentrou nessas tarefas e as considera como opções de segunda classe para pessoas que não conseguem chegar ao nível acadêmico.

À medida que a história segue, as crianças espertas chegam ao nível superior. As outras podem deixar a escola cedo e procurar por um emprego ou fazer um curso vocacional para adquirir algum tipo de ofício. De qualquer modo, elas desceram um degrau da escada do *status* educacional. Esse sistema acadêmico/vocacional de castas é um dos problemas mais corrosivos da educação.

Deixe-me contar uma história rápida que ilustra o que estamos perdendo com essa divisão criativa. Como na maioria das escolas dos Estados Unidos, o programa de oficinas na Analy High School, em Sebastopol, Califórnia, tornou-se em grande parte irrelevante. A principal sala de oficinas se transformou em pouco mais do que um glorioso depósito. As prioridades da escola estavam firmemente focadas na preparação para o ensino superior e no bom desempenho nos testes padronizados. Assim, os programas vocacionais tornaram-se secundários.

Mas Sebastopol também é a sede da revista *Make*, uma das vozes mais importantes do movimento *maker*. A revista propôs que um grupo de alunos de Analy viesse a seus escritórios explorar as possibilidades envolvidas em criar objetos com impressoras 3D, *design* assistido por computador, etc. O programa foi tão popular que a *Make* não podia mais abrigá-lo nas suas instalações. Assim, eles concordaram em doar equipamentos para Analy se a escola estimulasse seu programa vocacional.

Casey Shea, um professor de Analy, apoiou a ideia. A sala da oficina foi limpa, novos equipamentos foram levados e materiais foram doados pela comunidade: equipamento, dinheiro e conhecimento. O programa tornou-se rapidamente muito popular – não apenas entre os jovens que gostavam das oficinas.

"Há uma grande variedade de pessoas se esforçando para passar, de Álgebra I a alunos em Cálculo Avançado", disse Casey. "Pelo menos a metade dos estudantes, se não mais, faz parte do que tradicionalmente é chamado de 'trilha acadêmica'. Acho que é porque temos coisas legais como impressoras 3D, eletrônica e robótica."

O programa também está fazendo muito mais do que mostrar aos alunos como usar um cortador de vinil. "O que realmente é interessante é o aspecto empreendedor. É mais promissor do que apenas frequentar as aulas da faculdade, pois esses alunos estão percebendo que suas ideias podem ser transformadas em bens comercializáveis. Na minha opinião, isso cria uma maneira nova de encarar o mundo, melhor do que 'ok, eu vou trabalhar na loja de vídeo'. Eles produziram objetos de decoração realmente legais para o período de férias e obtivemos mais de mil dólares com a venda desse material. Fabricaram um jogo de porta-copos para uma microcervejaria local. Há uma fantástica comunidade local de artistas e pequenos negócios que, com certeza, estaria disposta a fazer o que a cervejaria fez. Os garotos teriam que começar o negócio e descobrir quais seriam os custos, fazendo uma análise dos materiais, do tempo e de todos as outras despesas. Estou conversando com um professor de finanças conhecido para organizar isso como uma aula de negócios sobre empresas de estudantes, com resultados reais."

Economias saudáveis dependem de pessoas com boas ideias para novos negócios e capacidade de fazê-los crescer, criando empregos. Em 2008, a IBM publicou um levantamento sobre quais características os líderes de organizações precisam encontrar em seus funcionários. Eles entrevistaram 1.500 líderes em 80 países. As duas prioridades eram *adaptabilidade a mudanças* e *criatividade na produção de novas ideias*. Eles viram que essas qualidades não estavam presentes em muitos graduados que apresentavam muitas outras altas qualificações.[31] Poucas ou nenhuma dessas habilidades que os empreendedores precisam são facilitadas pelas estratégias que os reformadores tanto valorizam. Ao contrário, a educação padronizada pode destruir a criatividade e a inovação, exatamente as qualidades de que dependem as economias atuais.

De modo não surpreendente, como destaca Yong Zhao, existe uma relação inversa entre os países que apresentam um bom desempenho nos testes padronizados e aqueles que apresentam um talento empreendedor.[32]

Foi mencionado que o sistema escolar de melhor desempenho de acordo com as tabelas mais recentes do PISA foi Shangai. A cidade está menos impressionada com seu próprio desempenho do que todos os demais participantes parecem estar. Yi Houqin, um oficial de alto posto na Comissão de Educação de Shangai, recentemente afirmou que ele estava satisfeito, mas não surpreso com o bom desempenho dos seus alunos. Afinal, o sistema se concentra em testá-los na aprendizagem por memorização a fim de terem um bom desempenho exatamente nesse tipo de teste. Essa não é a questão. Ele disse que a comissão estava pensando em deixar o PISA em algum momento. "Shangai não precisa das chamadas 'escolas nº 1'", ele disse. "O que ela precisa é de escolas que sigam princípios educacionais sólidos, respeitem os princípios do desenvolvimento físico e psicológico dos alunos e criem uma base sólida para o desenvolvimento dos estudantes ao longo de suas vidas."[33]

Em 1982, Wayne Gretzky era o jogador de hóquei com o maior número de pontos do mundo. Seu segredo, ele disse, era simples. Os outros jogadores tentam correr na direção do disco. Gretzky disse que corria para onde o disco estaria. É difícil evitar o pensamento de que na corrida louca para a padronização muitos países estão indo desenfreadamente para onde acham que o disco se encontra, em vez de irem para onde ele realmente estará.

O desemprego não é apenas uma questão econômica. É um flagelo que pode destruir vidas e comunidades inteiras. Em muitos países, há um problema crescente de exclusão social. Nas economias desenvolvidas, há uma distância crescente entre os ricos, as classes médias e aqueles que vivem na pobreza. Segundo um estudo de 2012 do Censo dos Estados Unidos, o "fosso da pobreza" era de 178 bilhões de dólares.[34] A pobreza e a privação social podem ter efeitos nefastos nas conquistas educacionais dos jovens. Alguns lutam determinadamente contra essas circunstâncias e as superam. Outros não. A educação não é a única fonte de desnível de renda, mas os tipos de educação que o movimento de padronização está promovendo estão estimulando isso. A natureza sombria da educação padronizada faz muito pouco para inspirar e empoderar aqueles que se encontram na pobreza.

FATORES EXTERNOS

O movimento de padronização não está alcançando os objetivos estabelecidos. Enquanto isso, está tendo consequências catastróficas na participação dos alunos e na moral dos professores.

Em 1970, os Estados Unidos apresentavam as mais altas taxas de graduação no ensino médio do mundo; agora apresentam uma das mais baixas. De acordo com a OECD, a taxa de graduação total dos Estados

Unidos é em torno de 75%, o que coloca o país em 33º lugar entre as 38 nações pesquisadas. Em alguns Estados e distritos norte-americanos, a taxa de graduação é ainda mais baixa.[35] No total, cerca de 7 mil jovens deixam as escolas do ensino médio do país todos os dias, cerca de 1.500.000 por ano. Alguns dos chamados desistentes vão para outras formas de educação, em faculdades comunitárias (*community colleges*), por exemplo, ou estudam para o exame GED.[*] Mas ainda existe um número imenso de jovens decidindo que a educação convencional não é para eles. Existem números igualmente desoladores em outros países. Os custos econômicos e sociais são enormes.

Em geral, os graduados do ensino médio têm mais chance de encontrar emprego, ter salários maiores e pagar mais impostos do que os que não se graduaram. Eles têm mais chance de chegar ao nível superior ou em outros programas de aprendizagem. Têm uma chance maior de participar de suas comunidades e menor de depender de programas de bem-estar social. Segundo uma estimativa, se o número de jovens que abandona a escola prematuramente pudesse ser reduzido à metade, o ganho final para a economia dos Estados Unidos gerado a partir da economia dos gastos em programas sociais e da renda adicional de impostos pagos seria de cerca de 90 bilhões de dólares por ano – isso é quase um trilhão de dólares em pouco mais de 10 anos.[36] Essa é uma quantia muito grande. Pense também nos benefícios para todos com a entrada de centenas de milhares de jovens em vidas mais produtivas e plenas.

Um dos itens-chave da agenda da NCLB era reduzir a *diferença de realizações* entre grupos socioeconômicos. Existem poucas evidências de que isso tenha acontecido. "Passaram-se 12 anos da entrada em vigor do programa No Child Left Behind", escreveu Daniel Domenech, diretor-executivo da School Superintendents Association (Associação de Superintendentes Escolares), em 2013.[37] "O movimento de padronização e responsabilização varreu o país, seguido por uma agenda de reforma da educação frequentemente dirigida por não educadores. Ainda hoje, metade dos estudantes afro-americanos e latinos não consegue se formar em nossas escolas de ensino médio. Eles abandonam as escolas em números desproporcionais. Os números de frequência e conclusão do ensino superior são desanimadores."

---

* N. de T. GED, do inglês *general equivalency development* ou *general equivalency diploma*. Trata-se de um grupo de testes de quatro disciplinas que fornecem uma certificação de habilidades correspondentes ao ensino médio, nos Estados Unidos e no Canadá.

Enquanto isso, a taxa de desgaste dos professores é assustadoramente alta. Nos Estados Unidos, mais de 250 mil docentes abandonam a profissão a cada ano, e estima-se que mais de 40% dos novos professores deixarão o ofício nos primeiros cinco anos. Esse cenário é especialmente desalentador nas escolas em que a pobreza é elevada, nas quais a taxa de substituição é de 20% ao ano.[38]

O principal responsável pela taxa de desgaste dos professores são as condições em que muitos deles trabalham. "Os dados sugerem que os problemas dos funcionários das escolas se devem ao modo como elas estão organizadas e ao modo como a atividade de ensino é tratada, bem como que melhoras duradouras na qualidade e quantidade dos professores exigirão melhoras na qualidade da profissão."[39]

A via escola-para-prisão

Para alguns, não concluir o ensino médio pode ter consequências desastrosas. Os Estados Unidos apresentam a taxa mais elevada de encarceramento do mundo. Aproximadamente 1 em cada 35 adultos faz parte do sistema correcional, seja na prisão, em liberdade assistida ou condicional. Não é verdade, é claro, que a saída do ensino médio leve inevitavelmente os jovens a enfrentarem problemas. Muitos dos chamados desistentes do ensino médio têm vidas extraordinárias e bem-sucedidas. O que é verdade é que uma grande proporção das pessoas que estão há muito tempo desempregadas, sem teto, dependentes da assistência social ou no sistema correcional não concluiu o ensino médio. Nos Estados Unidos, mais de dois terços dos prisioneiros do sexo masculino em instalações estaduais e federais não têm o diploma do ensino médio.

Nos Estados Unidos, o custo médio anual para educar um aluno no ensino médio é de 11 mil dólares. Para manter essa pessoa encarcerada o custo é de mais de 20 mil dólares por ano.[40] O custo anual é de quase 70 bilhões de dólares. Esse número equivale a um aumento de 127% das verbas de 1998 a 2007. Por comparação, houve um aumento de apenas 21% nas verbas da educação superior no mesmo período.[41] Vai entender, como dizem.

Eu uso a expressão "os chamados desistentes" porque o termo implica que esses jovens fracassaram no sistema. É mais correto dizer que o sistema fracassou com eles. Cada indivíduo que deixa a escola de maneira precoce tem razões para agir assim. Eles podem ter dificuldades familiares, estar sofrendo pressão dos colegas ou apenas considerar toda a história pouco motivadora.

Qualquer que seja a razão, deixar a escola é um sintoma de um problema mais profundo no sistema como um todo, não o problema em si. Se você for responsável por um negócio e a cada ano perder um terço dos seus clientes, pode começar a refletir se o problema real eram os clientes ou o seu negócio.

Desmotivação

Os números de não graduados são bastante duros. Contudo, eles não levam em conta os milhões de outros estudantes que permanecem no sistema educacional, mas que estão entediados e desmotivados por todo o processo. Um estudo norte-americano estima que esse número chegue em 63% nas escolas do ensino médio.[42] São alunos que permanecem no programa relutantemente, mas que têm pouco interesse no que estão fazendo e em grande parte esperam que o dia acabe e pelo dia em que se graduarão e poderão seguir com o resto de suas vidas.

Ansiedade e pressão

Que preço realmente está sendo pago pelos alunos e professores nesse esforço internacional massivo para avançar posições no PISA? A Coreia do Sul, por exemplo, esteve entre os cinco primeiros em cada edição do PISA, e gasta 8.200 dólares por aluno. Isso representa quase 8% do PIB do país, o segundo gasto mais alto entre os países da OECD.[43] Os pais da Coreia do Sul gastam milhares de dólares em instrução após a escola. Mas os custos reais do alto desempenho nos testes internacionais são muito maiores: a Coreia do Sul tem a mais alta taxa de suicídio de todos os países industrializados da OECD.[44]

Nos últimos 45 anos, as taxas de suicídio aumentaram em 60% em todo o mundo. O problema está entre as principais causas de morte entre pessoas de 15 a 44 anos. Esses números não incluem as *tentativas* de suicídio, que podem chegar a ser 20 vezes mais frequentes do que os suicídios consumados. As taxas mais altas costumavam ser encontradas entre homens mais velhos. Entre jovens, a taxa têm aumentado a tal ponto que, agora, eles fazem parte do grupo de maior risco em um terço dos países desenvolvidos e em desenvolvimento.[45]

DE VOLTA AO BÁSICO

O movimento de padronização surgiu a partir de preocupações legítimas sobre os padrões nas escolas. Existem muitos motivos que afetam as realizações dos alunos. Eles podem incluir a motivação dos estudantes, a pobreza, a desvantagem social, as circunstâncias do lar e da família, as instalações ruins e o financiamento das escolas, as pressões dos testes e avaliações, e muitos outros. Esses fatores não podem ser ignorados, e qualquer tentativa de elevar o desempenho nas escolas tem de considerá-los integralmente. Mas eles não são a única explicação. Existem escolas bem estruturadas em áreas abastadas em que os alunos também são desmotivados e apresentam baixo desempenho. As circunstâncias não são um sinônimo de destino. Para mostrar isso, ao longo deste livro são citados exemplos de escolas difíceis em áreas *desfavorecidas* onde o desempenho foi transformado por abordagens criativas no ensino e na aprendizagem.

Em alguns casos, os padrões baixos se deviam indubitavelmente a deficiências das próprias escolas e à qualidade dos métodos de ensino. Eles podem incluir a aplicação errada de algumas ideias centrais da educação "progressista" e de polarizações equivocadas com a educação "tradicional", as quais abordaremos mais adiante. Quaisquer que sejam as razões, as pesquisas e a experiência prática mostram repetidamente que os fatores críticos no aumento do desempenho em todas as frentes são a motivação e as expectativas dos próprios estudantes. As melhores maneiras de aumentá-las são aprimorar a qualidade de ensino, ter um currículo diverso e equilibrado e sistemas de avaliação que apoiam e informam. A resposta política tem sido na direção oposta: estreitar o currículo e sempre que possível padronizar o conteúdo, o ensino e a avaliação. Essa mostrou-se ser a resposta errada.

As evidências de que o movimento de padronização está fracassando em suas próprias metas e criando mais problemas do que os resolvendo estão em todas os lugares. Enquanto isso, alguns dos países com os melhores desempenhos nas tabelas de classificação do PISA estão se afastando dessa proposta, a fim de desenvolver habilidades e atributos nos alunos que o movimento de padronização tem sistematicamente negligenciado. A necessidade dessa mudança é urgente.

O fato é que as crianças e as comunidades precisam de um tipo de educação diferente, baseada em princípios diferentes daqueles que estão impulsionando o movimento de padronização. Para entender o aspecto e a sensação provocada por esse tipo de educação, é preciso voltar ao básico. Ele não é um conjunto específico de disciplinas, métodos de ensino ou estratégias de avaliação. É um conjunto de objetivos aos quais a educação originalmente se destina.

Para atendê-los, é preciso uma mudança radical na maneira de pensar as escolas e pôr em prática a escolarização – uma mudança do antigo modelo industrial para um inteiramente baseado em diferentes princípios e práticas. As pessoas não apresentam formas ou tamanhos padronizados, o que também não ocorre com suas habilidades e personalidades. Entender essa verdade básica é a chave para entender como o sistema está fracassando – e também como ele pode ser transformado. Para fazer isso, é necessário mudar a história: é preciso uma metáfora melhor.

2

Mudando as metáforas

Steve Rees era um arquiteto, em Kansas City, com os filhos já crescidos. Um dia ele foi convidado para falar de sua carreira em um almoço no DeLaSalle Education Center, uma *charter school* de ensino médio localizada em sua cidade e dedicada a atender às necessidades dos estudantes em risco de abandono escolar. Enquanto ia para o almoço, Steve sabia que muitos alunos da DeLaSalle haviam sido expulsos de outras escolas e que um bom número deles tinha um passado problemático. O que ele descobriu no encontro foi que esses alunos tinham um desejo bem maior de fazer algo importante em suas vidas do que ele jamais poderia ter imaginado.

"Havia um grande número de garotos que não tinha conseguido encontrar um curso que lhes servisse", ele mencionou. "Havia jovens que tinham problemas emocionais e sociais, mas havia muito potencial ali." Steve decidiu assumir um papel ativo na escola. Criou um programa para alguns alunos do final do ensino médio que lhes permitia cursar algumas disciplinas do início do ensino superior. Também criou um programa de tutoria associando estudantes da DeLaSalle a adultos da comunidade de negócios de Kansas City. Esses adultos se voluntariavam a levar um aluno para almoçar, passar um tempo com ele no seu local de trabalho e, em seguida, voltar para um segundo almoço, de acompanhamento. Os alunos tiveram um vislumbre de seus potenciais futuros, e os tutores criaram ligações emocionais que muitos deles não esperavam e que consideraram imensamente recompensadoras.

O programa teve um grande impacto, mas Steve achou que era apenas o início. Por volta dessa época, ele vendeu seu escritório de arquitetura e deixou o país por dois anos. Entretanto, nunca parou de pensar na DeLaSalle ou no efeito que os alunos tiveram sobre ele. "Eles tinham uma boa dose de coragem, ainda que mal direcionada."

Quando voltou para a cidade, retornou à DeLaSalle e perguntou aos administradores se poderia dar uma aula de criatividade e estudos de empreendedorismo. A escola rapidamente concordou. "Fazíamos atividades como construir uma ponte com palitos de dente, como escrever um livro e outros vários projetos. Era apenas para fazê-los começar a pensar sobre processos. O que você precisa fazer para ser dono de uma barbearia? Se você quisesse ganhar 80 mil dólares por ano, como faria isso sendo dono de uma barbearia? Os alunos liam a seção de negócios do *The New York Times* uns para os outros."

Essa foi uma etapa muito positiva, com um forte nível de participação dos alunos. Mas o grande avanço estava por vir. Steve se autodescreve como um "homem dos carros", e uma das coisas que fazia com seus alunos era planejar a etapa conceitual de veículos. "Desenhávamos o corpo, não as partes funcionais dos carros. Os alunos faziam seus próprios modelos em miniatura, e escolhíamos um para fazer um modelo em tamanho real de isopor. Os estudantes começaram a perguntar: 'Por que não podemos fazer um carro de verdade?'. Eles não tinham medo de fazer qualquer pergunta. Eu dizia que não podíamos, mas após umas 100 vezes, pensei: 'Esses garotos estão pensando fora da caixa, e eu preciso encontrar uma maneira de tornar isso realidade'."

Steve encontrou um velho carro de fórmula Indy que havia batido e o entregou aos seus alunos. Eles passaram da etapa de imaginar com palitos de dente e isopor para fazer algo mais tangível: restaurar o carro. Como ele havia sido usado para corridas, era extremamente leve. Steve percebeu que podia ensinar aos seus alunos responsabilidade ambiental e novas tecnologias ao mesmo tempo, ajudando-os a transformar o carro de corridas em um carro elétrico.

Nesse ponto, o programa estava acima das capacidades do DeLaSalle, e assim Steve o transformou em uma organização sem fins lucrativos, a qual chamou de Minddrive. Ele recebeu patrocínio da Bridgestone, que também levou aquele primeiro carro para sua fábrica de testes e descobriu que ele fazia o equivalente a 445 milhas por galão. "De repente, os alunos sentiram que haviam feito algo significativo. Eles sentiram-se empoderados. E no processo aprenderam algumas coisas sobre mecânica, tecnologia e sobre como montar uma equipe."

Durante a produção deste livro, os alunos da Minddrive montaram quatro carros: um Lola Champ Car reciclado de 1999, um Reynard Champ Car reciclado de 2000, um Lotus Esprit de 1977 e um Karmann Ghia elétrico, totalmente convertido, de 1967. Em 2012, eles dirigiram seu Lotus de San

Diego a Jacksonville, fazendo 40 paradas para recarga ao longo do caminho e realizando palestras, a cada parada, para plateias que incluíam grupos escolares, escolas profissionalizantes, grupos cívicos e o Sierra Club.

Em 2013, eles dirigiram outro carro, seu Karmann Ghia, de Akron até Washington D.C., o qual era equipado com um dispositivo que transformava menções nas redes sociais em "combustível social". Uma ampla faixa das mídias sociais aderiu à campanha, programas de notícias em vários países estrangeiros divulgaram sua história e figuras públicas como Richard Branson e Nancy Pelosi até escreveram postagens sobre eles.

Hoje, alunos de sete outras escolas da área estão envolvidos no projeto Minddrive. "Todos eles estão interessados em carros porque representam liberdade", disse Steve, "e estão todos interessados na internet porque ela é uma maneira barata de se comunicarem. Começamos obtendo alunos dos orientadores das escolas. Em seguida, começamos a fazer um boca a boca, e agora temos dificuldades em como selecionar os alunos para o programa. Fomos para o DeLaSalle ano passado e apenas colocamos um pôster dizendo que teríamos uma reunião no ginásio às 10h30. Dos 180 alunos da escola, 53 apareceram. São estudantes que estão dispostos a abrir mão dos seus sábados para se envolver nesse projeto".

"No nosso programa eles ganham a confiança de serem capazes de fazer algo e consideram isso algo incrível. Sempre tentamos fazer algo extraordinário como uma atividade final, tal como fazer *cross-country* em um carro elétrico. Quando terminam, esses garotos sentem que podem fazer qualquer coisa, e isso está influenciando outros alunos na escola. Estão vendo os garotos Minddrive como histórias de sucesso nos corredores. Nossos alunos sentem-se especiais. Usam suas camisetas a caminho da escola."

Ainda que as conquistas dos alunos Minddrive sejam fascinantes por si mesmas, o que as torna mais instrutivas é que elas estão vindo de estudantes que durante anos foram classificados como de baixo desempenho. "Esses eram alunos em risco de abandono, vindos dos 20% mais baixos da educação. Estamos colocando nossos alunos um pouco tarde no jogo, e se eles chegam à nossa turma como estudantes do início do ensino médio e não sabem nem ler uma régua, esse fato traz em si algo muito importante. Estamos tendo uma influência mesmo naqueles que têm muita capacidade acadêmica. Descobrimos que eles são capazes de ter uma visão diferente do seu futuro; são capazes de encontrar uma paixão e fazer algumas mudanças surpreendentes em suas vidas. Temos o caso de uma menina que antes só tirava F, e todos lhe diziam que não tinha chance, mas ela passou a fazer parte do quadro de honra dos alunos e entrou no ensino superior."

"O verdadeiro valor é corroborado em seu núcleo escolar. Em quase todos os setores as notas dos alunos subiram. Neste ano, 12 estudantes chegaram ao final do ensino médio. Todos eles se formaram, e 80% deles estão entrando no ensino superior. Realmente não importa se estão entrando no ensino superior ou não. O objetivo real é a viabilidade de suas vidas. Queremos que eles tenham uma família, um lar e um carro."

EDUCAÇÃO ALTERNATIVA

Alguns anos atrás, fui convidado para uma reunião em Los Angeles sobre programas educacionais alternativos. Estes são programas planejados para motivar novamente jovens que estão fracassando na escola ou que podem abandoná-la por completo. O encontro incluiu todos os tipos de programas baseados em tecnologia, artes, engenharia, iniciativas comunitárias e projetos vocacionais e profissionalizantes. Apesar de suas diferenças, todos esses programas têm algumas características em comum: trabalham com alunos que estão tendo um desempenho insatisfatório na educação convencional – aqueles com baixo desempenho, alienados, com baixa autoestima e pouco otimismo em relação ao seu futuro. Esses programas oferecem a esses jovens desmotivados outro tipo de experiência de aprendizagem.

Frequentemente eles trabalham em projetos práticos ou na comunidade, ajudando outras pessoas, ou, ainda, em produções artísticas e *performances*. Eles trabalham em grupos de maneira colaborativa. Junto com seus professores regulares, trabalham com pessoas de outras áreas, como mentores e modelos a serem seguidos: engenheiros, cientistas, tecnólogos, artistas, músicos, líderes de negócios, etc. Com frequência, esses programas de educação alternativa apresentam resultados espetaculares.

Os alunos que ficavam dormindo pela escola acordaram. Os que achavam que não eram inteligentes descobriram que são. Aqueles que temiam que não pudessem alcançar nada descobriram que podem. Durante o processo, constroem um senso de propósito e autoestima mais fortes. Geralmente, o desempenho nas tarefas escolares convencionais também melhora de forma significativa. Os alunos que achavam que não tinham chance de entrar no ensino superior descobrem que têm. Aqueles que não desejam entrar no ensino superior descobrem que existem outros caminhos na vida que são igualmente recompensadores.

O que me impressionou é que esses programas são chamados de "educação alternativa". Se toda educação tivesse esses resultados, não haveria a necessidade de uma alternativa. É claro que o sucesso de projetos de educação alternativa como Minddrive não é automático ou garantido. É preciso dedicação, paixão, habilidade por parte dos adultos, e confiança, disposição e comprometimento por parte dos estudantes. Cada programa, cada relação tem que ser tão cuidadosamente elaborada quanto os carros que os alunos da Minddrive fabricam. Mas esses programas mostram claramente que esses alunos não são incapazes de aprender e não são inevitavelmente destinados a fracassar. Eles foram alienados e marginalizados pelo próprio sistema. Assim ocorre com muitos outros, incluindo muitos que permanecem no sistema. O motivo essencial é que a educação de massa opera de acordo com princípios diferentes daqueles exemplificados pela Minddrive. Mas quais são esses princípios e, sobretudo, como a educação pública conseguiu chegar a esse ponto?

EDUCAÇÃO INDUSTRIAL

No mundo desenvolvido, naturalizamos o fato de as crianças começarem a ir à escola em torno de 5 anos e passarem cerca de 12 anos na escolarização obrigatória. Ir à escola parece ser a ordem natural das coisas, como dirigir do lado direito (ou esquerdo) da estrada. Mas os sistemas de educação pública de massa são uma inovação relativamente recente. Eles surgiram em grande parte na metade do século XIX, como parte da Revolução Industrial, que começara a ganhar força na Europa cerca de 100 anos antes.

Antigamente, a maioria das pessoas vivia no campo e trabalhava na agricultura. As cidades eram, em grande parte, centros de ofícios e comércio. Na Europa do século XVI, cerca de 5% da população viviam nas cidades.[1] A maioria rural vivia e trabalhava de acordo com as regras feudais das antigas aristocracias. Suas vidas eram moldadas pelo ritmo das estações e pelos rituais das suas crenças. As pessoas eram em grande parte analfabetas e tinham pouca educação além do aprendizado de algum ofício ou comércio que exerciam para seu sustento. A escolarização era para os ricos e para os que entravam para a Igreja.

A Revolução Industrial mudou tudo. A partir da metade do século XVIII, uma sucessão de inovações tecnológicas transformou os métodos tradicionais de produção de bens e materiais, especialmente lã e algodão. Também levaram a toda uma série de novos produtos, feitos de ferro e aço. Maquinário e motores a vapor produziriam formas revolucionárias de transporte que carregavam pessoas e produtos mais longe e mais rápido do que antes – em ferrovias, sobre pontes de ferro e em volta do globo em navios mecânicos. A industrialização gerou uma imensa demanda por energia de carvão e gás e, a partir dela, novas indústrias surgiram na mineração e refino das matérias-primas. Grandes grupos de pessoas migraram do campo para as cidades para trabalhar em fábricas, estaleiros e usinas. Outros escavavam o subsolo para obter o carvão e os minérios de que dependiam as fábricas.

À medida que a Revolução Industrial avançava no século XIX, um novo tipo de sociedade começou a se formar. Na sua base estava um novo tipo de classe de trabalhadores urbanos, homens, mulheres e crianças que vendiam sua força de trabalho para mover a vasta máquina da industrialização. As classes trabalhadoras geralmente viviam e trabalhavam em condições precárias de extrema pobreza, problemas de saúde e o constante risco de violência física, ferimentos e morte acidental. Eles eram a infantaria sem rosto da industrialização.

Entre a classe trabalhadora e a antiga nobreza emergiu uma nova *classe média* de pessoas que prosperaram na nova economia. Ela incluía os proprietários e donos da indústria; advogados, doutores e contadores; empreendedores, investidores e financiadores, dos quais frequentemente dependia. Alguns na classe média haviam saído da pobreza por meio do seu próprio talento e determinação. Em geral, essa classe média tinha grandes aspirações para si e suas famílias, bem como os meios e o dinheiro para realizá-las. Por diferentes razões, tanto a classe trabalhadora quanto a classe média começaram a pressionar politicamente por uma voz mais ativa sobre o modo como eram governadas. À medida que agiam dessa forma, a opressão feudal das antigas aristocracias começou a abrandar, e uma nova ordem política começou a ganhar forma.

E à medida que isso começou a acontecer, várias instituições surgiram por toda a Europa e América do Norte para a promoção do comércio, dos negócios, da tecnologia e do fluxo de ideias entre as artes e as ciências. Ao mesmo tempo, novas instituições filantrópicas tentaram aliviar as condições das classes trabalhadoras, frequentemente degradantes, por meio de programas de caridade em saúde, educação e bem-estar social.

Foram nessas condições tumultuadas que cresceu a demanda por sistemas de educação em massa. A renda proveniente dos impostos e do crescente poder de compra da classe média tornou possível o seu financiamento. Esses sistemas foram moldados por muitas forças.

OBJETIVOS INDUSTRIAIS

A industrialização precisava de um exército de trabalhadores *manuais* para o trabalho repetitivo e exaustivo nas minas, nas indústrias, nas ferrovias e nos estaleiros. Precisava de trabalhadores *técnicos* mais qualificados em engenharia e em todos os trabalhos e ofícios ligados à mineração, à produção e à construção. Precisava de grupos de *assistentes e trabalhadores administrativos* para gerenciar as novas burocracias dos negócios e da produção. Precisava de uma classe menor de *profissionais*, formada por advogados, médicos, cientistas e acadêmicos para oferecer serviços especializados para aqueles que podiam pagar por eles. Alguns países industrializados – especialmente a Grã-Bretanha – tinham extensos interesses coloniais para os quais precisavam de uma classe *dirigente* ainda menor, formada por diplomatas, embaixadores e servidores públicos para gerenciar os negócios do império na metrópole e em suas colônias.

Desde o início, a educação pública teve fortes propósitos sociais. Nos Estados Unidos, buscou-se produzir uma cidadania educada para o bem-estar da democracia. Como disse Thomas Jefferson: "Se uma nação espera ser ignorante e livre, em um estado de civilização, ela espera algo que nunca aconteceu e nunca acontecerá".[2] Alguns viam a educação em massa como um tipo de controle social. Para muitos, a educação era o meio de promover oportunidades sociais e equidade. Para alguns, ir à escola certa e conhecer as pessoas certas era um processo essencial de preparação social para as crianças das classes média e alta. E ainda é.

Todos esses interesses estão evidentes nos *princípios* de *organização* e *estrutura* da educação em massa.

ESTRUTURAS INDUSTRIAIS

A industrialização precisava muito mais de trabalhadores manuais do que de formandos no ensino superior. Assim, a educação em massa foi construída como uma pirâmide, com uma base larga de educação fundamental obrigatória para todos, um setor menor para o ensino médio e um ápice estreito para o ensino superior.

No ensino fundamental, a ênfase recaía sobre o domínio da alfabetização e das operações matemáticas elementares. Na maioria dos países surgiram tipos diferentes de ensino médio: aqueles com um currículo geralmente acadêmico e aqueles com tendências mais práticas. Na Alemanha, por exemplo, a *hauptschule* se destina às crianças que devem trabalhar com negócios, enquanto a *realschule* se destina às que assumirão empregos administrativos, como o trabalho em bancos, e o *gymnasium*, aos alunos que planejam entrar no ensino superior. Em 1944, o governo britânico estabeleceu três tipos de ensino médio: escolas secundárias seletivas, para preparar a minoria dos alunos para postos administrativos e profissionais, bem como para o ensino superior; escolas técnicas, para aqueles dispostos a aprender um ofício; e as modernas secundárias, para preparar os demais para trabalhos braçais.

Durante boa parte da era industrial a maioria dos jovens deixou a escola antes dos 14 anos, principalmente para trabalhos manuais e serviços. Isso aconteceu com meus pais e meus avós. Alguns seguiram para funções administrativas ou de treinamento técnico ou para o aprendizado de ofícios. Poucos entraram no ensino superior e se qualificaram para as profissões mais remuneradas. Eu fui o primeiro da minha família a fazê-lo, em 1968. Aqueles que foram para as universidades certas, a partir das famílias certas, puderam ocupar seu lugar no governo e na administração colonial. Eu não fiz isso.

PRINCÍPIOS INDUSTRIAIS

O objetivo da produção industrial é produzir versões idênticas dos mesmos produtos. Os itens que não *estão de acordo* são descartados ou reprocessados. Os sistemas de educação em massa foram planejados para moldar os alunos a certas necessidades. Em função disso, nem todos são bem-sucedidos no sistema, e alguns são rejeitados por ele.

Os processos industriais exigem a *aceitação* de regras e padrões específicos. Esse princípio ainda é aplicado à educação. O movimento da padronização se baseia na aceitação de currículo, ensino e avaliação.

Os processos industriais são *lineares*. Os materiais brutos são transformados em produtos em etapas sequenciais, cada uma representa um teste ou uma porta de acesso à etapa seguinte. A educação em massa foi planejada como uma série de etapas, do ensino fundamental ao ensino médio e ao ensino superior. Os alunos são geralmente organizados em faixas etárias separadas e progridem ao longo do sistema em grupos que são definidos pela data de nascimento. Existem variações nos sistemas nacionais, mas, na maioria deles, testes periódicos determinam qual caminho cada um seguirá e quando o fará.[3]

A produção industrial está relacionada à *demanda do mercado*. Se esta aumenta ou diminui, os fabricantes ajustam a produção para atender à demanda. Como as economias industrializadas precisavam comparativamente de poucos trabalhadores administrativos e profissionais, o número de alunos admitido nas universidades era fortemente controlado. Na época atual, a demanda por trabalho intelectual aumentou e as portas de acesso às universidades se escancararam para aumentar o fluxo de graduados para a economia. A ênfase nas disciplinas STEM (ciência, tecnologia, engenharia e matemática) é outro exemplo dos princípios de mercado sendo aplicados à educação.

Como em fábricas típicas, as escolas de ensino médio e sobretudo o ensino superior estão organizados em torno da *divisão do trabalho*. Nas escolas de ensino médio, o dia em geral é segmentado em pedaços de tempo regulares. Quando o sinal toca, todo mundo muda de tarefa (e às vezes de sala) e começa a fazer algo completamente diferente. Os professores se aperfeiçoam em disciplinas específicas e se movem ao longo do dia de uma sala para outra em segmentos separados.

Embora esses princípios possam funcionar bem para a fabricação de produtos, eles podem gerar todos os tipos de problemas na educação de pessoas.

PROBLEMAS HUMANOS

O problema com a *conformidade* na educação é que as pessoas, para início de conversa, não são padronizadas. Deixe-me ser claro: ao desafiar a ideia de conformidade nas escolas, não estou defendendo um comportamento antissocial. Todas as comunidades dependem de convenções de conduta consensuais. Se as pessoas consistentemente as ignoram, a própria comunidade pode afundar. Por conformidade me refiro à tendência institucional na educação em julgar os alunos por meio de um único parâmetro de capacidade e tratar aqueles que não se adaptam como *menos capazes* ou *incapazes* – como desvios da norma. Nesse sentido, a alternativa à conformidade não significa a aceitação da ruptura, mas a celebração da diversidade. Os talentos individuais dos alunos assumem muitas formas e devem ser estimulados similarmente de muitas maneiras.

Cada indivíduo é único. Todos somos diferentes fisicamente e em nossos talentos, personalidades e interesses. Uma visão estreita da conformidade cria inevitavelmente um número enorme de "não adequados" que podem ser rejeitados pelo sistema ou serem encaminhados para tratamento de correção. Aqueles que atendem às especificações do sistema provavelmente tendem a apresentar um bom desempenho, ao contrário daqueles que não as atendem.

Esse é um dos temas centrais na promoção de uma cultura de estrita *aceitação* na educação. Não estou falando aqui de padrões de comportamento e conduta social, mas, se e como os alunos são encorajados a fazer perguntas, buscar respostas alternativas e incomuns e exercer seus poderes de criatividade e imaginação. A adequação estrita é essencial para a fabricação de produtos, mas as pessoas são diferentes. Não apenas o fato de termos tamanhos e formas diferentes. Nas circunstâncias certas, somos também altamente imaginativos e criativos. Em uma cultura de conformidade, essas capacidades são ativamente desencorajadas, até mesmo desprezadas.

O princípio da *linearidade* funciona bem para a manufatura, mas não para pessoas. A educação de crianças por faixa etária assume que o aspecto mais importante que elas têm em comum é sua data de fabricação. Na prática, diferentes alunos aprendem em diferentes velocidades e em diferentes disciplinas. Uma criança com habilidade natural em uma área pode ter de se esforçar muito em outra. Uma criança pode ser igual à outra mais velha em algumas atividades, mas estar atrás de uma mais nova em outras. Não aplicamos esse princípio de agrupamento fora das escolas. Não mantemos todos os alunos de 10 anos afastados dos de 9 anos, em instalações diferentes. Esse tipo de separação ocorre principalmente em escolas.

O princípio da *oferta e da procura* também não funciona com a vida das pessoas, porque a vida em si não é linear. Se você perguntar às pessoas de meia idade e idosas se elas estão fazendo exatamente o que pretendiam quando estavam no ensino médio, poucas irão dizer que estão. As vidas que criamos são o resultado de todo tipo de correntes e contracorrentes, a maioria das quais não podemos prever com antecedência.[4]

PAGANDO O PREÇO REAL

Os processos industriais em geral desprezam o valor das matérias-primas que não são relevantes para o que está sendo fabricado. O mesmo vale para a educação. A preocupação com conteúdos e habilidades específicas significa que os outros talentos e interesses dos alunos são quase que sistematicamente marginalizados. De forma inevitável, muitas pessoas não descobrem do que realmente são capazes nas escolas, e, como resultado, suas vidas podem ser empobrecidas.

A maioria dos processos industriais produz uma quantidade enorme de lixo e de subprodutos de baixo valor. O mesmo faz a educação. Como vimos, incluem a desistência, a desmotivação, a baixa autoestima e as oportunidades de emprego limitadas para aqueles que fracassarem ou cujos talentos não forem valorizados no sistema.

Os processos industriais podem produzir problemas catastróficos no meio ambiente, e frequentemente os outros é que têm de limpar a sujeira. Os economistas descrevem essas situações como *fatores externos*. Produtos químicos e lixo tóxico são jogados em rios e oceanos, poluindo o meio ambiente e danificando ecossistemas delicados. A fumaça das fábricas e motores asfixia a atmosfera, causando múltiplos problemas de saúde nas pessoas que as inalam. Limpar a sujeira pode custar bilhões de dólares. Mas geralmente não são os fabricantes que pagam o preço, e sim os contribuintes. Os produtores não encaram a sujeira como um problema seu. O mesmo ocorre com a educação.

Os alunos que se sentem alienados pelos sistemas atuais de padronização e testagem podem deixar o sistema, restando para eles e para outros pagar o preço dos benefícios do desemprego e de outros programas sociais. Esses problemas não são subprodutos acidentais da educação padronizada: eles são uma característica estrutural desses sistemas, que foram planejados para classificar pessoas segundo concepções particulares de talento e necessidade econômica e destinados a produzir vencedores e perdedores de acordo com aqueles critérios. E eles o fazem. Muitos desses *fatores externos* poderiam ser evitados se a educação genuinamente desse a todos os alunos as mesmas oportunidades de explorar suas capacidades reais e produzir vidas felizes.

Mas se esses princípios industriais não funcionam bem para a educação, então o que funciona? Que tipo de sistema é a educação e como ela pode ser mudada? Uma boa maneira de pensar sobre essa transformação é refletir sobre uma mudança de metáforas. Se você pensa na educação como um processo mecânico que apenas não está funcionando tão bem quanto já funcionou antes, é fácil lançar hipóteses falsas sobre como ele poderia ser consertado: dizer que basta ajustá-lo e padronizá-lo da maneira correta para que funcione corretamente para sempre. A verdade é que não funcionaria, porque não se trata, de maneira alguma, desse tipo de processo, embora alguns políticos gostassem que sim.

MECANISMOS E ORGANISMOS

Se você leu meu livro O *elemento* (*The element*), pode se lembrar da história de Richard Gerver, que se tornou professor na Grange Primary School, no centro da Inglaterra, e de como ele ajudou a criar a Grangeton, uma "cidade" de trabalho dentro da escola, em que cada "serviço" era realizado por alunos. Por meio do seu trabalho na cidade, esses alunos aprenderam as disciplinas centrais – e muito mais – em um alto nível, ao mesmo tempo em que experimentavam níveis extraordinários de participação.[5]

Quando Richard foi para a Grange, há anos a escola apresentava um baixo desempenho, e as matrículas estavam caindo. A instituição tinha uma reputação ruim e geralmente se encontrava em um estado precário. Foi aí que muitas pessoas começaram a falar sobre voltar ao básico. O pensamento também ocorreu na mente de Richard, mas não do mesmo modo.

"O 'básico' de que estou falando são os dons biológicos com os quais nascemos, que nos impulsionam pelo mundo como incríveis organismos que aprendem", ele me disse. "Nascemos com todas as habilidades – todas as básicas – que precisamos. Bebês e crianças muito pequenas são incrivelmente intuitivos, naturalmente criativos e profundamente curiosos. Quando estávamos pensando sobre o que fazer na Grange, estava obcecado com a ideia de encontrarmos uma maneira de aproveitar essa capacidade de aprendizagem natural e entendermos o que o sistema estava fazendo para inibi-la. Se pudéssemos descobrir isso, poderíamos criar um ambiente de aprendizagem incrível."

"Então dissemos: 'Vamos observar como as crianças aprendem. Vamos realmente gastar algum tempo observando-as em nossa creche e educação infantil e ver como podemos levar adiante o que elas estão fazendo'. Ficou claro que nossas crianças tinham uma predisposição natural a mergulhar em aprendizagem por dramatização e em grande parte baseada em vivências. Havia muita imitação e forte aprendizagem quando elas podiam sentir o gosto das coisas, cheirá-las e vê-las. Isso é o que chamo de aprendizagem tridimensional." Foi o desejo de replicar essas formas dinâmicas de aprendizagem no ambiente menos estruturado da educação infantil que deu início à criação da Grangeton.

"Criamos uma cidade com estações de televisão e rádio, pois eles eram ambientes de dramatização legais para todas as nossas crianças, não apenas para as que estavam na educação infantil. Se você estiver falando com alunos da educação infantil sobre cuidar de si mesmos, você constrói um modelo de centro de cirurgia em tamanho real e elas brincam de ser médicos e enfermeiros. Pensamos que 'se queremos fazer os nossos alunos entenderem o poder da leitura e do desenvolvimento da linguagem, vamos construir para eles uma estação de rádio e televisão para que possam brincar com elas em um contexto real'. Crianças de 11 anos achariam isso tão legal quanto as de 5 anos brincando no centro cirúrgico. Para nós, tudo se resumia à riqueza da experiência e contexto."

A etapa seguinte foi apreciar as imensas habilidades dos melhores profissionais dos níveis iniciais, que não constroem ambientes de dramatização apenas para encorajar a participação. "Por trás do planejamento desses ambientes das séries iniciais encontram-se objetivos claros para o desenvolvimento de habilidades. Quis explorar como poderíamos utilizar aquela experiência de dramatização para desenvolver trabalho em equipe, resiliência, autoconfiança e responsabilidade pela comunidade."

Os resultados da transformação da Grangeton eram claros em todos os níveis. Os alunos que sempre haviam sido indiferentes quanto à presença na escola se tornaram profundamente envolvidos e entusiasmados. Os resultados gerais da escola melhoraram muito além das expectativas. Em pouco mais de três anos, a Grange deixou de ser uma das escolas de mais baixo desempenho e menos populares do distrito para estar no topo da lista.

"Nosso desempenho acadêmico na Grange atingiu os 5% mais altos. Meus alunos e minha equipe trabalharam mais pesado do que fariam em uma escola-padrão, mas não havia ressentimento, porque eles podiam ver que o trabalho estava tendo um impacto real. Os níveis de trabalho eram imensos, e todos estavam 100% envolvidos."

A transformação na Grange ilustra três temas essenciais que estão no centro do meu argumento: o espaço para inovação radical mesmo dentro do sistema de educação como ele é; o poder da liderança visionária para realizar mudanças; e a necessidade de diretores e professores criarem nas escolas condições em que os estudantes florescerão e se dedicarão ao máximo.

Todos os exemplos vistos até agora demonstram essas questões. Também mostram que, embora os políticos às vezes tratem a educação como um processo desta natureza, ela não é um processo industrial, mas orgânico. A educação lida com pessoas vivas, não objetos inanimados. Se pensarmos nos alunos como produtos ou dados, compreendemos de maneira equivocada como a educação deve ser. Produtos, de parafusos a aviões, não têm opiniões ou sentimentos sobre como são produzidos ou sobre o que acontece com eles. As pessoas têm. Elas têm motivações, sentimentos, circunstâncias e talentos. São afetadas pelo que acontece consigo e, em contrapartida, afetam a vida. Podem resistir ou cooperar, sintonizar ou desconectar. Entender isso aponta para uma analogia ainda mais estreita entre a educação em massa e a industrialização.

Até o momento, tenho comparado a educação à industrialização. Tudo muito bom, tudo muito bem, você pode pensar, mas ninguém seriamente acredita que os alunos são produtos e que as escolas são fábricas. Talvez sim. Talvez não. De qualquer forma, acho que a analogia ideal para a educação industrial é agricultura industrial.

A Revolução Industrial não apenas transformou a produção de objetos, ela transformou também a agricultura. Foi mencionado que, em tempos pré-industriais, a grande maioria das pessoas vivia na zona rural. A maioria trabalhava na agricultura, cuidando de plantações e animais para seu próprio uso ou consumo local, e usava os mesmos métodos que haviam sido utilizados pelas gerações anteriores. No século XVIII, tudo isso começou a mudar. A invenção dos arados mecânicos, das máquinas de debulha e de outros dispositivos para processamento de materiais de origem vegetal, tais como algodão, cana-de-açúcar e milho, trouxeram uma revolução para o campo tão profunda quanto os estremecimentos industriais trouxeram para a cidade. A industrialização produziu uma grande eficiência para o plantio, para a colheita e para o processamento de culturas de todos os tipos. No século XX, a ampla utilização de fertilizantes e pesticidas químicos aumentou massivamente o rendimento e a produtividade agrícola. Tais inovações na agricultura industrial e na produção de alimentos, por sua vez, deram suporte a um enorme crescimento populacional.

Um dos principais objetivos dos sistemas de agricultura industrial foi produzir um maior rendimento de lavouras e animais. Esses resultados foram alcançados por meio do desenvolvimento de enormes fazendas, frequentemente de monoculturas, que cultivavam grandes extensões de um único tipo de lavoura, apoiada por fertilizantes e pesticidas químicos. Eles têm sido bem-sucedidos em termos de rendimento e conferiram imensos benefícios à humanidade. Como em muitos processos industriais, seu sucesso ocorreu a um alto custo.

O escoamento de pesticidas e fertilizantes para os rios e oceanos criou uma poluição devastadora. A morte indiscriminada de insetos desequilibrou ecossistemas inteiros que dependem deles e deram origem à "primavera silenciosa", de Rachel Carson.[6] Para a produção das culturas, o preço foi a degradação da superfície superior do solo em todo o mundo, a ponto de a sustentabilidade dessas práticas estar agora sendo seriamente questionada.

Existem problemas semelhantes na produção industrial de produtos animais. Fazendas industriais substituíram o cultivo aberto dos tempos pré-industriais. Um número imenso de animais é criado confinado em condições destinadas a maximizar a produção e a minimizar os custos. Essas condições incluem o uso indiscriminado de hormônios de crescimento para aumentar o tamanho e o valor dos animais. Como as condições em que eles são mantidos são pouquíssimo naturais, cada vez mais a produção animal depende da ampla utilização de antibióticos potentes para controlar doenças. Todas essas técnicas industriais têm tido efeitos adversos correspondentes na saúde humana.[7]

Especialmente nos últimos 30 anos, tem havido um movimento crescente para implantar sistemas alternativos de agricultura orgânica. Na agricultura de produtos orgânicos, a ênfase não tem sido nas plantas em primeiro lugar, mas na nutrição do próprio solo. Ela difere fundamentalmente da agricultura industrial ao perceber que toda a produção da lavoura depende da vitalidade do solo e de sua sustentabilidade no longo prazo. Se o ecossistema for diverso e bem administrado, a saúde das plantas aumentará, junto com seu rendimento. O objetivo é encarar a agricultura como uma parte maior da teia da vida. A mesma abordagem é adotada no tratamento dos animais.

Embora a agricultura orgânica cubra uma ampla variedade de práticas, ela se baseia essencialmente em quatro princípios:[8]

Saúde. A saúde de tudo o que está envolvido no processo agrícola – do solo às plantas e animais a todo o planeta – é igualmente crítica, e qualquer prática que comprometa sua saúde e bem-estar deve ser evitada.

Ecologia. Os processos agrícolas devem ser compatíveis com os sistemas e ciclos ecológicos, sendo vital sustentar o equilíbrio e a interdependência dos sistemas vivos.

Justiça. Cada parte envolvida no processo – do fazendeiro, aos trabalhadores até o consumidor – deve ser tratada com justiça.

Cuidado. Antes de ser utilizada, os efeitos de cada nova tecnologia ou técnica no meio ambiente vivo, agora e no futuro, devem ser plenamente levados em consideração.

Como na agricultura, a ênfase na educação industrial tem recaído, e recai cada vez mais, sobre produtos e rendimento: melhorando os resultados dos testes, dominando as tabelas classificativas, aumentando o número de graduados.

Assim como na agricultura industrial, alunos e professores são alojados em condições que inibem seu crescimento. Com muita frequência eles ficam entediados e desmotivados, e cada vez mais acompanham o programa por meio de medicamentos que artificialmente focam sua atenção. Enquanto isso, o custo dos fatores externos é elevado e cresce a cada dia. O sistema industrial de escolarização funcionou durante um tempo, mas agora está entrando em exaustão e arrastando muitas pessoas junto com ele. O preço que está sendo pago é o de uma erosão que prejudica a cultura da aprendizagem.

A educação realmente melhora apenas quando compreendemos que ela também é um sistema vivo e que as pessoas se desenvolvem em certas condições e não em outras. Os quatro princípios da agricultura orgânica se traduzem diretamente nos tipos de educação que é preciso cultivar de forma urgente. Parafraseados para a educação, eles podem ser:

Saúde. A educação orgânica promove o desenvolvimento e bem-estar do aluno como um todo, dos pontos de vista intelectual, físico, espiritual e social.

Ecologia. A educação orgânica reconhece a interdependência vital de todos esses aspectos do desenvolvimento, em cada aluno e na comunidade como um todo.

Justiça. A educação orgânica cultiva os talentos individuais e potenciais de todos os alunos, em quaisquer circunstâncias, e respeita os papéis e as responsabilidades daqueles que trabalham com eles.

Cuidado. A educação orgânica cria condições ideais para o desenvolvimento dos estudantes, baseadas na compaixão, na experiência e na sabedoria prática.

As melhores escolas sempre colocaram em prática esses princípios. Se todas as instituições fizessem isso, a revolução de que precisamos estaria bem adiantada. Apesar disso, a tarefa que enfrentamos não é a de aumentar o rendimento nas escolas à custa da motivação, e sim a de revigorar a cultura viva das próprias instituições. Essa é a essência desses princípios.

Quais objetivos básicos da educação devem ser contemplados pela cultura das escolas? Na minha opinião, são quatro: *econômicos, culturais, sociais* e *pessoais.*

Econômicos

> *A educação deve possibilitar que os alunos se tornem economicamente responsáveis e independentes.*

Às vezes, argumenta-se que a educação é importante por si mesma e que o que ocorre nas escolas não deve ser afetado por interesses "externos", tais como as necessidades dos negócios e da economia. Essa é uma ideia ingênua. A educação em massa sempre teve objetivos econômicos, e é perfeitamente razoável que ela deva ter. Isso não equivale a dizer que seus objetivos sejam apenas econômicos. Serão abordados outros objetivos em seguida, mas não há como negar a importância econômica da educação para os indivíduos, comunidades e países.

Os governos investem fortemente em educação porque sabem que uma força de trabalho educada é essencial para a prosperidade econômica. Os estudantes e suas famílias também sabem disso. É por isso que na Índia, 80% das famílias na pobreza gastam até um terço da sua renda na educação, logo depois de alimentação e moradia. Como os pais de todos os lugares, eles esperam que a educação ajude suas crianças a encontrar um emprego e a se tornar economicamente independentes. Eu também espero isso. Não posso lhes dizer o quanto eu espero que meus filhos se tornem economicamente independentes – e do modo mais rápido possível. Diante das profundas mudanças no mundo do trabalho, a pergunta é: que tipo de educação os alunos precisam hoje para atingir esse ponto?

Muitos dos empregos para os quais os atuais sistemas de educação foram planejados estão desaparecendo rapidamente. Enquanto isso, muitas novas formas de trabalho estão surgindo, em especial a partir do impacto transformador das tecnologias digitais. É quase impossível prever que tipo de empregos os alunos de hoje estarão realizando em 5, 10 ou 15 anos, supondo que encontrem algum.

Atualmente, se fala muito na necessidade de as escolas promoverem as *habilidades do século XXI*. A parceria para as *Habilidades do Século 21*, com sede nos Estados Unidos, é um consórcio de 19 Estados e 33 parceiros corporativos que promove uma ampla abordagem ao currículo e à aprendizagem. Ela inclui as seguintes categorias:[9]

Temas interdisciplinares

- consciência global
- alfabetização financeira, econômica, de negócios e empreendedora
- alfabetização cívica
- alfabetização em saúde
- alfabetização ambiental

Habilidades para a aprendizagem

- criatividade e inovação
- pensamento crítico e resolução de problemas
- comunicação e colaboração

Habilidades para a vida e carreira

- flexibilidade e adaptabilidade
- iniciativa e autodirecionamento
- habilidades sociais e interculturais
- produtividade e prestação de contas
- liderança e responsabilidade

Falaremos mais sobre algumas delas ao longo do livro. No entanto, deve ficar claro que essas não são habilidades exclusivas do século XXI. Muitas escolas e educadores as praticaram e as promoveram muito antes deste século ter começado. Elas sempre foram importantes e são ainda mais essenciais agora. O movimento de padronização também as defende, mas as práticas que encoraja nas escolas em grande parte lhes nega espaço. O novo e urgente desafio é proporcionar formas de educação que encorajem os jovens a se envolver com as questões econômicas globais de sustentabilidade e bem-estar ambiental – encorajá-los para formas de atividade econômica que apoiem a saúde e a renovação dos recursos do mundo natural, em vez de aquelas que os esgotam e espoliam.

Para engajar-se adequadamente a esses objetivos econômicos, as escolas precisam cultivar a grande diversidade de talentos e interesses dos jovens; dissolver as divisões entre programas profissionalizantes e acadêmicos, dando pesos iguais a ambas as áreas de estudo; e estimular parcerias práticas com o mundo profissional para que os jovens possam vivenciar, em primeira mão, diferentes tipos de ambientes de trabalho.

Culturais

A educação deve permitir que os alunos entendam e valorizem suas próprias culturas e respeitem a diversidade das outras.

Quando as pessoas vivem em contato regular, elas influenciam profundamente as maneiras de pensar e se comportar umas das outras. Ao longo do tempo, cada comunidade coesa desenvolve convenções e valores comuns: desenvolve uma cultura. Defino cultura como *os valores e as formas de comportamento que caracterizam diferentes grupos sociais.* Uma maneira mais curta de dizer isso é "cultura é o modo como fazemos as coisas aqui".

A cultura de uma comunidade tem muitos fios entrelaçados: sistemas de crenças, práticas legais, padrões de trabalho, formas aprovadas de relacionamentos, alimentos, vestimentas, práticas artísticas, linguagens e dialetos e assim por diante. A cultura reside no interior das interações entre todos esses elementos. As culturas geralmente apresentam várias subculturas: indivíduos e grupos que se especializam ou se afastam de várias características da cultura geral, como os Hell's Angels, que rejeitam as armadilhas da sociedade burguesa, mas que ainda compram Harleys e usam as autoestradas.

A menos que uma comunidade esteja fisicamente isolada por um longo período, como algumas tribos remotas ainda permanecem, as culturas são afetadas por suas interações com outras. À medida que o mundo se torna cada vez mais povoado e conectado, ele se torna cada vez mais complexo culturalmente. Recentemente, encontrei na internet uma frase sobre o que significa ser britânico hoje. Ela dizia: "ser britânico significa voltar para casa dirigindo um carro alemão, parar para comprar um *curry* indiano ou uma *pizza* italiana, em seguida passar a noite sentado em uma mobília sueca, bebendo cerveja belga e assistindo a programas americanos em uma televisão japonesa. E a coisa mais britânica de todas? Suspeitar de qualquer coisa que seja estrangeira".

Os adultos e, mais ainda, as crianças se movem entre várias comunidades culturais e subculturais diferentes. Com uma população de 700 mil alunos, por exemplo, o Los Angeles Unified School District, LAUSD (Distrito Escolar Unificado de Los Angeles), é o segundo maior dos Estados Unidos, depois da cidade de Nova York. O corpo de estudantes é composto de aproximadamente 73% de hispânicos, 12% de negros, 9% de brancos, 4% de asiáticos e 2% de filipinos. Nas escolas da LAUSD são falados 92 idiomas; para mais de dois terços dos alunos, o inglês é a segunda língua.

Um dos orientadores da minha tese de doutorado na University of London, na década de 1970, foi Harold Rosen, um extraordinário educador, ativista e destacado professor de inglês. Lembro-me de conversar com ele após uma conferência sobre diversidade linguística nas escolas de Londres. Alguém reclamou que seu trabalho estava se tornando muito difícil porque muitos idiomas diferentes eram falados nas escolas – cerca de 80 na época, eu acho. Harold estava impressionado que os professores de línguas encarassem a diversidade linguística como um problema, e não como uma oportunidade. A diversidade cultural é uma das glórias da existência humana. As vidas de todas as comunidades podem ser imensamente enriquecidas por meio da celebração de suas próprias culturas e das práticas e tradições de outras.

Existe um lado ruim da diversidade. Diferenças entre valores e crenças podem produzir ódio e hostilidade. A história do conflito humano sempre foi tanto sobre cultura quanto sobre dinheiro, terras e poder. Os conflitos regionais frequentemente se basearam em divisões culturais profundas – entre cristãos e muçulmanos, sunitas e xiitas, católicos e protestantes, hutus e tutsis e todas as outras. Os antagonismos sociais são frequentemente impulsionados por diferenças percebidas – entre brancos e negros, heterossexuais e homossexuais, jovens e velhos. À medida que a universidade se torna mais numerosa e interconectada, conviver respeitosamente com a diversidade não é apenas uma escolha ética, mas uma prática imperativa.

Existem três prioridades culturais para as escolas: ajudar os alunos a entenderem suas próprias culturas, compreender outras culturas e promover um sentimento de tolerância e coexistência cultural. Para alcançar esses objetivos, as escolas precisam de um currículo amplo e rico, e não de um currículo limitado e empobrecido. O movimento de padronização não começa a se envolver com essas complexidades.

Sociais

> *A educação deve permitir que os jovens se tornem cidadãos ativos e solidários.*

A promessa das escolas públicas há muito tempo têm sido que elas são o portal dourado para a realização e prosperidade, independentemente da "classe social e das circunstâncias de nascimento".[10] Para algumas pessoas, o sonho se tornou realidade; para muitas outras, não. A distância entre ricos e pobres cresce a cada ano, não apenas nos Estados Unidos. O mesmo vale para a distância entre as conquistas, especialmente para as pessoas negras.

Para aqueles que vivem na pobreza, o caminho da educação tornou-se cada vez mais estreito. Poucos recursos investidos, elevadas taxas de substituição de professores e problemas sociais complexos significam que, na prática, as escolas frequentemente não são avenidas para maiores conquistas, mas becos sem saída educacionais. O movimento da padronização não faz nada para lidar com essas desigualdades e faz tudo para aumentá-las.

Existe outra questão. Nas democracias, a educação deveria promover a cidadania ativa. Atualmente, vivo em Los Angeles. Em junho de 2013, houve uma eleição para prefeito, o cargo público mais importante da cidade. Os oito candidatos e seus apoiadores gastaram 18 milhões de dólares em suas várias campanhas. Porém, apenas 16% dos 1,8 milhão de eleitores registrados em Los Angeles se dispuseram a votar.[11] Isso em um país em que as pessoas morreram pelo direito de votar, assim como em outras nações, incluindo o Reino Unido.

Em 1913, um incidente impressionante ocorreu no Derby de Epson, um dos principais eventos da temporada de corridas de cavalo do Reino Unido. Um cavalo que pertencia ao rei George era um dos principais competidores. À medida que o grupo se aproximou dos metros finais da corrida, uma jovem mulher, Emily Davison, passou por baixo da grade que margeava a pista e correu para frente do cavalo do rei, que vinha em galope. Ela foi pisoteada e, três dias depois, morreu no hospital, sem ter jamais recuperado sua consciência. Se ela pretendia morrer, não se sabe, embora se saibam seus motivos para enfrentar o cavalo do rei: Emily Davison era uma militante pelo sufrágio universal e morreu para promover o direito de voto das mulheres.

Cinquenta anos depois, em 1963, Martin Luther King Jr. fez seu famoso discurso "Eu tenho um sonho", em Washington, D.C. Ele apresentou uma visão de democracia que, pelo menos em espírito, teria recebido a entusiástica aprovação dos fundadores da nação. Ele pedia uma democracia que fosse *inclusiva, substantiva e transformadora.* Cinquenta anos depois, muitos ainda não têm o direito de votar, e muitos dos que o têm escolheram não exercê-lo.

A força das sociedades democráticas depende de a maioria das pessoas ser cidadãos ativos na urna e na comunidade. A urna é a ferramenta mais afiada da democracia. Em muitas democracias, ela está se tornando perigosamente desimportante. As escolas têm papéis vitais no cultivo do senso de cidadania. Elas não irão desempenhá-los fazendo cursos acadêmicos sobre cidadania, mas sendo o tipo de local que põe em prática esses princípios no modo como funcionam no dia a dia.

Pessoais

> *A educação deve permitir que os jovens participem tanto do mundo que existe dentro deles como daquele à sua volta.*

A educação é um tema global, mas também profundamente pessoal. Nenhum dos outros objetivos pode ser atingido se esquecermos que a educação tem a ver com o enriquecimento de corações e mentes de pessoas vivas. Muitos dos problemas dos atuais sistemas educacionais baseiam-se na incapacidade de entender esse ponto básico. Todos os alunos são indivíduos únicos, com suas próprias esperanças, talentos, ansiedades, medos, paixões e aspirações. Tratá-los como indivíduos é a base para melhorar os resultados.

Todos os seres humanos vivem em dois mundos. Há o mundo que existe quer você exista ou não. Ele estava lá antes de você existir e estará lá quando você tiver desaparecido. Esse é o mundo dos objetos, dos eventos e de outras pessoas; é o mundo à sua volta. Há outro que existe apenas porque você existe: o mundo privado dos seus próprios pensamentos, sentimentos e percepções, seu mundo interno. Esse mundo passou a existir quando você surgiu e desaparecerá quando você desaparecer. Conhecemos o mundo exterior apenas por meio do nosso mundo interno, por meio dos sentidos pelos quais o percebemos e das ideias pelas quais o interpretamos.

Nas culturas ocidentais, costuma-se fazer sólidas distinções entre esses dois mundos, entre pensar e sentir, objetividade e subjetividade, fatos e valores. Como será discutido posteriormente, essas distinções não são tão confiáveis como parecem. O modo como o mundo à nossa volta é analisado pode ser profundamente afetado pelos sentimentos internos, e o modo como é sentido pode ser criticamente moldado pelos conhecimentos, percepções e experiências pessoais. As vidas são formadas pelas interações constantes entre esses dois mundos, cada um afetando o modo como vemos e agimos sobre o outro.

O currículo acadêmico convencional está quase inteiramente concentrado no mundo à nossa volta e dá pouca atenção ao mundo interno. O resultado disso é visto todos os dias no tédio, na desmotivação, no estresse, no *bullying*, na ansiedade, na depressão e nas desistências. Esses são temas humanos e exigem respostas humanas.

Como argumentado nos livros do *Elemento*, o que as pessoas contribuem para os mundos à sua volta tem tudo a ver com o modo como elas se envolvem com o mundo em seu interior. Existem algumas coisas que queremos que todos os alunos saibam, compreendam e sejam capazes de fazer como resultado da sua educação. Porém, eles também têm seus próprios padrões únicos de aptidões, interesses e disposições. A educação também deve considerar esses fatores. Tornar a educação pessoal apresenta implicações para o currículo, para o ensino e para a avaliação. Isso envolve uma transformação na cultura das escolas. Como seria isso na prática?

3

Mudando as escolas

"Quer saber de uma coisa? Ontem foi seu último dia na escola. O que você gostaria de fazer?" Isso é algo que Ken Danford, cofundador do North Star Self-Directed Learning for Teens, em Hadley, Massachusetts, fala regularmente para os jovens que querem aprender, mas que acharam a escola frustrante, alienante e pouco inspiradora. Como eles reagem quando Ken lhes diz que não precisam mais ir à escola? "Ficam espantados", ele me disse. "Dizem coisas como: 'Sério? Se a gente fizer isso, ainda vai poder entrar no ensino superior e conseguir um emprego, e o mundo ainda vai gostar da gente?'. Ninguém havia dito isso a eles antes."

Ken não era inicialmente um iconoclasta. Ele entrou na faculdade para ser professor e conseguiu um emprego em uma escola de ensino médio em Amherst, Massachusetts. Sempre gostou de ir à escola e, assim, não estava preparado para o que descobriu quando começou a ficar na frente da turma. "Foi terrível. Aqueles alunos não queriam estar ali. Eu estava tentando lhes ensinar a história dos Estados Unidos, mas eles não queriam aprender. Estava lendo para eles o *Riot Act*: 'Se você não aprender história dos Estados Unidos no 8° ano, não será capaz de *fazer coisa alguma*'. Quando eu me ouvia falando, me achava um idiota. Estava discutindo com eles sobre bonés, atrasos e permissões para ir ao banheiro – e se não fosse duro em relação a essas coisas, a escola pegaria no meu pé. Eu simplesmente não conseguia fazer aquilo, simplesmente não podia falar aquelas coisas a sério para aqueles alunos e fazer uma tempestade em um copo d'água."

"Li *The teenage liberation handbook*, e esse livro descrevia o ensino domiciliar e a desescolarização como o espaço das pessoas que não se conformavam com a escola e que simplesmente disseram: 'Eu vou mudar minha vida. Não tenho tempo para desperdiçar. Não vou esperar até os 18 para começar – estou indo embora'. O que geralmente acontece é que as pessoas que agem e escolhem viver assim são bem-sucedidas. Então, comecei a me perguntar o que significava não ir à escola. Que tal perguntar a eles o que eles querem aprender? Vocês querem estar aqui hoje? Aonde querem ir? Com quem? Durante quanto tempo? Não querem estudar história comigo? Ok, não estudem história comigo. Não querem ler? Então não leiam. Como você faz isso? Criando algo que não é uma escola. Você cria um centro comunitário. Cria um programa. Você diz às pessoas: 'Eu vou ajudar você e seus pais a serem responsáveis pela sua vida; vamos aproveitar esse lugar feliz e aconchegante, e você pode vir aqui quando quiser. Pode fazer o que quiser enquanto estiver aqui, desde que seja legal com os outros. Pode ir e vir de acordo com a sua vontade. E adivinhe? Provavelmente vai funcionar'."

O North Star é um centro (Ken e seus colegas são muito sensatos em não chamar esse lugar de escola, porque ele não é certificado como uma) que ajuda os adolescentes a descobrir a paixão pela aprendizagem que foi perturbada ou reprimida significativamente. Embora não seja uma "escola" regular, funciona de maneira muito eficaz para muitos. "O North Star destina--se principalmente a adolescentes que estão insatisfeitos com a escola e que não querem ir para lá. Alguns estão tirando As. Alguns têm *hobbies*. Alguns não sabem o básico e têm todos os tipos de dificuldades."

"Algo muito profundo acontece quando deixamos as pessoas agirem por conta própria – quando deixamos que elas façam suas próprias escolhas. Não há como conseguir isso quando estamos ensinando. O que você quer fazer e o que quer que eu faça para ajudá-lo? Eles ainda não sabem, então precisam experimentar tudo para descobrir. Isso pode incluir dizer não para tudo e desperdiçar suas vidas e ver o que acontece se não fizerem nada durante algum tempo. É muito divertido."

Embora possa parecer que o North Star tenha um ritmo acelerado de desis-tências, na verdade ocorre o contrário. A maioria dos seus participantes entra no ensino superior, incluindo instituições como Massachusetts Institute of Technology (MIT), Brown University, Smith College, University of California, Los Angeles (UCLA), e Columbia University, entre outras.[1] A participação no North Star é frequentemente considerada um trunfo por parte dos dire-tores de admissão, porque esses alunos têm um histórico de autonomia e de curiosidade intelectual. Ken deu um exemplo particularmente convincente.

"Tivemos um aluno que chegou quando estava no 7º ano, depois de ter passado por ensino domiciliar. Ele se enturmou, conversou com as pessoas, tentou manter sua vida aberta. Costumava se arrastar com seus livros de matemática e tinha um tutor aqui. Aos 15 anos, ele matriculou-se em cálculo na faculdade comunitária e gabaritou. Teve que ir para a University of Massachusetts para cursar Cálculo 2. Gabaritou. Fez mais alguns cursos de verão na University of Massachusetts, dois cursos pós-Cálculo 2. Nessa época, ele já tinha 16 anos e não podia mais frequentar os cursos que queria como aluno externo, então foi à secretaria de admissão e disse: 'Veja bem, tenho 16 anos. Não tenho quatro anos disso, três anos daquilo. Nunca fiz os exames SATs.* Tudo o que sei é que preciso me matricular na University of Massachusetts para que eu possa me inscrever nesses cursos de matemática avançada'. Então, eles o colocaram no programa Commonwealth, que teoricamente deveria ser apenas para os melhores alunos. Quando completou 20 anos, formou-se com graduação dupla em matemática e chinês."

Nem todos os alunos do North Star têm experiências como essas, mas em geral eles adotam um nível de participação que nunca tiveram na escola convencional e costumam deixar o centro prontos para fazer algo positivo em suas vidas. O modelo North Star levou à criação do Liberated Learners (Aprendizes Livres), um programa de extensão que ajuda os outros a criarem centros com base no modelo North Star.[2]

Ken e o North Star entendem que a aprendizagem ocorre em uma ampla variedade de formas e tamanhos, que os alunos não podem ser ensinados todos da mesma maneira e que, quando são ensinados da maneira que melhor se encaixa no modo como aprendem e sobre o que mais lhes interessa, eles podem fazer enormes progressos. Embora seja um modelo não convencional, seu sucesso sugere a necessidade de todas as escolas pensarem em novas maneiras de atender aos seus alunos.

REGRAS COM ESPAÇO

Com frequência, escuto as pessoas dizerem coisas como: "Nosso distrito amaria atender às necessidades individuais de nossos alunos, mas os governos estadual e federal não permitem". Certamente, como já destacamos, os programas estaduais e federais, com seu foco nos currículos e nos exames de alto desempenho, impõem restrições significativas à flexibilidade dos sistemas escolares locais. Uma das ações que abordaremos depois é a necessidade de pressionar pela transformação radical dessas políticas. Mas também é essencial fazer mudanças dentro do atual sistema. Como Laurie Barron – que você conheceu no Capítulo 1 – mostrou em Smokey Road, e como vários

---

* N. de T. Teste aplicado a alunos do ensino médio nos Estados Unidos que serve de critério para admissão nas universidades norte-americanas.

outros exemplos deste livro ilustram, ainda existe espaço para manobra e inovação, baseadas nos quatro princípios de educação orgânica.

Existem oportunidades de mudança no interior de todas as escolas, mesmo que a ênfase nos testes de alto desempenho tenha se maximizado. Muitas vezes, as escolas fazem certas coisas por puro hábito. A cultura de qualquer escola inclui hábitos e sistemas que são executados todos os dias pelas pessoas inseridas nesse contexto. Muitos desses atos são voluntários em vez de compulsórios – por exemplo: ensino por faixas etárias; trabalhar com períodos de aula de mesma duração, com campainhas para sinalizar seus início e fim; colocar todos os alunos voltados para a mesma direção, com o professor na frente da sala; ensinar matemática apenas na aula de matemática e história apenas na aula de história; e assim por diante. Muitas escolas, entre as quais muitas lidam com condições adversas e já passaram por várias situações problemáticas, utilizaram o seu espaço para inovar dentro do próprio sistema, frequentemente com resultados inspiradores. A inovação é possível devido ao atual tipo de sistema de educação.

UMA HISTÓRIA DE DOIS SISTEMAS

Anteriormente, disse que para mudar qualquer situação você precisa de três formas de compreensão: uma *crítica* sobre a situação atual, uma *meta* sobre como elas devem ser e uma *teoria para a mudança* que aborde como passar de uma situação para outra. Deixe-me dar dois exemplos de movimentos de reforma nacional que diferem fundamentalmente em todos os três pontos e que apresentaram resultados bem diferentes uns dos outros.

Em 1983, o Departamento de Educação dos Estados Unidos publicou um relatório sobre a educação que chamou atenção do público e estimulou o debate político. *A nation at risk* (Uma nação em risco) foi escrito por um painel de alto nível de educadores, políticos e líderes empresariais. O relatório alertava que os padrões da educação pública dos Estados Unidos eram desastrosamente baixos e continuavam a cair. "Alertamos ao povo norte--americano", escreveram os autores, "que embora possamos ter orgulho justificado do que nossas escolas e faculdades historicamente realizaram e de sua contribuição para os Estados Unidos e o bem-estar do seu povo, as bases educacionais da nossa sociedade estão sendo atualmente enfraquecidas por uma maré crescente de mediocridade que ameaça nosso próprio futuro como nação e como povo. O que era inimaginável há uma geração atrás começou a acontecer – outros países estão alcançando e ultrapassando nossas conquistas educacionais". Em uma comparação alarmante, o relatório prosseguiu:

"Se uma força estrangeira hostil tivesse tentado impor nos Estados Unidos o desempenho educacional medíocre que existe hoje, poderíamos muito bem encarar esse ato como uma declaração de guerra. Na situação atual, permitimos que isso acontecesse conosco".[3]

A resposta foi dramática. O presidente Reagan disse: "Essa conscientização da opinião pública – e, espero, da ação pública – há muito tempo está sendo adiada... Este país foi construído a partir do respeito dos norte-americanos pela educação... Agora, nosso desafio é criar um renascimento daquela sede pela educação que caracteriza a história da nossa nação".[4] Nos anos seguintes, centenas de milhões de dólares foram gastos em iniciativas para aumentar os padrões nas escolas dos Estados Unidos. Após sua eleição, o presidente Clinton aceitou o desafio da educação e anunciou o centro da sua estratégia de reforma, o projeto Goals 2000 (Metas 2000). Foi uma iniciativa nacional para construir consenso sobre o que deveria ser ensinado nas escolas, em quais disciplinas e para qual faixa etária. Sob a liderança do secretário de Educação Richard Riley, foi criado um programa para desenvolver os padrões nacionais que os Estados poderiam adotar de acordo com sua vontade. Apesar de todas as suas ambições e de algumas conquistas importantes, o Goals 2000 enfraqueceu diante da oposição de muitos Estados que alegaram que o governo federal não poderia dizer o que suas escolas deveriam fazer.

Após sua eleição em 2000, George W. Bush promulgou o No Child Left Behind, NCLB (Nenhuma criança deixada para trás), que deu origem a um gasto enorme de dinheiro, tempo e esforço, bem como a uma cultura disseminada de testes nacionais e padronização. Essa estratégia foi, em grande parte, adotada também pela administração Obama. Em geral, os resultados foram muito desanimadores. Enquanto escrevo este livro, os Estados Unidos ainda lutam contra taxas elevadas de alunos que não concluem a escolarização, níveis estáveis de estudantes com problemas de leitura e que não dominam as operações matemáticas básicas e um amplo descontentamento geral entre professores, pais, empresários e legisladores. Independentemente de terem boas intenções, muitas das iniciativas de reforma nos Estados Unidos não funcionaram nem sequer de acordo com seus próprios critérios de sucesso. E não funcionarão enquanto estiverem baseadas em conceitos errados.

A *crítica* que fundamenta o movimento de reforma baseado em padrões afirma que os padrões acadêmicos tradicionais são muito baixos e precisam ser aumentados. A *meta* é ter um mundo em que os padrões acadêmicos sejam muito altos e o máximo de pessoas tenha nível superior, levando a um quadro de pleno emprego. A *teoria para a mudança* determina que a melhor maneira de alcançar isso é especificar exatamente quais são os padrões e se concentrar neles de modo incansável por meio de um processo insistente de testes padronizados.

Na Finlândia, a história não poderia ser mais diferente. O país regularmente aparece no topo ou perto dele nas classificações do Program for International Student Assessment, PISA (Programa Internacional de Avaliação de Alunos), de matemática, leitura e ciências, e tem sido assim desde que os testes começaram a ser aplicados no ano 2000. Mas nem sempre foi assim. Há 40 anos, o sistema finlandês também esteve em crise. Porém, a Finlândia escolheu não trilhar o caminho da padronização e dos testes. Em vez disso, as reformas foram feitas com base em um conjunto de princípios inteiramente diferente.

Todas as escolas finlandesas devem seguir um currículo amplo e equilibrado que inclui artes, ciências, matemática, línguas, ciências humanas e educação física, mas as escolas e os distritos têm considerável autonomia sobre o modo de implantá-lo. As escolas finlandesas dão grande prioridade a programas práticos e profissionalizantes e ao desenvolvimento da criatividade. O país investiu muito no treinamento e no desenvolvimento de professores e, consequentemente, o ensino é uma profissão estável e de *status* elevado. Os diretores têm grande liberdade quanto ao modo de administrar suas escolas e contam com considerável apoio profissional. A Finlândia incentiva as escolas e os professores a colaborar uns com os outros, em vez de competir entre si, compartilhando recursos, ideias e experiências. As escolas são encorajadas a ter uma forte ligação com suas comunidades, com os pais e com outros membros da família dos seus alunos.[5]

A Finlândia apresenta, de maneira consistente, altos padrões de desempenho em todos os parâmetros internacionais, mas não há qualquer teste padronizado além de uma única avaliação no fim do ensino médio. Não é que as escolas finlandesas façam esse tipo de procedimento depois de atingir padrões de desempenho elevados: elas os atingem exatamente porque realizam esses procedimentos. O sistema é tão bem-sucedido que visitantes de todo o mundo fazem peregrinações até a Finlândia para entender o milagre educacional que parece ter acontecido lá. O sistema finlandês é perfeito? Claro que não. Ele está evoluindo, como todo sistema orgânico. Porém, no geral, a educação na Finlândia está sendo bem-sucedida, enquanto muitos outros sistemas estão fracassando de maneira desastrosa.

Você pode dizer que não podemos fazer comparações realistas entre a Finlândia e os Estados Unidos. A Finlândia tem uma população de 5,5 milhões de pessoas, enquanto a dos Estados Unidos é de 314 milhões. A Finlândia é um país pequeno, com 336.700 km²; os Estados Unidos têm quase 10.360.000 km². Tudo isso é verdade. Porém, a comparação ainda é válida.

Nos Estados Unidos, a educação está organizada principalmente no nível estadual. Dos 50 Estados norte-americanos, 30 têm populações iguais ou menores que a da Finlândia. Oklahoma tem uma população de mais ou menos 4 milhões, Vermont tem pouco mais de 600 mil habitantes e assim por diante. Estive em Wyoming recentemente. Até onde pude perceber, eu era a única pessoa por lá. Mesmo em Estados mais populosos, a maior parte do movimento ocorre no nível distrital. Há aproximadamente 16 mil distritos escolares nos Estados Unidos e cerca de 50 milhões de crianças em idade escolar. Portanto, em média, há pouco mais de 3 mil alunos por distrito – isto é, eles têm muito menos alunos do que a Finlândia.

A questão não é que os legisladores dos Estados Unidos devam aprender a falar finlandês e renomear as capitais de seus Estados para Nova Helsinki. Em outros aspectos, existem diferenças importantes entre a Finlândia e os Estados Unidos. Culturalmente, a Finlândia é muito mais homogênea do que alguns Estados norte-americanos (embora não todos). Os dois países apresentam culturas políticas muito variadas e diferentes atitudes em relação aos impostos e à assistência social. No entanto, os princípios que a Finlândia adotou para transformar a educação podem ser e são transferíveis para outros cenários culturais, inclusive o dos Estados Unidos. Estudos sobre sistemas educacionais de alto desempenho em todo o mundo confirmam que esses são os únicos princípios e condições que realmente funcionam.

CONVIVENDO COM A COMPLEXIDADE

Eu disse que a educação deve ser vista não como um sistema industrial, mas como um sistema orgânico. Mais especificamente, ele é o que chamamos de "sistema complexo e adaptável". Deixe-me desenvolver mais essa ideia antes de prosseguirmos.

Um sistema é um conjunto de processos relacionados que têm efeito combinado. Existem vários tipos de sistemas, dos simples aos complexos. Uma alavanca é um sistema. É uma barra rígida com um eixo mais próximo de uma das extremidades. Ela converte uma força que é aplicada na extremidade mais longa em uma força maior na extremidade mais curta. Um interruptor é um sistema simples que liga e desliga uma corrente de eletricidade. Um microprocessador faz o mesmo.

Existem sistemas complicados, que são formados por vários sistemas simples organizados para trabalhar juntos. Computadores, automóveis, televisores e reatores nucleares são todos sistemas complicados compostos por centenas, talvez milhares, de sistemas simples.

Sistemas vivos, como plantas, animais e pessoas, não são apenas complicados, eles são *complexos*. Em organismos vivos, todos os sistemas aparentemente separados que os compõem são intimamente relacionados e dependem uns dos outros para promover a saúde dos organismos como um todo. As plantas com raízes doentes não florescem, tampouco apresentam flores ou frutos perfeitamente saudáveis. Se as raízes tiverem problemas, toda a planta tem problemas. Os animais não vivem por muito tempo se apenas alguns órgãos estiverem funcionando adequadamente: para viver bem, eles precisam que tudo esteja funcionando bem em algum grau.

Os sistemas vivos também se adaptam e evoluem. Eles têm uma relação *dinâmica* e sinérgica com seu ambiente físico. Os organismos apresentam todos os tipos de potenciais latentes que podem emergir, dependendo das condições. Se o ambiente mudar na direção errada, o organismo pode sofrer e morrer, ou pode adaptar-se às mudanças ao longo do tempo e até evoluir para algo diferente.

Você é um sistema complexo e adaptável. Seu corpo é uma teia intrincada de processos físicos, e todos são essenciais para sua saúde e sobrevivência. Como todos os seres vivos, nós, humanos, dependemos do mundo à nossa volta para obter os nutrientes de que precisamos para sobreviver. Quando o ambiente físico muda rápido demais ou na direção errada, nós corremos risco. Ao mesmo tempo, podemos nos adaptar e mudar o modo como vivemos. A vida humana é muito mais do que as condições físicas, e nossa capacidade de adaptação é mais do que metabólica. Como seres conscientes, podemos escolher mudar nossa perspectiva e fazer as coisas de uma maneira diferente.

Os sistemas educacionais também são complexos e adaptáveis. Eles são *complexos* de várias maneiras. São formados por vários grupos de interesse: alunos, pais, educadores, empregadores, organizações profissionais e comerciais, editoras, instituições avaliadoras, políticos e muitos outros. Todos eles têm seus próprios interesses, que podem ser comuns ou entrar em conflito, e afetam uns aos outros com vários graus de influência. Os empregadores e os políticos podem ser pais. Os pais podem ser também educadores ou alunos.

Há grande *diversidade* dentro dos sistemas educacionais e entre eles. Embora muitos tenham características semelhantes a sistemas industriais, existem diferentes níveis de prescrição e controle. Há muitos tipos de escolas: confessionais, independentes e seletivas, e as que se especializam em disciplinas específicas. Alguns países têm poucas escolas privadas; outros têm muitas.

Não importa o local e o tipo, cada escola é uma comunidade viva de pessoas com relacionamentos, biografias e sensibilidades únicas. Cada escola tem sua própria "sensibilidade", seus rituais e rotinas, seu próprio elenco de personalidades, seus próprios mitos, histórias, piadas internas, códigos de comportamento e suas muitas subculturas de amigos e grupos. As escolas não são santuários isolados do turbilhão da vida cotidiana. Elas estão conectadas de todas as maneiras ao mundo que as rodeia. Uma escola vibrante pode alimentar toda uma comunidade, tornando-se uma fonte de esperança e energia criativa. Eu vi bairros inteiros prosperarem por meio da presença vivificante de uma grande escola. Escolas ruins podem drenar o otimismo de todos os alunos e das famílias que dependem delas ao diminuir suas oportunidades de crescimento e desenvolvimento.

A cultura das escolas também é afetada pelo ambiente geral da educação – pelas leis estaduais e nacionais, pelas circunstâncias econômicas e pelas condições e tradições da cultura dominante.

Por tudo isso, a educação é um sistema vivo que se manifesta de inúmeras formas todos os dias nas ações de pessoas e instituições reais. É precisamente porque o sistema educacional é tão complexo e diverso que ele pode ser mudado e *de fato* muda.

Todos os sistemas vivos tendem a desenvolver novas características em resposta à mudança de circunstâncias. Eles podem apresentar "características emergentes", por meio da "interação de pequenos componentes que se juntam para produzir um componente maior".[6] Na educação, hoje, há uma abundância de características emergentes que estão mudando o contexto em que as escolas funcionam e suas culturas.

Por exemplo, a disseminação das tecnologias digitais já está transformando o ensino e a aprendizagem em muitas escolas.[7] Em 2014, havia aproximadamente 7 bilhões de dispositivos ligados em rede na Terra, número igual ao da população mundial. Em 2015, esse número havia dobrado. Em 2014, estimava-se que em *1 minuto* na internet ocorriam: o envio de 204 milhões de *e-mails*, o *download* de 47 mil aplicativos, 6 milhões de visualizações no Facebook, 2 milhões de novas buscas no Google, o envio de 3 mil fotos, 100 mil *Tweets*, 1,3 milhão de visualizações de vídeos no YouTube e o envio de 30 horas de novos vídeos.[8] A cada minuto. Demoraria cerca de cinco anos para assistir a todos os vídeos que cruzam a rede a cada segundo.

Como Dave Price mostra em seu fascinante e vasto livro *Open*, a crescente disponibilidade e a sofisticação da tecnologia digital estão transformando o mundo em que os alunos aprendem e os meios pelos quais o fazem.[9] Com frequência quase diária, são lançadas novas ferramentas para aprender e trabalhos criativos em todos os tipos de disciplinas, e novos programas e plataformas que podem ajudar a personalizar a educação para cada aprendiz. Essas tecnologias também estão facilitando novas parcerias entre estudantes, professores e profissionais em muitos outros campos.

Como Marc Prensky, Jane McGonigal e outros demonstraram de maneira convincente, a dinâmica e a estética dos jogos digitais podem ser mobilizadas com resultados poderosos para estimular e vivificar a aprendizagem ao longo de todo o currículo.[10] Enquanto isso, a tecnologia dos celulares também está levando educação a populações que antes não tinham acesso a ela de maneira alguma, incluindo áreas rurais da África, da Australásia e da América do Sul. Mais adiante, você verá como Silvina Gvirtz tem utilizado *netbooks* para ajudar alunos pobres de Buenos Aires a se sentirem estimulados com a aprendizagem.

As mudanças são muito mais do que tecnológicas. À medida que a insatisfação se espalha diante dos efeitos entorpecentes dos testes padronizados, as escolas e suas comunidades estão começando a se opor a eles. Pais preocupados quanto aos efeitos da educação industrial dos seus filhos estão cada vez mais assumindo o protagonismo nessa luta. Existe um movimento ainda pequeno, mas significativo, de ensino domiciliar e desescolarização. Mais adiante, você conhecerá a opinião de Logan LaPlante sobre o que o ensino domiciliar fez por ele.

À medida que aqueles que se graduam nas faculdades veem que seus títulos têm menos valor do que pensavam, os alunos estão questionando se devem ir para a universidade e estão considerando fortemente outras opções. Como alunos potenciais estão se afastando, as faculdades e universidades estão descobrindo que seu antigo apelo está desaparecendo. Como resultado, essas instituições estão desenvolvendo novos modelos. Mais adiante, neste livro, você vai aprender como a Clark University, em Massachusetts, está enfrentando esse desafio.

Esses são apenas alguns dos poucos exemplos de como a educação está mudando e se adaptando à medida que as tecnologias e os valores culturais interagem continuamente entre si. Existem muitos outros. Por todos esses motivos, o melhor lugar para começar a pensar sobre como mudar a educação é exatamente onde você se encontra. Se você mudar as experiências educacionais daqueles com quem trabalha, pode mudar o mundo para eles: agindo assim, você passa a fazer parte de um processo complexo mais amplo de mudança da educação como um todo. Esse foi o princípio que inspirou

Ken Danford a fundar o North Star, e ele aplica-se a todos os outros exemplos que apresentamos neste livro. Esse princípio também norteou o sucesso do projeto Arts in Schools (Arte nas Escolas), que dirigi no Reino Unido. Deixe-me falar brevemente sobre ele, porque isso pode ajudar a identificar as condições de mudança em sua escola ou em seu sistema local.

UMA HISTÓRIA DE DOIS PROJETOS

No início da minha carreira, estava envolvido com dois projetos que tinham objetivos semelhantes, mas impactos muito diferentes.

Meu primeiro emprego de verdade – isto é, remunerado – em educação foi na metade da década de 1970 como um dos três membros da equipe central de um projeto de pesquisa nacional sobre o papel do teatro nas escolas, chamado Drama 10-16 (Teatro 10-16). Meus estudos de doutorado foram exatamente sobre esse tema, então esse era um emprego dos sonhos, especialmente porque me foi oferecido dinheiro para realizá-lo. O projeto era financiado pelo Schools Council (Conselho Escolar), que era então a principal agência nacional para o desenvolvimento do currículo no Reino Unido.

Nos últimos 20 anos, houve rápida expansão do teatro nas escolas. Muitas instituições tinham seus próprios departamentos de teatro, professores especializados, estúdios e anfiteatros. A maioria dos distritos escolares tinha consultores de teatro em período integral, alguns dos quais tinham equipes de professores conselheiros. Departamentos especializados em faculdades e universidades ofereciam programas de treinamento docente integral em teatro. Também havia muitos debates sobre o verdadeiro valor do teatro na educação e sobre as melhores práticas. Nosso trabalho era investigar o que os professores de teatro de fato faziam nas escolas e propor recomendações para desenvolvimentos futuros.

Selecionamos seis distritos escolares com programas de teatro bem desenvolvidos e trabalhamos diretamente com três escolas e com os consultores de teatro de cada distrito. No primeiro ano, fizemos visitas regulares a nossas escolas, realizando estudos de caso detalhados do trabalho dos professores de teatro com seus alunos. Organizamos encontros regionais e nacionais sobre temas como o teatro na educação e fizemos uma série de oficinas para que todos os conselheiros e professores do projeto compartilhassem suas práticas e perspectivas.

No segundo ano, trabalhamos em um livro, *Learning through drama*, que estabeleceu uma base conceitual para o ensino de teatro nas escolas e uma série de recomendações práticas. O Schools Council nos financiou durante um terceiro ano para que divulgássemos nossas descobertas por meio de um programa nacional de oficinas, cursos e conferências. Após o terceiro ano, o financiamento acabou, fomos fazer outras coisas e as atividades do projeto foram encerradas.

O projeto de teatro seguiu um processo clássico de pesquisa, desenvolvimento e divulgação. Fomos às escolas para descobrir o que estava acontecendo, desenvolvemos nossas propostas e, em seguida, as publicamos para o mundo. Nosso trabalho teve considerável influência nas escolas do Reino Unido, e seus efeitos continuaram a se espalhar depois que o concluímos. Embora tenhamos ajudado a estabelecer várias associações profissionais de apoio aos professores de teatro, não havia uma agência específica para dar continuidade ao trabalho do projeto em si. Foi um programa limitado que teve como resultado um impacto limitado.

O projeto Arts in Schools foi diferente.

No fim da década de 1980, o governo conservador de Margaret Thatcher aprovou uma lei que introduziu um currículo nacional nas escolas da Inglaterra. O Education Reform Act, ERA (Lei da Reforma da Educação), de 1988 teve o efeito de um terremoto na educação britânica. Até então, as escolas podiam ensinar o que quisessem. Na prática, elas com frequência tinham currículos semelhantes, mas, em teoria, eram livres. O ERA pôs um fim a tudo isso. O currículo nacional já estava se anunciando há algum tempo e havia sido originalmente definido pelo governo trabalhista anterior. Isso até 1984, quando a crise do petróleo no Oriente Médio espalhou suas ondas de choque por todas as economias ocidentais. Esse contexto, combinado aos níveis elevados de desemprego, levou o primeiro-ministro James Callaghan (do partido trabalhista) a anunciar que as escolas não podiam mais prosseguir de modo totalmente independente. Ele insistiu que deveria ser feito algum acordo sobre as prioridades nacionais em educação.

Na preparação para 1988, muitas pessoas temiam que um novo currículo nacional fosse restrito e utilitário demais. Alguns achavam que as artes, em especial, seriam marginalizadas. Como uma primeira resposta, a fundação independente Calouste Gulbenkian organizou uma comissão nacional para rever a posição das artes na educação. Junto com outras pessoas, pesquisei e escrevi o relatório da comissão – *The arts in schools: principles, practice and provision* (A arte nas escolas: princípios, práticas e disposições).

Escrevemos o relatório com quatro objetivos em mente. Um deles foi tornar as artes parte fundamental do debate que estava sendo travado no Reino Unido sobre o futuro da educação. Até aquele momento, elas quase não eram discutidas, ao mesmo tempo em que o currículo nacional estava sendo moldado. O segundo era defender as artes da maneira mais clara possível para legisladores de todos os níveis. Nosso terceiro objetivo consistia em identificar os problemas, práticos e de outra natureza, que o desenvolvimento das artes na escola enfrentava; e o quarto era propor um plano de ação factível para escolas e legisladores.

A publicação de *The arts in schools* gerou uma grande variedade de projetos, incluindo conferências, programas-piloto e cursos de formação continuada. Ele até mesmo promoveu uma nova compreensão da importância das artes como parte da política social fora da escola, especialmente para jovens. Diante do impacto do relatório, pediram que eu formulasse e posteriormente dirigisse um projeto nacional para ajudar as escolas a implantar essas recomendações.

Ao fazer isso, eu estava consciente do impacto importante, mas limitado, do projeto Drama 10-16. Assim, baseei o projeto Arts in Schools em um modelo de mudança inteiramente diferente. O objetivo não era apenas promulgar as recomendações do relatório, mas empoderar as escolas para que elas as colocassem em prática, transformando o que estavam fazendo em suas salas de aula com seus próprios alunos, funcionários e comunidades. Nos quatro anos seguintes, o projeto viabilizou uma rede nacional de inovação nas escolas que incluiu mais de 60 distritos escolares, 300 escolas e 2 mil professores e outros profissionais. Os benefícios para as escolas foram imediatos, amplos e, mais importante, permanentes. Três décadas depois, ainda escuto pessoas que falam do impacto do projeto em suas escolas e nas suas próprias práticas.

O Drama 10-16 foi um bom programa com efeito de mudança limitado. O projeto Arts in Schools gerou mudanças mais amplas e duradouras. Por que um projeto foi mais eficiente do que o outro? A resposta foi o modo como os programas foram desenvolvidos e como funcionaram na prática. No último, tratamos as escolas como os sistemas complexos e adaptáveis que são. Isso significou abordar os vários componentes interdependentes do sistema.

Cada distrito escolar no projeto Arts in Schools identificou um grupo de escolas participantes como os principais locais para inovação. Cada um deles organizou um grupo consultor local para apoiar e orientar o trabalho nas instituições, atuar em nome do projeto local e criar o melhor ambiente para que ele prosperasse. Os grupos consultores incluíram dirigentes da área de educação, membros de organizações culturais locais, agências financiadoras e líderes empresariais.

O projeto Arts in Schools não resolveu o problema da marginalização do ensino de artes. Ela ainda está ameaçada pelo movimento de padronização, tanto no Reino Unido como nos Estados Unidos. Considerando a complexidade do sistema educacional e atuando nesse sistema simultaneamente em múltiplos níveis, o projeto de fato teve efeito duradouro em muitas escolas e distritos participantes. Eu realmente acredito que qualquer tentativa de transformação sistêmica na educação deva adotar uma abordagem semelhante.

Assumir a responsabilidade pela mudança começa quando aceitamos que ela está ao nosso alcance. Uma das coisas que considerei muito recompensadora sobre o projeto Arts in Schools foi o fato de as escolas aceitarem nossas sugestões e criarem estratégias de ação adequadas às situações específicas. Ao longo do tempo, centenas de instituições no Reino Unido colocaram nossas recomendações em prática, cada uma da sua própria maneira.

À medida que avançarmos, veremos mais escolas que estão transformando o ensino de seus alunos com base em abordagens personalizadas de aprendizagem que são adaptadas tanto aos alunos quanto à comunidade. Essas instituições vão além das formas tradicionais de organização (ensino por faixa etária, períodos de ensino fixos, divisão marcante entre as disciplinas e padrões de avaliação linear) que muitas escolas seguem. Elas agem desse modo porque sabem que seu trabalho fundamental não é melhorar os resultados dos testes, mas facilitar a aprendizagem.

A raiz da questão

Em meu livro *Out of our minds*, citei o trabalho do diretor de teatro Peter Brook. Ao longo do trabalho de uma vida inteira, seu entusiasmo inspirador tem sido tornar o teatro a experiência mais transformadora possível.[11] Ele reconhece que boa parte do teatro não possui esse tipo de impacto; trata-se de uma saída à noite para passar o tempo. Para aumentar seu poder, ele afirma, é fundamental entender qual é a essência do teatro. Para que isso ocorra, ele pergunta o que pode ser retirado de uma típica peça teatral para que ainda assim ela seja considerada teatro.

Você pode retirar a cortina e as luzes, ele diz, junto com os figurinos. Eles não são essenciais. Você pode retirar o roteiro – boa parte do teatro não tem um roteiro. Você pode se livrar do diretor e dispensar o palco, a equipe e o prédio. Muito teatro é feito sem qualquer uma dessas coisas e sempre foi feito assim.

Os únicos elementos que você não pode perder são um ator em um espaço e uma plateia assistindo. Pode ser apenas um ator e uma pessoa assistindo, mas esses são os componentes essenciais e irredutíveis do teatro. Um ator encena um drama que a plateia vivencia. "Teatro" é toda a relação entre a plateia e o drama. Para que o teatro tenha seus efeitos mais transformadores, é essencial se concentrar nessa relação e torná-la mais poderosa possível. Nada deve ser acrescentado, diz Brook, a menos que isso aprofunde essa relação. Ele demonstrou essa convicção em uma série de produções revolucionárias internacionalmente aclamadas.

Para mim, a analogia com a educação é perfeita. Na introdução, fiz uma distinção entre aprendizagem e ensino. O objetivo fundamental do ensino é ajudar os alunos a aprender. Fazer isso é o papel do professor. Porém, os sistemas de ensino modernos estão entulhados de todos os tipos de distrações. Existem agendas políticas, prioridades nacionais, sindicatos barganhando posições, regulações, descrições de empregos, ambições dos pais, pressões dos pares. A lista continua. Porém, o coração da educação é a relação entre o professor e o aluno. Todo o resto depende de quão produtiva e bem-sucedida é essa relação. Se ela não está funcionando, o sistema não está funcionando. Se os estudantes não estão aprendendo, o ensino não está acontecendo. Pode estar acontecendo qualquer outra coisa, menos ensino.

Boa parte da aprendizagem – e do ensino – ocorre fora do ambiente formal das escolas e dos currículos nacionais. Ocorre em qualquer lugar em que existam aprendizes dispostos e professores motivados. O desafio é criar e manter essas experiências nas escolas. A tarefa básica é criar as condições em que a relação entre alunos e professores possa florescer. Isso é o que chamo de revolucionar a educação de baixo para cima. Agindo assim, existe um ecossistema natural de responsabilidades.

- No nível mais fundamental, o foco da educação deve ser a criação de condições em que os alunos desejem e sejam capazes de aprender. Todo o resto precisa ser organizado a partir dessa base.
- Em seguida, o papel dos professores é facilitar a aprendizagem dos alunos. Fazer isso adequadamente é, em si mesmo, uma arte, e é isso que abordaremos no Capítulo 5.
- O papel dos diretores é criar as condições em suas instituições de ensino para que os professores possam exercer esses papéis. Realizar isso apresenta implicações para a liderança e para a cultura escolar.
- O papel dos legisladores é criar as condições – sejam elas locais, estaduais ou nacionais pelas quais eles sejam responsáveis – nas quais os diretores e as escolas possam exercer essas responsabilidades.

Em um sistema público de educação, precisa haver algum consenso sobre o que os alunos devem aprender e por que, bem como sobre as maneiras de tornar professores e escolas responsáveis por seu desempenho. Vamos olhar para essas questões também. Porém, primeiro vamos falar sobre o centro da questão e abordar a aprendizagem. Para que as escolas melhorem, deve haver compreensão da própria natureza da aprendizagem – como os alunos aprendem melhor e as várias maneiras diferentes como isso acontece. Se as escolas e as políticas educacionais entenderem isso de modo errado, todo o resto é ruído.

4

Aprendizes naturais

B ebês recém-nascidos têm um apetite voraz para aprender sobre o mundo à sua volta. Vamos utilizar a linguagem como exemplo. Em circunstâncias comuns, quando elas têm 2 ou 3 anos de idade, a maioria das crianças aprende a falar com fluência impressionante. Se você for pai ou mãe, sabe que não precisa ensinar as crianças a falar. Você não conseguiria. Você não teria o tempo, e ela não teria a paciência. As crianças pequenas absorvem uma língua apenas sendo expostas a ela. Você pode corrigi-las, encorajá-las e parabenizá-las durante o processo, mas não chega a um ponto em que senta com elas e diz: "Olha, precisamos conversar. Ou, mais especificamente, você precisa". Não é assim que funciona, e a linguagem é apenas um exemplo da vasta capacidade que todos temos de aprender.

No Capítulo 2, descrevi a transformação que Richard Gerver ajudou a trazer para a Grange Primary School, no Reino Unido. Por mais bem-sucedida que fosse sua ideia, Richard não está dizendo que todos os distritos escolares do mundo deveriam transformar suas escolas em cidades. Em vez disso, ele sugere que adotem a abordagem de volta ao básico que levou à criação da Grangeton. "Como ponto de partida, deveríamos fazer os educadores – em nível universitário, escolar ou profissional – descobrirem as melhores instituições de ensino de anos iniciais em sua região e investirem tempo aprendendo com o que elas são capazes de realizar", ele disse. "Em seguida, pergunte: como podemos utilizar uma parte do que elas estão fazendo e traduzir isso de um jeito que funcione para nossos alunos? Essa é a maior celebração da aprendizagem natural, que é prática e demonstrável."

A AGONIA E ÊXTASE DA APRENDIZAGEM

Em que medida as crianças são aprendizes natos? Sugata Mitra testou essa pergunta quando realizou um experimento em uma favela de Nova Deli em 1999. Ele instalou um computador em uma parede, ligou-o, conectou-o à internet e observou como as crianças reagiam. Não apenas nenhuma daquelas crianças havia visto um computador antes, mas o programa navegador da rede estava em inglês, uma língua que nenhuma delas conhecia. Muito rapidamente elas aprenderam o que podiam fazer com o computador e, em seguida, começaram a ensinar umas às outras. Em algumas horas, estavam jogando jogos, gravando suas próprias músicas e navegando na rede como profissionais.[1] Se existisse Twitter naquela época, elas provavelmente teriam meio milhão de seguidores ao fim do mês.

Sugata decidiu tentar um experimento mais ambicioso. Ele conectou um computador a um programa conversor de voz em texto, e deu esse computador a um grupo de crianças indianas que falavam inglês com um sotaque telugu muito forte. O computador não conseguia entender seus sotaques, e, assim, o programa escrevia palavras sem sentido. As crianças não sabiam como fazer o computador decifrar o que diziam, tampouco Mitra. Então, ele deixou a máquina com os garotos por dois meses; quando voltou, as crianças haviam melhorado suas pronúncias até atingir o sotaque britânico que o computador havia sido programado para entender.

Pouco tempo depois, Sugata tentou descobrir se crianças de 12 anos que falavam tâmil podiam ensinar biotecnologia a si mesmas, em inglês, por conta própria. Mais uma vez, ele deu a elas dois meses, e não esperava muitos resultados. "Vou testá-las e elas vão tirar zero", ele disse. "Darei a elas os materiais, vou voltar e testá-las – elas vão tirar outro zero. Vou voltar e dizer: 'Sim, precisamos de professores para certas atividades'."

"Voltei após dois meses, e as 26 crianças entraram muito, muito quietas. Eu disse: 'Então, deram uma olhada no material?'. Elas disseram: 'Sim, demos'. 'Entenderam alguma coisa?'. 'Não, nada'. Então, perguntei: 'Bem, quanto tempo vocês dedicaram a essa tarefa antes de decidir que não haviam entendido nada?'. Elas responderam: 'Demos uma olhada todos os dias'. Eu falei: 'Durante dois meses vocês observaram um material que não entenderam?'. Então, uma menina levantou a mão e disse, literalmente: 'Além do fato de a replicação errada da molécula de DNA provocar doenças genéticas, não entendemos mais nada'."[2]

Sugata continua a descobrir o quanto as crianças podem aprender por conta própria se receberem ferramentas adequadas. Recentemente, ele lançou o "granny cloud" ("nuvem de avôs"), um grupo de professores aposentados que ajudam os alunos a aprender e a explorar via Skype.[3] No fim de 2013, lançou a primeira School in the Cloud (Escola na nuvem), "onde as crianças podem embarcar em aventuras intelectuais se envolvendo e conectando por meio de informações e tutoria *on-line*".[4]

Seus experimentos lançaram luz sobre as imensas capacidades que as crianças têm para aprender.[5] Então, se elas são aprendizes natos, por que tantas têm tamanha dificuldade para passar na escola? De muitas maneiras, isso é o resultado do próprio sistema e das convenções que o permeiam.

Na sala de aula convencional do ensino médio, os alunos sentam em suas mesas, olhando para a frente, enquanto os professores ensinam, explicam e passam tarefas. O modo de aprendizagem é predominantemente verbal ou matemático; isto é, os alunos, em grande parte, escrevem, calculam ou discutem com o professor. O currículo é um corpo de materiais a ser aprendido. Ele está distribuído em várias disciplinas, sendo geralmente ensinado por diferentes professores. São aplicados testes com frequência, e é gasto muito tempo para preparar-se para isso. Inevitavelmente, alguns alunos entenderão certos conteúdos com mais rapidez que outros, mas a turma toda deve passar pela disciplina na mesma velocidade e ao mesmo tempo. O fato de os indivíduos acompanharem toda a turma ou ficarem para trás é considerado uma indicação de sua capacidade geral.

Em geral, o dia letivo é dividido em blocos regulares de tempo de 40 minutos ou mais, que são alocados em diferentes atividades em uma agenda semanal. No fim de cada período, toca um sinal – frequentemente um sino ou campainha – para que todos parem o que estão fazendo e prossigam para a próxima atividade com um professor diferente em outra sala.

Por que as escolas com frequência funcionam dessa forma? A principal razão é que a educação de massa foi construída em dois pilares, que ainda estão evidentes no funcionamento dos sistemas modernos. Você pode pensar neles como as culturas *organizacional* e *intelectual* das escolas. Como argumentei no Capítulo 2, a cultura organizacional da educação em massa está enraizada nos processos de produção da indústria. Já a cultura intelectual tem raízes muito mais profundas, que se estendem desde a Antiguidade, passando pela Academia de Platão (que deu origem à nossa palavra "acadêmico").

Anteriormente, eu disse que a educação é dominada pela ideia de capacidade acadêmica. Para muitas pessoas, parece que o termo "acadêmico" é sinônimo de "inteligente", e "sucesso acadêmico", de "conquista educacional". Concebida adequadamente, a palavra "acadêmico" tem um significado mais limitado. Refere-se ao trabalho intelectual que é principalmente teórico ou erudito, e não prático ou aplicado. (Por esse motivo, a palavra "acadêmico" é algumas vezes utilizada para descrever ideias – e pessoas – que são consideradas pouco práticas ou puramente teóricas.)

Há três componentes principais no trabalho acadêmico. O primeiro tem como foco o que os filósofos chamam de conhecimento propositivo – fatos sobre, por exemplo, se a Declaração de Independência foi assinada em 1776. Em segundo lugar, existe, no trabalho acadêmico, um foco na análise teórica – de conceitos, procedimentos, pressupostos e hipóteses; por exemplo, a natureza da democracia e da liberdade, as leis do movimento, as estruturas dos sonetos. O terceiro elemento decorre destes. É uma ênfase nos estudos em turma, envolvendo principalmente leitura, escrita e matemática, em vez de trabalhos técnicos, práticos e aplicados que envolvam destreza manual, habilidades físicas e coordenação mão-olho, bem como o uso de ferramentas.

Às vezes, o conhecimento propositivo é chamado de saber *o que*, e se distingue do conhecimento procedimental, ou o saber *como*. O conhecimento procedimental é o que utilizamos para fabricar coisas e realizar trabalhos práticos. É possível estudar história da arte academicamente, sem saber como pintar, e teoria musical sem saber tocar um instrumento. Já fazer arte ou música – de modo que de fato exista algo lá para ser estudado – envolve saber *como* tanto quanto saber *o que*. O conhecimento procedimental é vital em todos os campos práticos, da engenharia, passando pela medicina, até a dança. Alguns indivíduos destacam-se no trabalho acadêmico e descobrem que têm paixões por áreas de estudo específicas. Outros descobrem que seus interesses reais se encontram na aplicação prática das ideias e das técnicas e são apaixonados por áreas práticas específicas.

É claro que o trabalho acadêmico é importante em si, e a teoria pode e deve informar a prática em todas as áreas da vida. Porém, no currículo acadêmico convencional, a ênfase é dada, de maneira desmedida, ao primeiro e não ao segundo. Os estudos acadêmicos são inquestionavelmente essenciais e devem fazer parte da educação de todo aluno, mas eles não são suficientes. Eles são necessários, mas não são o bastante para o tipo de educação que todos os alunos precisam agora.

A inteligência humana envolve mais do que a capacidade acadêmica: ela estende-se a todas as áreas que envolvem artes, esportes, tecnologia, negócios, engenharia e toda a variedade de outras tendências a que as pessoas a ela ligadas podem dedicar seu tempo e suas vidas. Nossas vidas e nosso futuro dependem do domínio de uma ampla variedade de capacidades e habilidades práticas. Embora dificilmente possamos esperar que as escolas ensinem todas elas aos alunos, essas instituições devem, pelo menos, lançar as bases do seu desenvolvimento ao dar a tais capacidades e habilidades *status* e espaço iguais ao que merecem na educação geral.

Pode parecer curioso que, apesar da evidente riqueza da inteligência humana, as escolas tenham se concentrado em um aspecto específico. As razões para isso, como defendo em *Out of our minds*, estão enredadas no impacto do Iluminismo Europeu na educação superior e na evolução do método científico e suas aplicações na indústria. Não vou abordar isso novamente aqui, mas o resultado é que nossos sistemas escolares são agora uma matriz de rituais de organização e hábitos intelectuais que não refletem adequadamente a grande variedade de talentos dos alunos que os frequentam.

Como os alunos entram em conflito com esses sistemas, muitos deles pensam que eles são o problema, que não são, de fato, inteligentes ou que devem ter dificuldade em aprender. Algumas pessoas realmente têm dificuldades de aprendizagem e precisam de apoio especial. Para muitos outros, o problema não é a incapacidade de aprender, mas o modo como a aprendizagem é cobrada.

De quem é o problema?

Anteriormente, eu disse que a educação é um tema global e profundamente pessoal. Para todos nós. Nasci em uma grande família de classe trabalhadora de Liverpool, na Inglaterra. Tenho cinco irmãos e uma irmã. Contei algumas de suas histórias na série *Element* (Elemento). Crescemos com nossos pais – e frequentemente com outros membros da nossa família – em uma pequena casa geminada em Spellow Lane, à sombra do estádio do Everton Football Club, um dos principais times de futebol do país. Ironicamente, tive sorte com a minha educação, pois tive poliomielite quando era criança e fui enviado para uma escola especial.

Enquanto estava lá, tive vários tutores e, por fim, passei no exame 11+, um teste que determina quem entraria nas *grammar schools* acadêmicas de alto *status*, e não nas menos prestigiadas *secondary moderns*. Entrar em uma *grammar school* foi o caminho para entrar no ensino superior e escapar das profissões braçais e de prestação de serviços para potenciais empregos nos negócios e profissões liberais. Se isso não tivesse acontecido, não teria tido a vida que tive e não estaria fazendo o que faço hoje. Dois dos meus irmãos passaram no teste e também entraram nas *grammar schools*. Embora fossem igualmente capazes, meus outros irmãos e minha irmã Lena não passaram.

Lena adorava o período que tinha passado na Gwladys Street Elementary School, no início dos anos 1950. Ela adorava o ambiente tranquilo e

as oportunidades para ler, escrever, fazer artes e ofícios, praticar esportes –
e apenas brincar. O 11+ veio como uma ducha de água fria. Todas as crianças
sabiam que era algo importante, mas não tinham certeza do porquê. No dia
do teste, elas foram levadas de ônibus para uma escola estranha e ficaram
apinhadas em um corredor com crianças que nunca tinham visto antes,
vindas de outras escolas.

Elas sentaram separadamente em classes individuais e foram orientadas
a não conversar. Receberam uma apostila com perguntas e problemas que
tinham que resolver em um determinado tempo. No fim do teste, as apostilas
foram recolhidas, e os alunos foram mandados de volta para suas escolas.
Várias semanas depois, um envelope do Comitê de Educação de Liverpool
foi deixado na caixa de correios de nossa casa. Nossos pais abriram-no e
disseram a Lena que ela não havia passado no teste. Ela não ficou surpresa.
Ela não tinha se preparado e não tinha ideia do que esperar dele. A próxima
carta que eles receberam dizia que ela iria para a Stanley Park Secondary
Modern School for Girls.

Ela ficou lá durante quatro anos, dos 11 anos até deixar a escola, com
15 anos. Ela odiou quase tudo. Havia um currículo fixo com poucas opções.
Ela passou a maior parte do tempo em turmas de 40 ou mais meninas da
mesma idade, olhando para a frente, fazendo o que lhe mandavam. Elas
tiveram aulas de história, geografia, matemática, inglês e ciências. Ela ficou
quieta, fazendo o que esperavam dela. Naturalmente tímida, nunca levantava
a mão, com medo de chamar atenção.

As aulas de que ela mais gostava eram aquelas em que tinha que se mover
e fazer coisas: ciências domésticas, em que cozinhava comida de verdade;
química, em que podia fazer experimentos; costura, em que podia cortar
e costurar tecidos; e esporte, em que podia respirar e correr. Porém, esses
pontos luminosos eram raros comparados às muitas horas em que ficava
sentada escrevendo e não falando.

No último ano da escola, a turma toda se encontrou com o conselheiro
vocacional, que explicou que, de acordo com suas capacidades, elas poderiam
considerar empregos como secretárias, assistentes pessoais, enfermeiras, cabe-
leireiras ou operárias em fábricas. E assim elas fizeram. De todas as opções,
Lena e quatro ou cinco outras meninas pensaram que cabeleireira parecia o
mais interessante. A carreira envolvia três anos de aprendizado em um salão;
um dia por semana em uma faculdade estudando arte, química, corte e estilo;
e, acima de tudo, trabalhar com pessoas em algo que era importante para elas
de modo pessoal. Ela estava satisfeita com sua escolha, e nossos pais também.
Eles não estavam completamente concentrados nas perspectivas de trabalho

dela na época. Meu pai tinha acabado de sofrer um acidente de trabalho, no qual quebrou o pescoço e ficou tetraplégico. Então, Lena fez sua escolha com a aprovação da família, mas sem sua atenção plena.

No último dia na escola, a diretora visitou cada turma para dar alguns conselhos. Ela também pediu que as alunas se levantassem à medida que ela falasse as várias opções de emprego. Ela parabenizou as que seriam enfermeiras, secretárias e operárias em fábricas. Em seguida, ela perguntou se alguém estava pensando em ser cabeleireira. Cinco garotas levantaram-se, inclusive Lena. A diretora disse: "Bem, eu deveria saber que as indolentes escolheriam uma profissão indolente". Elas levantaram-se orgulhosas e ansiosas, e sentaram-se perplexas e constrangidas. Lena sempre trabalhou duro, e nunca ninguém a havia chamado de indolente. Ela foi para Stanley Park com 11 anos sentindo que havia fracassado e, agora, estava deixando a escola, aos 15 anos, sentindo que havia fracassado novamente. Porém, essa foi a primeira vez que a diretora havia falado com ela.

Na verdade, ela tornou-se uma cabeleireira bem-sucedida, tendo seu próprio negócio. No entanto, depois ela percebeu que, se a escola a tivesse conhecido, poderia tê-la ajudado a trilhar um caminho diferente. Ela descobriu que é muito organizada, com talento para trabalhar com pessoas, e pensa, agora, que poderia ter seguido uma profissão que explorasse mais profundamente esses talentos.

Porém, Lena terminou a *secondary modern school* nos anos 1960, quando não se esperava muito dos alunos, especialmente das meninas. Como ela afirma: "Quando você passa seu tempo na escola como parte de uma multidão, sendo julgada da mesma forma, como alguém pode saber quem você é ou o que você realmente pode fazer?". É exatamente isso.

Naquela época, assim como agora, muitos dos problemas que os jovens enfrentam em relação à motivação e à aprendizagem são provocados pelo próprio sistema. Mude o sistema e muitos desses problemas tendem a desaparecer. Deixe-me dar outro exemplo do que ocorre quando se retira a moldura que normalmente é colocada na aprendizagem.

Livre para aprender

Após um longo mandato como diretor artístico sênior da BRIT School for the Performing Arts & Technology, Adrian Packer recebeu a oportunidade de se tornar o primeiro diretor da Everton Free School, uma instituição educacional alternativa para adolescentes criada pelo Everton Football Club, um dos mais populares times de futebol do Reino Unido. Por uma extraordinária coincidência, pelo menos para mim, a escola está sendo construída em um terreno abandonado na Spellow Lane, a rua em que vivi quando era criança, e quase em frente à casa onde morei. Em parte, por esse motivo, fiquei emocionado ao ver que a Everton Free School pretende "institucionalizar a oportunidade" para todos os alunos, independentemente das suas circunstâncias.

Free schools são novas no Reino Unido. Como as *charter schools* nos Estados Unidos, elas são financiadas pelo governo, mas podem funcionar fora dos rigores do currículo nacional e têm mais liberdade em termos de padrões cotidianos das escolas, práticas de contratação de pessoal e orçamentos.[6] A Everton Free School foi criada para oferecer oportunidades personalizadas para adolescentes para os quais a educação tradicional simplesmente não funcionou.

Callum Mains era um desses adolescentes. Callum adorava ir à escola quando era pequeno, mas, quando chegou à adolescência, achou que sua escola era muito grande e impessoal; então, deixou de frequentá-la na metade do curso. A vida em casa havia se tornado difícil depois que seu pai morreu, quando Callum tinha 13 anos, e a escola não ofereceu qualquer tipo de apoio, colocando-o em programas que fracassavam em atender aos seus interesses ou em inspirar o surgimento de novos. Para ele, a Everton Free School era uma linha divisória, uma chance de se ligar a uma instituição que verdadeiramente prestava atenção nele e em suas ambições.

"Estar aqui é como se você estivesse trabalhando com os professores, não contra eles", ele me disse. "Aqui você sente como se eles o acompanhassem e levassem em conta o que você pensa. Acho que se não fosse pela Free School eu seria mais um daqueles garotos fumando maconha. Ela realmente me ajudou a seguir um caminho. Mostrou-me que você é capaz fazer o que quiser". A Everton Free School e todas as outras que nós acompanhamos demonstram dois pontos críticos. Primeiro, todos os alunos têm grandes habilidades naturais. Segundo, o segredo para desenvolvê-las é ir além dos limites estreitos do academicismo e do conformismo, para sistemas personalizados para as capacidades reais de cada estudante.

AGORA É PESSOAL

Há alguns anos, comprei um carro novo. Demorou muito tempo. Depois que escolhi o modelo básico, recebi uma série infinita de opções para adaptá-lo às minhas preferências e necessidades: cor, acabamento, tecido, sistemas de som, número de portas, tamanho do motor, e assim por diante. Foi como preencher uma declaração fiscal. Perguntei ao vendedor quantas versões daquele carro existiam. Ele não sabia, mas achava que a minha seria única, como todas as outras que ele havia vendido. Em contrapartida, na época em que consegui meu primeiro carro, aos 23 anos, havia apenas uma pergunta: "Você vai querer o carro ou não?".

Atualmente, consideramos normal o fato de poder personalizar quase tudo, de aplicativos em nossos celulares, às roupas que usamos até nossas páginas no Facebook. O mesmo vale para os cuidados com a saúde. À medida que a tecnologia e os conhecimentos biológicos continuam a se desenvolver, os remédios que você toma serão cada vez mais adaptados às suas condições corporais específicas.

Esse processo de personalização parece estar em toda parte, mas ainda precisa se consolidar na educação. Ironicamente, é na educação que a personalização é mais urgente. Mas o que isso significa?

- Reconhecer que a inteligência é diversa e multifacetada.
- Permitir que os alunos se dediquem a seus interesses e habilidades específicos.
- Adaptar o calendário às diferentes velocidades com que os alunos aprendem.
- Avaliar os alunos de modos que apoiem seu progresso e suas realizações pessoais.

A DIVERSIDADE DA INTELIGÊNCIA

Eu disse que as crianças são aprendizes natos, e elas são. Nos primeiros anos de vida, elas aprendem prodigiosamente sobre o mundo e as pessoas à sua volta e começam a desenvolver algumas das mais incríveis capacidades. É claro que outras espécies também aprendem rapidamente. Existe um conhecimento cada vez maior sobre como os outros animais são inteligentes e sobre a sutileza de seus comportamentos, capacidades e relacionamentos.

Também há um grande volume de debates sobre se os outros animais de fato aprendem do modo como definimos essa palavra, mas existem muitos exemplos convincentes. Por exemplo, no livro *The pig who sang to the moon* (O porquinho que cantava à lua), Jeffrey Moussaieff Masson conta a história de Piglet, um porco que nada todas as manhãs, gosta da companhia de crianças (desde que elas façam carinho na sua barriga) e que parece cantar para o céu durante as luas cheias.[7]

Em seguida, vem o caso de 007, o corvo que resolve problemas e que, durante um experimento realizado pelo Dr. Alex Taylor, venceu oito obstáculos – todos os quais precisavam ser resolvidos de uma determinada maneira – para obter o alimento escondido no fundo de um contêiner.[8] Talvez mais conhecido seja o caso de Koko, a gorila a quem a Gorilla Foundation ensinou a língua americana de sinais. Koko aprendeu mais de mil sinais, criou sinais compostos para novas informações e mostrou uma compreensão significativa do inglês falado.[9]

Durante algum tempo, alguns animais podem superar, de algum modo, os bebês humanos. Koko era certamente mais eficiente em se expressar do que a maioria dos lactentes. No entanto, em pouco tempo os seres humanos exibem o poder que nos separa das outras criaturas: o poder do pensamento simbólico, dos quais a linguagem é o exemplo mais óbvio. Pelo menos em um aspecto fundamental os seres humanos são diferentes do resto da vida na Terra: não vivemos no mundo diretamente, como as outras espécies parecem viver. Em vez disso, vemos o mundo por meio de estruturas de ideias e valores. Nós não simplesmente existimos no mundo: temos teorias e ideias sobre ele que afetam o que fazemos e o modo como vemos a nós mesmos e aos outros. Essas capacidades de imaginação e criatividade estão entre as poucas coisas que nos distinguem do resto da vida na Terra, mas elas fazem toda a diferença.

À medida que crescem, as crianças aprendem, como todos nós, que elas vivem não apenas em um mundo, mas em dois. Como observamos antes, há o mundo que existe independentemente de você existir: o das outras pessoas, dos objetos e dos eventos materiais. Também há o mundo que existe apenas porque você existe: o da sua consciência privada. Um dos desafios de estar vivo é interpretar ambos os mundos e a relação entre eles.

Quando vivemos muito próximo a outras pessoas, afetamos suas maneiras de pensar e sentir. Desenvolvemos maneiras comuns de estar juntos, compartilhar valores e comportamentos. À medida que as crianças crescem, elas absorvem as maneiras de ver e pensar que estão imersas nas línguas que falam e os valores e modos de vida de suas comunidades. Coletivamente, criamos linguagens sofisticadas e sistemas organizados de pensamento, teorias abstratas e tecnologias práticas, formas de arte complexas e práticas culturais intrincadas. Dessa maneira, criamos, literalmente, os mundos em que vivemos, e os mundos em que as diferentes culturas habitam são, muitas vezes, surpreendentemente opostos.

Em *Out of our minds*, discuto os diferentes sentidos que temos (mais do que cinco) e como eles se comparam aos de outras espécies, algumas das quais podem perceber aspectos do mundo em volta delas que nós não somos capazes de detectar. Entretanto, somos dotados de imensas capacidades de pensar sobre o mundo e agir nele, as quais são diferentes do tipo encontrado nas outras formas de vida à nossa volta. Pensamos e nos comunicamos sobre o mundo de todos os modos como o vivenciamos. Pensamos em sons e imagens, em movimentos, em palavras e números, e de todas as maneiras que essas diversas modalidades tornam possível. Pensamos em metáforas e analogias: argumentamos e nos solidarizamos, especulamos e supomos, imaginamos e criamos.

Uma das características da vida humana é a variedade de talentos, interesses e temperamentos. Psicólogos e outros profissionais das ciências humanas são naturalmente levados a tentar defini-los e classificá-los. A teoria da inteligência mais influente nos últimos 100 anos foi a do quociente de inteligência (QI) – a ideia de que cada um de nós tem certa quantidade de inteligência inata, que pode ser rapidamente testada e classificada com um número. Já escrevi anteriormente sobre os problemas dessa ideia e não repetirei aqui por receio de testar sua paciência.[10] Direi apenas que ele representa um conceito limitado e errôneo de quão rica e diversa a inteligência humana realmente é.

Houve várias tentativas de produzir teorias de inteligência mais amplas. Uma das mais influentes é a teoria das inteligências múltiplas, de Howard Gardner. Ele a descreve como uma "crítica da visão psicológica-padrão do intelecto: existe uma única inteligência, medida adequadamente pelo QI ou por outros testes de respostas curtas". Com base nas evidências de diferentes fontes, defende que os seres humanos têm várias capacidades intelectuais relativamente distintas. Ele identificou oito tipos de inteligência e sugere que todos nós temos uma combinação única de todas elas.[11]

A teoria das inteligências múltiplas foi amplamente debatida, e foram propostas concepções alternativas. Essas e outras teorias sobre a diversidade da inteligência receberam críticas. Isso geralmente ocorre com teorias. Alguns críticos desafiam a sua estrutura– existem três formas de inteligência, ou são quatro, ou oito ou dez? Outros argumentam que são apenas teorias para as quais não há provas científicas, e, até que haja, devemos tratá-las como especulativas e provisórias. Ambos os tipos de críticas são razoáveis e adequados. O progresso da ciência, como defendeu Karl Popper, não é linear.[12] Ele baseia-se em "conjecturas e refutações". Qualquer teoria, por mais convincente que seja, aguarda a emergência de teorias melhores ou de evidências que a apoiem, questionem ou refutem.

O que considero curioso, nesse caso, é que alguns críticos concluíram que, uma vez que algumas dessas teorias específicas de inteligências múltiplas não foram comprovadas cientificamente, não há sustentação para o que estão tentando explicar. Bem, há muita. Alguns anos atrás, estava em uma reunião no escritório de um alto funcionário do governo no norte da Europa. Ele era cético quanto ao fato de a inteligência ser diversa e perguntou que prova disso existia. Estávamos sentados em uma mesa de mogno lindamente entalhada em uma sala revestida de carvalho em um prédio do século XVII. Havia pinturas modernistas impressionantes nas paredes, uma grande televisão de tela plana ligada em um canal de notícias 24 horas, dois computadores Apple em sua escrivaninha de aço e vidro e um tapete tradicional intrincadamente feito à mão. Atrás dele, havia prateleiras com livros de romances e poesia e volumes com encadernação em couro. Uma gravação de Mozart tocava baixinho ao fundo. Todos são produtos e evidências da extraordinária diversidade da inteligência e da capacidade humana. "Olhe em volta", eu disse, "e escute. A diversidade de inteligências está em todo lugar". Ele pareceu ter sido atingido por um novo pensamento.

Evidências são encontradas nas múltiplas culturas e nas conquistas que caracterizam a vida humana na Terra, na ciência e nas artes, filosofia e religião, tecnologia e engenharia, esportes e atletismo, e em todas as muitas maneiras como essas atividades humanas se influenciam e enriquecem umas às outras.

Se pretendermos realmente alcançar os quatro objetivos principais da educação, precisamos proporcionar os diferentes meios para que nossas inteligências nos possibilitem atuar no mundo à nossa volta e compreendê-lo em nosso mundo interior. É essencial que todos os alunos tenham oportunidades adequadas para explorar todo o seu espectro de capacidades e sensibilidades na escola, incluindo ir muito além de suas capacidades para o trabalho acadêmico convencional. Isso tem implicações fundamentais para a estrutura e o equilíbrio do currículo para todos.

Possibilitando que os alunos se dediquem a seus próprios interesses e habilidades

Todos nós temos um amplo espectro de aptidões naturais e as apresentamos de maneiras diferentes. A personalização significa que os professores levam em conta essas diferenças no modo como ensinam aos diferentes alunos. Também significa permitir a flexibilidade no currículo, de modo que, além do que todos os alunos precisam aprender em comum, existam oportunidades para que eles também se dediquem a seus próprios interesses e habilidades.

Nos livros da série *Element*, defendo a ideia de que, quando alguém está no seu ambiente favorável, o talento encontra a paixão. Todos nós temos diferentes pontos fortes e fracos, diferentes talentos. Há algumas coisas para as quais tenho uma percepção natural. Consigo me expressar razoavelmente bem em palavras, e sempre tive essa capacidade. Por mais que tenha tentado, nunca me senti à vontade com números. Tive colegas na escola que se deliciavam com as aulas de matemática. Eles simplesmente conseguiam. Eu era competente e passava nas provas, mas para mim frequentemente era um grande esforço dominar alguns dos conceitos e técnicas que pareciam ser facilmente dominados pelos outros. É claro que, qualquer aptidão, por menor que seja, pode ser desenvolvida por meio da prática. E qualquer talento, por mais prodigioso que seja, pode ser aperfeiçoado com a prática. Porém, o mesmo volume de prática de duas pessoas com diferentes níveis de aptidão certamente as levará a níveis de realização diferentes. É fácil perceber essas diferenças, mesmo em seu próprio lar.

Leve um novo aparelho eletrônico para sua casa e peça que cada um dos membros da sua família descubra como fazê-lo funcionar. Seu(sua) companheiro(a) pode ir diretamente para o manual do fabricante, enquanto um de seus filhos pode entrar na internet e acessar alguns vídeos no YouTube sobre o dispositivo, e outra pessoa simplesmente liga-lo e ver o que acontece. Cada um deles aborda a aprendizagem sobre esse novo componente de uma maneira diferente – porque cada pessoa é diferente da outra. Se assim for o caso, então ensinar a todos da mesma maneira é, no mínimo, muito ineficaz.

Estar em seu ambiente favorável não envolve apenas descobrir os seus talentos. Algumas pessoas são boas em coisas para as quais elas não ligam. Para estar em seu ambiente favorável, você tem de amá-lo. Isso também envolve paixão. Nossa visão do mundo externo é moldada, em parte, por nossas características físicas e por nossas culturas. Porém, cada um de nós tem suas próprias personalidades, talentos, interesses, esperanças, motivações, ansiedades e disposições. Coisas profundas podem ocorrer quando os alunos recebem oportunidades para explorar seus próprios interesses e capacidades. Laurie Barron não foi capaz de fazer progresso com seus alunos dos anos finais do ensino fundamental até reconhecer que o que eles consideravam mais importante *era*, de fato, o mais importante. Futebol americano, arte ou música (ou, por exemplo, ciências, literatura ou história) ocupavam os alunos no resto do dia e tornavam toleráveis as aulas que não os motivavam.

Toda aprendizagem depende, em parte, da memorização de informações e ideias. Nas escolas, o pressuposto parece ser que você tem uma boa memória ou uma memória ruim, e que se tiver o segundo tipo você provavelmente não é muito brilhante e simplesmente deve se esforçar mais. Porém, os alunos que se esforçam para memorizar datas históricas ou tabelas de multiplicação frequentemente não têm problema em memorizar as letras de centenas de músicas ou fazer referência a um jogo específico de um evento esportivo que ocorreu há 10 anos. Suas memórias "ruins" na escola podem ser o resultado de uma falta de dedicação, não de falta de capacidade.[13]

Adaptando o calendário às velocidades individuais de aprendizagem dos alunos

Se diferentes pessoas aprendem melhor de diferentes maneiras, elas também aprendem em diferentes velocidades. Ensinar para toda uma turma e trabalhar com currículos fixos podem tornar difícil para os professores reconhecer e acomodar essas diferenças. O resultado é que alguns alunos apresentam desempenho menor do que poderiam ter. O baixo desempenho pode levar a baixas expectativas, que podem ter efeito debilitante em toda a trajetória escolar de um aluno. Aumentar o desempenho individual nas escolas significa envolver os alunos como indivíduos e não prescrever uma prova de obstáculos-padrão para que todos a completem no mesmo tempo e da mesma forma.

Uma das tradições inabaláveis da educação é o agrupamento dos alunos por idade. Alguns pais irão manter seus filhos por um ano fora da educação infantil se acharem que eles não estão prontos para a escola, mas assim que eles estiverem no sistema, eles se moverão, ano após ano, com seus colegas de mesma idade. Os alunos de 8 anos compartilham suas salas de aula com alunos de 8 anos. Um aluno de 14 anos pode escolher uma disciplina eletiva com um aluno de 17 anos, mas cursará literatura com outros alunos de 14 anos.

Se você olhar para qualquer turma de 1º ano, provavelmente encontrará um punhado de garotos lendo confortavelmente, outro grupo articulando cada palavra, uma dupla que está se esforçando para entender o significado do que está escrito e um ou dois que já passaram para a leitura de John Green. Por fim, a maioria será de leitores fluentes, mas, a essa altura, eles estão em diferentes momentos. Alguns alunos aprendem matemática rapidamente, e é provável que se sintam confortáveis com uma introdução à álgebra no 3º ano. Outros encaram a matemática como uma festa para a qual não foram convidados e provavelmente seriam mais bem contemplados com uma revisão de frações no 9º ano.

Ademais, existe nas escolas a incoerente e convencional esteira rolante do calendário. Pense em aplicar essa abordagem ao mundo dos negócios. Se a cada 40 minutos ou mais, se toda a força de trabalho tivesse que parar o que está fazendo, deslocar-se para outras salas, fazer algo inteiramente diferente e repetir isso seis vezes ao dia, o negócio logo seria suspenso e provavelmente entraria em falência em alguns meses. Diferentes atividades precisam de mais ou menos tempo do que outras. Um projeto em grupo pode precisar de várias horas de trabalho ininterrupto; uma tarefa individual escrita pode ser realizada em uma série de sessões mais curtas. Se o calendário for flexível e mais personalizado, ele provavelmente facilitará o tipo de currículo dinâmico de que os alunos precisam agora. Uma das características mais desesperadoras do calendário em esteira rolante é ter que interromper uma atividade antes de ela ter sido concluída. É aí que entram pessoas como Joe Harrison.

Joe não havia sido treinado como professor quando começou a trabalhar em um programa de educação musical em uma escola em Manchester, no Reino Unido. Ele viu como o ritmo frenético de um dia letivo normal dificulta extremamente o envolvimento verdadeiro dos estudantes em um projeto ou disciplina. "Foi um trabalho interessante", ele me contou, falando sobre o emprego em Manchester. "Era envolvente e estimulante. Os jovens e os professores gostavam do programa, e tínhamos algumas ideias interessantes a partir dele. Porém, independentemente do que imaginávamos fazer nesse projeto de música, ele sempre tinha que se limitar a uma hora nas manhãs de segunda-feira. Assim, todo o projeto não era mais sobre educação. Todas as possibilidades educativas, todo o poder de algo assim é diminuído, porque você tem que prosseguir com os alunos para a próxima lição. As opções para realmente se envolverem não estavam lá. Foi aí que entendi uma deficiência do sistema educacional."

Em seguida, Joe começou a trabalhar no Creative Partnerships (Parcerias criativas), um programa governamental do Reino Unido para o desenvolvimento da criatividade nas escolas, que foi um dos resultados recomendados do relatório *All our futures* (Todos os nossos futuros), que liderei. Ele começou a perceber que seu papel principal era abordar o problema que havia identificado enquanto trabalhava na escola em Manchester. "Estava tentando oferecer tempo e espaço para que os jovens descobrissem seus próprios processos criativos. Todos os projetos que realizei foram no sentido de extrair tempo do reconhecidamente frenético dia letivo."

Enquanto ele trabalhava no Creative Partnerships, conheceu o livro de Carl Honoré, *In praise of slowness*[14], um louvor ao valor de despender tempo para fazer as coisas na velocidade certa. O livro lançou o Slow Movement (Movimento lento) em todo o mundo e parecia responder diretamente a uma necessidade óbvia que Joe havia observado no sistema educacional.

Quando pesquisou sobre o Slow Movement, Joe ficou surpreso com o fato de não haver uma discussão sobre educação, o campo que era mais importante para ele. Estimulado por isso, deu início a Slow Education (Educação lenta), lançando um *site* para conversação global e oferecendo seus serviços em uma escala local. Ele começou a trabalhar com as escolas em um novo modelo. Uma delas foi a Holy Trinity Primary School em Darwen, Lancashire.

"Darwen é uma área carente. Muitas crianças têm dificuldades comportamentais ou emocionais bem acima da média nacional e fazem parte do programa social de refeições escolares gratuitas. Os resultados que eles estavam alcançando não eram bons. O processo pelo qual passaram para lidar com isso é o momento em que realmente começamos a ver a ideia da Slow Education sendo utilizada. Eles investiram um bom tempo observando os relacionamentos e entendendo a comunidade e as crianças com quem trabalhavam. Em vez de bater suas cabeças contra a parede para aumentar as notas, eles criaram clubes de café da manhã. Realizaram projetos que envolveram mudanças. Boa parte da cidade se envolveu. Esse envolvimento em um nível mais pessoal foi o resultado de um ensino e de uma aprendizagem bem mais embasados. Pelo menos uma vez por trimestre os professores têm sessões individuais com cada criança."

Joe viu na Holy Trinity o que podia ser alcançado quando a escola e a comunidade dedicavam tempo para descobrir quem é cada aluno individualmente e do ele é capaz, criando programas voltados para interesses e capacidades específicos. Eles diminuíram a ênfase nas notas e aumentaram na interação pessoal entre estudantes, professores e comunidade. O resultado, como esperado, foi que os alunos ganharam uma percepção muito ampliada da experiência educacional. Eles começaram a se referir à Holy Trinity como sua segunda casa, e os problemas de comportamento diminuíram. Ao mesmo tempo, as notas melhoraram, e o Office for Standards in Education (Escritório para Padronização da Educação) deu à escola uma melhor classificação.[15]

Joe é rápido em afirmar que não existe um modelo ideal de Slow Education – e esse é exatamente o ponto. A Slow Education envolve sempre a individualização do processo, oferecer aos alunos espaço e tempo para descobrir seus interesses. "A Slow Education é uma aprendizagem profunda para a obtenção de resultados significativos". Joe me disse: "No centro dela está o fato de a qualidade do envolvimento entre professor e aluno ser mais importante do que simplesmente julgar os estudantes com base em sua capacidade e no resultado de testes".

Avaliação que apoia o progresso e as realizações pessoais

Abordaremos a pressão criada pelos testes de alto desempenho no Capítulo 7. A ubiquidade e as limitações dos testes padronizados colocam em xeque toda a abordagem de avaliação da maioria dos sistemas educacionais. Por ora, deixarei apenas esta mensagem de Monty Neill, diretor executivo do National Center for Fair and Open Testing – Fairtest (Centro Nacional de Exames Justos e Abertos): "As avaliações devem incluir múltiplos tipos de evidências, de questões de múltipla escolha a ensaios e projetos, observações dos docentes e autoavaliações dos alunos", escrita por ele em um artigo para a revista *Root and Branch*. "Bons professores sabem como utilizar uma ampla variedade de avaliações, assim como sabem que podem ser utilizadas diferentes ferramentas para avaliação do conhecimento. Infelizmente, a pressão para aumentar as notas nos testes padronizados reduziu a variedade de avaliações utilizadas. Por exemplo, uma professora, em um relatório FairTest no No Child Left Behind, descreveu como ela teve que reduzir o número de relatórios de livros passados como tarefa para os alunos devido ao tempo necessário para a preparação para os testes. Esses tipos de histórias foram relatados milhares de vezes por todo o país."[16]

É brincadeira de criança

O aumento da padronização da educação – e o enorme volume de educação que está ocorrendo – também caminha na direção oposta do modo mais natural como pessoas de todas as idades aprendem, especialmente jovens: por meio de brincadeiras. As brincadeiras, em suas formas mais variadas, têm papéis fundamentais em todas as fases da vida e, especialmente, no desenvolvimento físico, social, emocional e intelectual das crianças. Sua importância foi reconhecida em todas as culturas. Ela foi amplamente estudada e corroborada nas ciências humanas e demonstrada na prática em escolas esclarecidas de todo o mundo. Contudo, o movimento de padronização em muitas nações trata as brincadeiras como atividades triviais e dispensáveis nas escolas – uma distração do assunto sério do estudo e da aprovação nos exames. O abandono das brincadeiras é uma das grandes tragédias da educação padronizada.

Peter Gray é um professor pesquisador de psicologia no Boston College. Ele tem estudado as brincadeiras a partir de uma perspectiva biológica evolutiva e observa que as crianças, quando não têm outras atribuições, brincam muito mais do que os outros filhotes mamíferos e se beneficiam muito disso.

Há alguns anos, ele participou de uma investigação com antropólogos que estudavam culturas de caçadores-coletores. Todos os antropólogos que fizeram parte da pesquisa destacaram que, nessas culturas, as crianças podiam brincar o dia todo sem a orientação dos adultos. Os adultos consideravam as brincadeiras não orientadas essenciais para o aprendizado das habilidades fundamentais que formariam adultos responsáveis. "Alguns desses antropólogos nos disseram que as crianças que eles observaram nessas culturas eram algumas das mais brilhantes, felizes, cooperativas, bem ajustadas e resilientes que já haviam visto em qualquer outro lugar", disse o Dr. Gray. "Assim, de uma perspectiva evolutiva biológica, as brincadeiras são o modo pelo qual a natureza assegura que os jovens mamíferos, incluindo os seres humanos, irão adquirir as habilidades de que precisam para se desenvolver de maneira bem-sucedida até a fase adulta."[17]

Compare isso com o modo pelo qual as culturas mais desenvolvidas organizam a educação das suas crianças. Como o Dr. Gray destaca em seu livro *Free to learn*, as crianças começam na escola em idades cada vez menores. "Nós agora temos não apenas o jardim de infância, mas o pré-jardim de infância, em alguns distritos. As creches, que precedem os jardins de infância ou pré-jardins de infância, são cada vez mais estruturadas, cada vez mais como as escolas dos anos iniciais do ensino fundamental – com tarefas passadas pelos adultos substituindo as brincadeiras." O dia escolar ficou mais longo, e agora existem novos pedidos para estender o ano letivo. Ao longo do caminho, oportunidades para brincadeiras livres durante o dia foram em grande parte eliminadas. "Não só o dia escolar ficou cada vez mais longo e menos divertido, como também a escola se introduziu cada vez mais no lar e na vida familiar. Os deveres de casa passados aumentaram cada vez mais, consumindo o tempo que estaria disponível para as brincadeiras."[18]

Peter Gray considera isso uma perda trágica para nossas crianças. Ele faz parte de uma longa tradição de psicólogos, filósofos, antropólogos e educadores que defendem que as crianças são "construídas pela natureza para brincar e explorar a si mesmas, independentemente dos adultos. Elas precisam de liberdade para se desenvolver. Sem essa liberdade, elas sofrem. A motivação para brincar livremente é uma motivação biológica básica".

A ausência de brincadeiras livres pode não matar o corpo físico, afirma o Dr. Gray, como ocorreria com a falta de alimento, ar ou água, mas ela mata o espírito e prejudica o desenvolvimento mental. "As brincadeiras livres são o meio pelo qual as crianças aprendem a fazer amigos, superar seus medos, resolver seus próprios problemas e, geralmente, assumir o controle das suas vidas. Também é o meio principal pelo qual praticam e adquirem as habilidades físicas e intelectuais essenciais para o sucesso na cultura em que estão crescendo. Nada do que façamos, nenhuma quantidade de brinquedos que compremos ou 'tempo de qualidade' ou treinamento especial que destinemos aos nossos filhos pode compensar a liberdade que retiramos deles. As coisas que as crianças aprendem por meio de suas próprias iniciativas, brincando livremente, não podem ser ensinadas de outra forma."

Eu não poderia estar mais de acordo. As crianças possuem uma capacidade poderosa, inata, de aprender. Deixadas por conta própria, elas irão explorar opções e fazer escolhas que não podemos nem devemos fazer por elas. As brincadeiras são absolutamente fundamentais para o aprendizado: elas são o fruto natural da curiosidade e da imaginação. Porém, o movimento da padronização está ativamente eliminando as oportunidades das brincadeiras nas escolas.

Quando eu era criança, nós tínhamos intervalos regulares no dia escolar nos quais podíamos brincar sozinhos ou com os outros, satisfazer nossas imaginações e experimentar uma ampla variedade de habilidades práticas e papéis sociais. Agora, talvez um recesso de 15 minutos seja colocado à força no horário das escolas de anos iniciais do ensino fundamental e é a primeira coisa a ser eliminada caso o horário tenha que ser modificado. Enquanto isso, os políticos defendem um dia escolar mais longo e anos escolares mais extensos.

Muitos dos problemas em elevar os padrões nas escolas se baseiam em como a instituição é constituída e no grau com que as convenções entram em conflito com os ritmos da aprendizagem natural. Se os seus sapatos estão apertados, você não os engraxa ou culpa os seus pés; você os tira os sapatos e usa outros, diferentes. Se o sistema não funciona, não culpe as pessoas que vivem nele. Trabalhe junto com elas para mudá-lo e fazê-lo funcionar. As pessoas que estão mais bem posicionadas para fazer a diferença são aquelas que, nas condições certas, podem ter o maior impacto na qualidade da aprendizagem: os professores.

5

A arte de ensinar

Rafe Squith lecionou por 30 anos no mesmo local, na sala 56 da Hobart Elementary School, em Koreatown, um bairro de Los Angeles. A maioria dos alunos da Hobart vem de famílias de imigrantes asiáticos e latinos, e muitos não falam inglês quando começam na escola. Essa é uma área de baixa renda, em que o desempenho geral e as taxas de conclusão são baixas. A maioria dos alunos de Rafe participa do programa de café da manhã e almoço grátis na escola. Porém, a maioria dos que passaram por sua sala de aula concluiu o ensino médio, falando inglês perfeitamente. Muitos entraram na Ivy League[*] e em outras das melhores universidades e tiveram carreiras profissionais bem-sucedidas. Alguns deles se reuniram para criar uma fundação em apoio ao trabalho de Rafe com as gerações seguintes de estudantes.

Isso tudo já seria suficientemente impressionante e surpreendente. Porém, ainda mais incrível é que Rafe faz tudo isso ensinando Shakespeare. Todo ano ele escolhe uma das peças do autor e a estuda com seus alunos a partir de todas as perspectivas: história, personagens, língua, contexto histórico e *performance*. Poucos dos "Shakespearianos de Hobart" já haviam ouvido falar de Shakespeare antes de entrar na sala de aula de Rafe, mas eles acabam incorporando o Bardo de maneiras surpreendentes até mesmo para pessoas três vezes mais velhas que eles.

---

[*] N. de T. A Ivy League é um grupo formado por oito das universidades mais prestigiadas dos Estados Unidos: Brown, Columbia, Cornell, Dartmouth, Harvard, Princeton, Universidade da Pensilvânia e Yale.

Tive o privilégio de assistir a uma apresentação de *A tempestade*, amontoado nas mesmas arquibancadas lotadas na sala 56 que têm fascinado plateias de todo o mundo nos últimos 30 anos. Assistimos a um grupo de 35 dedicados alunos de 9 e 10 anos que fizeram uma virtuosa apresentação desta que muitos críticos consideram uma das maiores obras de Shakespeare. As crianças não apenas recitaram lindamente o texto, mas tocaram música ao vivo em mais de uma dúzia de instrumentos, que elas também haviam aprendido a tocar durante o ano, bem como cantaram harmonias a três e quatro vozes. Quando não estava no palco, percebi que a jovem coreana que fazia o papel de Ariel repetia com os lábios as falas de todos os outros personagens. Durante o intervalo, comentei com Rafe que ela parecia saber a peça inteira de cor. Ele sorriu e disse: "É claro, todos eles sabem". Antes de começar o segundo ato, ele disse ao elenco o que eu havia comentado e perguntou se todos eles sabiam o texto completo da peça. Eles também sorriram e balançaram a cabeça de maneira afirmativa. Rafe pediu que todos recitassem coletivamente a primeira fala de Miranda. Eles o fizeram perfeitamente.

Não era nenhum truque de memória incompreensível. Eles claramente entendiam e amavam a peça. Um dos frequentadores regulares das apresentações de Shakespeare da Hobart é Sir Ian McKellen, um dos autores clássicos mais respeitados do mundo. Ele comentou sobre os alunos: "Eles entendem cada palavra. Isso não poderia ser dito de todos os atores que representam Shakespeare".[1] Porém, Shakespeare é apenas uma parte do currículo na sala 56 da Hobart, e o ensaio da peça não começa até que o dia escolar comum termine. No restante do tempo, eles estão fazendo coisas como ler bem acima da média e discutir tópicos de matemática mais adequados para crianças do ensino médio. As paredes da sala 56 são enfeitadas com flâmulas de universidades como Yale, Stanford e Notre Dame – instituições a que chegaram antigos alunos de Rafe, frequentemente os primeiros de suas famílias a chegar ao ensino superior.

Rafe conseguiu mobilizar a tal ponto o desejo de aprender dos seus alunos que eles chegam à escola cedo, comparecem nas férias e concordam em desligar a televisão durante todo o ano que permanecem com ele. O lema da sua aula é: "Não existem atalhos" e seus alunos trabalham muito pesado. Mas ele está lá com eles. "Se quiser que eles trabalhem duro, então é melhor que eu seja o maior trabalhador que eles já viram", disse ao programa *CBS Evening News*.[2] Rafe demonstra isso trabalhando durante muitas horas, seis dias por semana, e voltando à escola aos sábados para oferecer aulas preparatórias para o SAT aos antigos alunos.

Em seu livro *Teach like your hair's on fire*, ele fala de um momento que foi transformador para sua vida. Ele ajudou uma garota que "era um daqueles alunos que é um dos últimos a ser escolhido para o time, uma garota calada que parecia ter aceitado a ideia de que nunca poderia ser especial". A turma estava fazendo um exercício de química e trabalhando com lamparinas a álcool. Como tendia a acontecer com essa aluna, sua lamparina não acendia, o que a fez começar a chorar. Embora ela tenha pedido que ele continuasse com o resto da aula, Rafe se recusou a deixá-la para trás. Ele percebeu que o problema era com a lâmpada e ele procurou consertá-la:

> Por algum motivo, o pavio não era tão longo como deveria ser – eu mal conseguia vê-lo. Inclinei-me o mais próximo que consegui e, com um fósforo de cozinha longo, tentei alcançá-lo. Estava tão perto do fósforo que podia sentir a chama enquanto acendia a lamparina. Eu estava determinado a fazer a lamparina funcionar. E ela começou a funcionar! O pavio pegou fogo, e olhei triunfantemente para ela em busca do sorriso que esperava encontrar em seu rosto.
>
> Em vez disso, ela me olhou e começou a gritar de medo. Outros alunos também começaram a gritar. Eu não entendia porque todos estavam apontando para mim, até que percebi que, enquanto acendia a lamparina, a chama alcançou meu cabelo: ele estava pegando fogo e apavorando as crianças.[3]

Rafe apagou o fogo facilmente – os alunos o ajudaram batendo repetidas vezes em sua cabeça, e o experimento continuou sem outros incidentes. Porém, a experiência o marcou profundamente:

> Pela primeira vez em semanas me senti orgulhoso de ser um professor. Eu havia sido capaz de ignorar os problemas que todos os professores na linha de frente enfrentam. Fiz tudo o que podia fazer para ajudar outra pessoa. Não fui muito bem-sucedido, mas o esforço foi evidente. Pensei que se eu era capaz de me importar tanto em ensinar a ponto de não perceber que meu cabelo estava pegando fogo, então estava indo na direção certa. Daquele momento em diante, decidi ensinar como se meu cabelo estivesse pegando fogo.

Rafe Esquith sabe que ensinar não é apenas um emprego ou uma profissão. Concebido adequadamente, o ato de ensinar é uma forma de arte. Esse ponto foi destacado quando Rafe foi o primeiro professor a receber a Medalha Nacional de Artes, e que vejo reforçado sempre que vejo grandes professores em ação.

PARA QUE SERVEM OS PROFESSORES?

A educação formal apresenta três componentes principais: currículo, ensino e avaliação. Em geral, o movimento de padronização se concentrou no currículo e na avaliação. O ensino é visto como uma maneira de obter os padrões. Essas prioridades estão totalmente invertidas. Não importa o quão detalhado seja o currículo ou quão caros sejam os testes; a verdadeira chave para transformar a educação é a qualidade do ensino. Mais do que o tamanho das turmas, a classe social dos alunos, o ambiente físico e outros fatores, o centro da melhora educacional é motivar os alunos a aprender, que é o que fazem os grandes professores.

John Hattie, professor de educação na University of Auckland, na Nova Zelândia, comparou estudos de todo o mundo sobre os fatores que influenciam o desempenho dos alunos. Ele reuniu uma lista com 140 itens.[4] No topo dela estão as expectativas dos alunos sobre si mesmos. Um dos fatores mais importantes são as expectativas dos professores sobre eles.[5]

O principal papel de um professor é facilitar a aprendizagem. Pode ser desnecessário dizer isso, mas boa parte do que se espera de um professor é algo diferente de ensinar. Uma boa parte do seu tempo é gasto aplicando testes, fazendo tarefas burocráticas, participando de reuniões, escrevendo relatórios e adotando medidas disciplinares. Você pode dizer que todas essas ações são parte do trabalho, e elas são, mas o trabalho do qual elas deveriam fazer parte é ajudar os alunos a aprender. Quando essas outras atividades desviam o professor dessa função, o verdadeiro caráter da profissão docente é obscurecido.

Com frequência, o movimento de padronização lança os professores no papel de funcionários públicos cujo trabalho é "obter" os padrões, como se eles fossem um ramo da FedEx. Não tenho certeza sobre quando esse conceito chegou pela primeira vez à educação, mas ele rebaixa os professores e sua profissão. Infelizmente, nem todos os funcionários da educação agem como se os professores fossem profissionais reais que precisam de apoio. Alguns os cobram duramente, como se seus empregos dependessem diretamente do desempenho dos seus alunos – muito embora seja claro que muitos fatores afetam o desempenho dos estudantes na escola, incluindo a própria natureza dos testes a que são submetidos. Michael Gove, um antigo ministro da educação britânico, descreveu os acadêmicos que chefiam os departamentos de educação das universidades e as licenciaturas como "os novos inimigos da promessa",[6] sugerindo que eles demitam regularmente os professores doutrinados nas teorias de esquerda e que não cumpram suas funções em termos práticos.[7]

Como esperado, os professores do Reino Unido não receberam bem essa declaração. Em sua conferência anual de 2013, o National Union of Teachers, NUT (Sindicato Nacional dos Professores), aprovou por unanimidade um voto inédito de desconfiança do ministro da educação, seguido do grito: "Gove deve sair".[8] Christine Blower, secretária geral do NUT, disse que Gove "deveria reconhecer que a moral dos professores está agora em níveis perigosamente baixos". Um mês depois, a National Association Head of Teacher (Associação Nacional de Diretores de Escolas) declarou seu próprio voto de desconfiança, com o presidente do sindicato destacando que professores e alunos "nunca foram tão destratados".[9]

Em contraste, os sistemas de educação de mais alto desempenho do mundo, pelo menos de acordo com o Program for International Student Assessment, PISA (Programa Internacional de Avaliação de Alunos), atribuem um enorme valor à importância de professores bem treinados, altamente motivados e bem recompensados. Cingapura, Coreia do Sul e Finlândia estabelecem parâmetros muito elevados para seus docentes. O processo para tornar-se um professor é extremamente rigoroso, exigindo um treinamento intenso não apenas na disciplina específica do docente, mas também no que se refere a relacionamento com os alunos, tutoria, domínio de sala de aula, levantamento de aptidões e assim por diante.[10]

Porém, se as crianças são aprendizes naturais, por que precisariam de professores?

O PODER DO ENSINO

Eu disse que a educação é um processo vivo que tem na agricultura a sua melhor comparação. Os jardineiros sabem que eles não fazem as plantas crescerem. Eles não prendem as raízes, colam as folhas e pintam as pétalas. As plantas crescem sozinhas. O seu ofício é criar as melhores condições para que isso ocorra. Bons jardineiros criam essas condições, maus jardineiros não o fazem. O mesmo ocorre com o ensino. Bons professores criam as condições para a aprendizagem, e professores ruins não as fazem. Bons professores também sabem que nem sempre podem controlar essas condições.

Na educação, existe um debate contínuo e frequentemente antagônico entre os métodos tradicionais e progressistas de ensino e de aprendizagem. Nos cenários comuns, a educação tradicional se concentra no ensino dos fatos e informações por meio da instrução direta de toda a turma. A educação progressista baseia-se na aprendizagem por descoberta, autoexpressão e atividades em pequenos grupos. Na minha experiência, a divisão aparentemente precisa entre abordagens progressistas e tradicionais é muito mais teórica do que real em muitas escolas. Na prática, professores em todas as disciplinas geralmente utilizam – e devem utilizar – um amplo repertório de abordagens, às vezes ensinando fatos e informações por meio da instrução direta, às vezes facilitando atividades exploratórias em grupo e projetos. A arte de ensinar envolve obter o equilíbrio entre esses processos.

Devido à minha defesa da criatividade nas escolas, alguns críticos assumiram que me encontro claramente no campo progressista e que me oponho a todos os métodos de ensino tradicionais – que até mesmo sou contra os alunos aprenderem sobre fatos. Nada disso é verdade. Estou sempre feliz em defender aquilo em que realmente acredito, mas de modo geral é horrível ouvir que defendo algo que não defendo e, em seguida, ser criticado por isso. Durante toda a minha vida profissional, defendi consistentemente que o trabalho criativo em todas as áreas envolve um domínio crescente de conhecimento, conceitos e práticas que moldaram a área em questão, bem como uma compreensão aprofundada das tradições e realizações nas quais ela se baseia.

Em 1977, por exemplo, publicamos *Learning through drama*, um dos resultados do projeto Drama 10-16 (Teatro 10-16) para o Schools Council (Conselho de Escolas). Nele, defendemos detalhadamente que o trabalho autônomo e improvisado das próprias crianças no teatro deveria ser aprofundado por um conhecimento crescente das tradições, práticas e literatura do teatro mundial.

Nos relatórios do projeto Arts in Schools (Arte nas Escolas), defendemos que existem duas maneiras complementares de motivar os alunos nas artes: "fazendo" – ou seja, produzindo seu próprio trabalho – e "reconhecendo" – isto é, conhecendo e apreciando o trabalho dos outros. Ambos são vitais para uma educação dinâmica e equilibrada nas artes. "Fazer" envolve o desenvolvimento recíproco da *voz criativa* do indivíduo e das *habilidades técnicas* por meio das quais ela se expressa. "Reconhecer" envolve um *conhecimento contextual* aprofundado do trabalho de outras pessoas – sobre como, quando e por que eles foram feitos – e uma capacidade crescente de *julgamento crítico* – tanto artístico quanto estético – em resposta a eles.

Essas quatro áreas de desenvolvimento criativo, técnico, contextual e crítico se aplicam igualmente a todas as outras disciplinas do currículo, incluindo ciências, humanas e educação física. Esse é exatamente o mesmo argumento que foi defendido, em 1999, em *All our futures: creativity, culture and education* (Todos os nossos futuros: criatividade, cultura e educação), em que abordamos o equilíbrio e a dinâmica de todo o currículo escolar. O problema persistente de conceber o ensino em termos de abordagens progressistas ou tradicionais é que ele contempla erroneamente a necessidade essencial de equilíbrio entre todos esses componentes.

Para alcançar esse equilíbrio, os professores experientes executam quatro papéis principais: *motivar*, *possibilitar*, *cobrar* e *empoderar*.

Motivar

Professores excelentes entendem que não é suficiente conhecer suas disciplinas. Seu trabalho não é ensinar conteúdos; é ensinar alunos. Eles precisam motivar, inspirar e entusiasmar os alunos criando condições para que eles estejam dispostos a aprender. Quando conseguem fazer isso, seus alunos certamente irão ultrapassar suas próprias expectativas e também as de outras pessoas. Grandes professores fazem isso por meio de vários métodos. Eles podem fazer isso indo além de suas atribuições, como Rafe Esquith regularmente faz com os Shakespearianos da Hobart. Ou podem fazer como o professor de jornalismo de Thomas Friedman fez.

Friedman cresceu na periferia de Minneapolis e frequentou a St. Louis Park High School, onde fez o curso de Hattie Steinberg, na sala 313. Como ele relata, foi o único curso de jornalismo que Friedman – o renomado colunista do *New York Times* e autor de sucesso – fez ou precisou. Em um artigo para o *Times*, Friedman chamou Steinberg de sua professora favorita e explicou que se beneficiou de inúmeras maneiras de sua persuasão, compromisso com os fundamentos básicos e amor duro (ele também se referiu a ela como a professora mais dura que já teve). Ele descreveu o grande efeito que Steinberg teve sobre ele e seus colegas no jornal da escola da seguinte maneira:

> Nós, que fazíamos parte do jornal e do livro do ano da escola, que ela também supervisionava, vivíamos em sua sala de aula. Ficávamos por lá antes e depois da escola... Nenhum de nós poderia ter articulado na época, mas é porque gostávamos de ser interpelados, disciplinados e ensinados por ela.[11]

"Esses aspectos fundamentais não podem ser importados em bloco", acrescentou Friedman. "Você pode apenas fornecê-los, da maneira antiga, um a um". Thomas Friedman teria se tornado a referência que se transformou se nunca tivesse conhecido Hattie Steinberg? Talvez. Claramente ele tem muito talento, e existe uma chance real desse talento ter emergido mesmo sem uma instrução especializada. Talvez ele tivesse um desempenho pior, fracassasse em utilizar a maioria dos seus recursos naturais, acabando por cobrir os temas relacionados à prefeitura local em vez de escrever os artigos e livros que discutimos mais de uma década após terem sido publicados. Nunca descobriremos, porque Thomas Friedman teve a sorte de ser motivado por uma professora extraordinária.

Possibilitar

Às vezes, assume-se que o principal papel de um professor é direcionar a aprendizagem. Existe um papel essencial para a instrução direta no ensino: às vezes para a turma inteira, às vezes com grupos menores e às vezes individualmente. Os professores bem-sucedidos, no entanto, têm um repertório variado de habilidades e técnicas. A instrução direta é apenas uma delas, e saber como e quando utilizar a técnica adequada é a essência de um bom ensino. Como todas as profissões genuínas, são necessários julgamento e conhecimento especializado para saber o que funciona melhor em cada situação.

Você espera que seu médico saiba muito sobre medicina em geral e tenha alguma área de especialização. Mas você também espera que ele aplique o que sabe a você em particular e que o trate como um indivíduo com necessidades específicas. Com o ensino é o mesmo. Professores experientes adaptam constantemente suas estratégias às necessidades e às oportunidades do momento. O ensino eficiente é um processo constante de ajuste, julgamento e resposta à energia e ao envolvimento dos alunos.

Em seu livro *Artistry unleashed*, Hilary Austen fala de grandes desempenhos no trabalho e na vida. Em um exemplo, ela aborda o trabalho de Eric Thomas, um ex-estudante de filosofia de Berkeley, que agora ensina equitação. A essência para o cavaleiro, ele diz, é se tornar um só com o cavalo, um animal vivo com energia e vontade próprias. O Dr. Austen descreve uma aula na qual as coisas não estavam indo muito bem para a aluna, que traz o cavalo pela rédea enquanto Eric oferece alguma orientação.

Ele diz à aluna que ela está fazendo muito esforço tentando fazer o cavalo melhorar, mas que a cada terceira ou quarta tentativa ela desiste e não faz nada. Por que isso ocorre?, ele pergunta. A aluna responde: "Estou adiantada demais e em seguida muito atrasada e logo depois ele reage e eu não consigo indicar o que ele deve fazer". Eric para e, em seguida, responde:

"Você está tentando fazer demais. Pare de pensar e preste atenção em seu cavalo. O negócio é tentar entender o que está acontecendo debaixo de você nesse momento. *Você não pode montar no cavalo de ontem* [minhas marcações em itálico]. Você não pode montar no que pode acontecer. Todo mundo que monta tem o mesmo problema: esperamos que o que aprendemos ontem valha sempre. Você frequentemente monta no problema que teve um minuto atrás em nome do objetivo que você quer atingir. No entanto, isso não é uma receita. A situação muda a cada segundo, e você tem que mudar junto com ela".[12]

Bons professores sabem que não importa o quanto se tenha aprendido no passado, hoje é um dia diferente e você não pode montar no cavalo de ontem. Esse tipo de resposta raramente pode ser alcançado ficando em pé na frente de uma sala falando para um grupo de 25 ou 30 alunos aula após aula. Na prática, é quase impossível manter a participação real desse modo, em particular com crianças pequenas. Essa abordagem de ensino limita, pela sua própria natureza, a possibilidade de ligação com cada aluno de forma individual. Rafe Esquith não tem uma mesa de professor na sua sala de aula. Se ela estivesse lá, ele poderia sentar atrás dela; porém, ele acha que seu papel é se mover entre os alunos o tempo todo.

As crianças são naturalmente curiosas. Estimular a aprendizagem significa manter sua curiosidade viva. É por isso que o ensino prático, baseado na investigação, pode ser tão poderoso. Em vez de fornecer respostas a perguntas que os estudantes não fizeram, os professores experientes estimulam os alunos a fazer indagações, para que fiquem motivados a explorá-las. Jeffrey Wright é um talentoso professor de ciências de Louisville, Kentucky. Ele utiliza uma ampla variedade de técnicas, como explodir abóboras, ajudar os alunos a construir um *hovercraft* (aerobarco) e disparar objetos através de tubos compridos, tudo isso para obter a atenção dos seus estudantes e, mais importante, motivá-los a querer aprender ciência.

"Uma grande bola de fogo queimando na minha mão e depois indo até o teto", ele disse, "e não vai haver nenhum aluno dormindo: cada um deles estará perguntando como – como, como, como. Assim que consegue fazer os estudantes perguntarem como ou por que, você os amarra e mantém o interesse".[13]

Wright entende que uma parte essencial desse processo de estimulação capaz de provocar a curiosidade dos alunos é o conhecimento sobre suas origens e sobre o que está acontecendo com suas vidas durante as horas em que não se encontram na escola. "O que eu encontrava em casa quando era jovem é muito diferente do que alguns desses alunos vivenciam. Alguns deles – eu os escuto falando sobre isso o tempo todo – escutam tiros à noite. Eu teria dificuldade em dormir ou estudar se soubesse que do lado de fora tiros são disparados". Os alunos lhe contam sobre gestações, abortos, pais abusivos e outras questões que afetam suas vidas, o que levou Wright a entender que "um modelo único não funciona". Se ele deseja ter uma influência em suas vidas, precisa fazer isso no nível individual.

"O Sr. Wright tem a chave da cidade", afirma Denaz Taylor, um dos seus alunos. "Ele disse: 'Eu não poderia me importar menos com a Terceira Lei de Newton. Eu quero ensinar a vocês algo que vocês possam levar para fora da escola'. Ele me faz sentir como se realmente se importasse comigo, e eu sei que ele se importa."[14]

Fica muito claro que Jeffrey Wright se importa, sim, com Newton. Seu talento como professor é encontrar maneiras de ajudar grupos diversos de alunos a também entender e se importar com ele.

Cobrar

As expectativas dos professores têm implicações radicais nos resultados de seus alunos. Se os docentes transmitem aos estudantes a expectativa de que tenham bons resultados, aumenta a probabilidade de que eles os alcancem. Se esperam que os alunos fracassem, isso também será mais provável.

Rita F. Pierson foi uma educadora profissional nos Estados Unidos por mais de 40 anos, tendo começado em 1972. Sua mãe e sua avó também haviam sido educadoras. Rita ensinou nos anos iniciais e finais do ensino fundamental e em turmas de educação especial. Foi conselheira, coordenadora de exames e diretora assistente. Ela trouxe uma vitalidade especial para cada uma dessas atividades – um desejo de conhecer seus alunos, mostrar--lhes o quanto eram importantes para ela e apoiá-los em seu crescimento. Nos últimos 10 anos de sua carreira, ela liderou oficinas de desenvolvimento profissional para milhares de educadores sobre temas que incluíam "ajudar alunos com poucos recursos", "atender às necessidades educacionais de meninos afro-americanos" e "evitar o abandono escolar".

Em 2013, tive a honra de dividir o palco com a Dra. Pierson na Academia de Música do Brooklyn, em Nova York, durante um especial da rede de televisão PBS, TED Talks Education. Em uma apresentação cativante, ela disse que havia passado a vida inteira "ou na escola, ou a caminho da escola ou falando sobre o que acontece na escola".[15] Durante seu tempo na educação, ela assistiu a várias reformas – algumas boas, outras nem tanto – destinadas a reduzir o problema do abandono escolar. Mas o fato é que, ela afirmou, "sabemos por que os alunos desistem. Sabemos por que eles não aprendem. É a pobreza, a baixa frequência, as influências negativas dos colegas. Sabemos por quê. Mas uma das coisas que raramente discutimos é o valor e a importância das ligações humanas, dos relacionamentos".

A chave para aumentar o desempenho é reconhecer que ensino e aprendizagem são um relacionamento. Os alunos precisam de professores que se conectem com eles. E acima de tudo, precisam de professores que acreditem neles. Rita falou sobre marcar os trabalhos insatisfatórios com o número de respostas certas em vez do número de respostas erradas (+2 com uma carinha sorridente em vez de um -18, por exemplo). Seus alunos ainda sabiam que seu desempenho havia sido insuficiente, mas, enfatizando o aspecto positivo, Rita lhes dava algo para começar e um incentivo para continuar a tentar. Mais importante, ela deixava claro que estava torcendo por eles.

Empoderar

Os melhores professores não são apenas instrutores. Eles são mentores e guias, e podem elevar a confiança dos seus alunos, ajudá-los a encontrar um senso de direção e os empoderar para acreditar em si mesmos. Sergio Juárez Correa entende isso melhor do que a maioria das pessoas.[16] Ele ensina no 5º ano da José Urbina López Primary School, em Matamoros, México, uma cidade carente não muito longe da fronteira com os Estados Unidos e que geralmente serve como cenário para guerras de drogas. Juárez Correa passou os primeiros cinco anos da sua carreira docente em pé, na frente da sala de aula, tentando transmitir alguma informação a seus alunos para que tivessem alguma chance de ter vidas melhores. Essa tarefa parecia fútil, e os resultados não eram encorajadores. Os alunos da José Urbina frequentemente fracassavam no ENLACE, exame nacional de desempenho do México.

Então, em 2011, Juárez Correa decidiu que iria mudar a situação. Estava convencido que ensinar *para* seus alunos continuaria a produzir poucos resultados. Ele vinha lendo sobre as habilidades inatas das crianças para aprender e havia estudado o trabalho de pessoas que tentavam demonstrar isso, como Sugata Mitra. Juárez Correa decidiu que a única maneira pela qual realmente poderia ajudar seus alunos a crescer era emponderando-os para que aprendessem por conta própria.

Começou fazendo seus alunos trabalharem em grupos e os encorajou a acreditarem em seus extraordinários níveis de potencial. Ele os guiou por meio de um processo de descoberta, mostrando-lhes, por exemplo, como tornar o conceito de frações real em suas vidas e como tornar a geometria mais prática e tangível. Ele construía suas aulas a partir de questões abertas, estimulando seus alunos a aprender por meio da argumentação, e não pela memorização de informações para apenas vomitá-las durante os testes. Ele encorajava a conversação e a colaboração, e não ficava preocupado com o fato da sua sala de aula parecer sem controle. Seus alunos se sentiam empoderados, e esse sentimento lhes dava um entusiasmo sem precedentes para aprender.

Uma menina da sua turma, Paloma Noyola Bueno, mostrou-se um prodígio da matemática. Ela entendia, em um nível instintivo, conceitos matemáticos que alunos de pós-graduação tinham dificuldade de compreender. Quando Juárez Correa perguntou a Paloma por que ela nunca havia manifestado muito interesse em matemática antes, a garota lhe disse nunca antes alguém a havia tornado tão interessante como ele o fizera. Quando chegou o momento de fazer o ENLACE novamente, Paloma, que morava ao lado de um lixão em uma cidade devastada pela pobreza, obteve a maior nota de matemática de todo o México. Ela foi celebrada em um programa de televisão nacional.

As notas de Paloma no teste foram extraordinárias, mas elas não foram exatamente isoladas. Dez alunos da turma de Juárez Correa tiraram notas no 99º percentil do teste de matemática. O professor ficou surpreso com esses resultados – afinal de contas, os alunos foram bem-sucedidos em um teste padronizado que avaliava conhecimento memorizado em vez do tipo de aprendizagem colaborativa, criativa, baseada em descobertas, que ele havia promovido para produzir essa superação. Ainda assim, era indiscutível que ele havia demonstrado de maneira muito sólida o que as crianças são capazes de fazer quando você as empodera para aprender.

É exatamente essa compreensão da relação entre ensino e aprendizagem que está por trás do conceito de "poder da aprendizagem". Um dos autores e proponentes-chave desse conceito é o acadêmico e escritor britânico Guy Claxton. Ele defende que construir o poder da aprendizagem (*Building the learning power*, BLP) significa "ajudar os jovens a se tornarem melhores aprendizes, tanto na escola como fora dela. É criar uma cultura nas salas de aula – e, de modo mais amplo, na escola – que sistematicamente cultiva hábitos e atitudes que permitem aos estudantes enfrentar a dificuldade e a incerteza com calma, criatividade e confiança". Os alunos que mais confiam na sua própria capacidade de aprendizagem "aprendem mais rápido e melhor. Eles se concentram mais, pensam mais e consideram o aprendizado mais prazeroso. Eles são mais bem-sucedidos em seus testes e exames externos. E são mais fáceis e prazerosos de ter como alunos".[17]

O construir o poder da aprendizagem baseia-se em três crenças fundamentais, que divulgam exatamente o que estou defendendo ao longo deste livro:

- O objetivo central da educação é preparar os jovens para a vida após a escola; ajudá-los a construir os recursos mentais, emocionais, sociais e estratégicos para gostar de desafios e lidar bem com a incerteza e a complexidade.
- Esse objetivo da educação é valioso para todos os jovens e envolve ajudá-los a descobrir aquelas coisas em que realmente gostariam de ser bons, bem como fortalecer sua disposição e capacidade de persegui-las.
- Tais confiança, capacidade e entusiasmo podem ser desenvolvidos, uma vez que a inteligência no mundo real é algo que se pode ajudar as pessoas a cultivar.

Claxton considera essas três crenças fundamentais "particularmente relevantes em sociedades que estão cheias de mudanças, complexidade, risco e oportunidades, também no nível individual, para construir seu próprio caminho na vida". Colocá-los em prática "envolve um processo gradual, às vezes desafiador, mas que vale muito a pena, de mudança cultural por parte das escolas e de mudança de hábitos por parte dos professores".

Falei que a mãe de Rita Pierson também era uma professora. Durante anos, Rita observou sua mãe usar as horas livres que tinha para se encontrar com alunos. Ela fazia visitas às casas dos estudantes de noite, "comprava pentes e escovas, pasta de amendoim e biscoitos salgados e os deixava em sua mesa para os alunos que precisavam comer, assim como toalha e sabonete para aqueles que não cheiravam tão bem".

Muitos anos depois que sua mãe havia se aposentado, Rita via alguns desses alunos aparecerem e lhe dizerem: "Sabe, Sra. Walker, você fez a diferença na minha vida. Fez as coisas darem certo para mim. Você me fez sentir-me alguém, quando no fundo eu sabia que não era. E quero que veja o que eu me tornei".

Quão poderoso seria o nosso mundo, pergunta a Dra. Pierson, "se existissem crianças que não tivessem medo de correr riscos, que não tivessem medo de pensar e que tivessem um modelo de herói? Toda criança merece um herói, um adulto que nunca desistirá dela, que entende o poder da conexão e que insiste que ela se torne o melhor que puder ser".

A SALA DE AULA INVERTIDA

Uma das razões pelas quais me interessei pelo ensino de teatro no início da minha carreira é que bons professores de teatro são especialistas em fazer perguntas para que os alunos pesquisem e em facilitar processos complexos de investigação colaborativa e questionamento pessoal dos quais a aprendizagem profunda costuma depender. O teatro depende do trabalho em grupo e da investigação, frequentemente com o professor atuando como coorientador e tutor, orientando as perguntas que os alunos exploram enquanto aprendem uns com os outros. Nos últimos anos, algumas dessas técnicas foram amplamente adotadas em outras disciplinas, em um movimento que é conhecido como sala de aula invertida. Uma das inspirações para esse movimento é Salman Khan, fundador acidental da Khan Academy.

Sal Khan não pretendia revolucionar os currículos. Ele já tinha uma vida cheia como analista e administrador de *hedge funds*. Inicialmente, tudo o que ele queria fazer era responder ao pedido de uma de suas primas menores que vivia em outra parte do país. Ela estava tendo dificuldade com matemática, algo em que Sal era muito bom, e pediu sua ajuda. Ele lhe disse que a ajudaria ao final de cada dia de trabalho. A ajuda deu muito certo, tão certo que outros primos lhe pediram para fazer a mesma coisa.

Logo Sal era o responsável pela "Khan Academy" para parentes e não parentes em idade escolar. "Era quase como uma brincadeira na época. Em 2006, eu me vi trabalhando com 15 pessoas da minha família, amigos e primos, todos os dias depois do trabalho. Foi um amigo que me sugeriu que fizesse vídeos para que eu crescesse um pouco mais. Experimentei isso e usei o YouTube como plataforma de hospedagem."

Assim que Sal colocou seus vídeos educacionais no YouTube, pessoas que ele não conhecia começaram a acessá-los a utilizá-los como ajuda para sua própria aprendizagem. Ele começou a receber comentários de visualizadores de todo o mundo, dizendo como seus vídeos haviam tornado um determinado conteúdo compreensível e divertido pela primeira vez. Quanto mais vídeos ele gravava, mais seguidores obtinha, e algo que havia começado de maneira puramente pessoal passou a assumir novas e contundentes dimensões globais. Em 2009, mais de 60 mil pessoas por mês estavam utilizando a Khan Academy.

No fim daquele ano, alguns importantes colaboradores, incluindo Bill Gates e Google, se juntaram para financiar a Khan Academy. "Eles me perguntaram onde eu achava que isso poderia ir, e lhes respondi que poderíamos contratar uma equipe e construir a plataforma de *software* que eu havia começado a fazer. Imaginei uma ferramenta em que cada pessoa podia aprender no seu próprio ritmo. Ela podia ser usada por professores para um ensino diferenciado. Então várias peças começaram a se encaixar".

O que ficou claro para Sal e para as mais de sete milhões de pessoas que agora visitam regularmente a Khan Academy, é que o *site* podia ser usado para levar a aprendizagem a novas e surpreendentes direções. Os vídeos e outros materiais instrucionais do *site* da Khan Academy permitem que os alunos trabalhem na sua própria velocidade e se aprofundem em um conteúdo de acordo com seu interesse e domínio do tema. Sal observa que o que se encoraja é o domínio de um tema, não um conhecimento superficial de um tópico ou habilidade. Por exemplo, um jovem aluno sendo introduzido a frações assiste a alguns vídeos e, em seguida, precisa responder cinco questões básicas corretamente antes de passar para o próximo grupo de vídeos e outro exercício. Com o tempo, o aluno precisa responder um número maior de perguntas em uma série antes de poder prosseguir. Isso estimula o aprendiz a entender o tópico adequadamente e ter um domínio genuíno do tópico, em vez de simplesmente estudá-lo para dar respostas em um teste.

Para Sal Khan, aprender dessa maneira permite o uso mais eficiente do tempo para o dever de casa e do tempo em sala de aula. "As salas de aula não deveriam basear-se na passividade e em escutar alguém e fazer anotações. Deveriam basear-se em aprender no ritmo de cada um. Desse modo, quando você entra em uma sala com seres humanos, você deveria interagir com eles. A Khan Academy pode assegurar que você tenha uma boa base acadêmica, mas se você ainda está começando nesses assuntos, é para isso que existe uma sala de aula física em que você possa fazer perguntas, ou para que você possa responder às perguntas de outros ou fazer mais trabalhos baseados em projetos."

Esse é um tipo de pedagogia que começou a ganhar seguidores quando Eric Mazur, um professor de física de Harvard, começou a utilizá-lo no lugar da tradicional palestra universitária. O que Mazur percebeu foi que seus alunos entendiam e aprendiam a aplicar o que estavam aprendendo de modo consideravelmente mais eficiente quando ele atuava como "o guia auxiliar" em oposição ao "sábio no palco". Ele fazia seus alunos lerem um livro do curso, assistissem a uma de suas palestras *on-line* ou algo diferente sobre o assunto antes de vir para a aula. Quando a aula começava, ele apresentava um pedaço da introdução, deixava os alunos pensarem sobre o que ele acabara de dizer e, em seguida, apurava as respostas. Invariavelmente, estudantes diferentes chegam a diferentes conclusões, algumas das quais estão mais próximas das respostas certas do que outras. Ele então pede que os alunos com as respostas certas convençam os colegas perto deles que estejam defendendo as respostas erradas.

"Imagine que você tivesse dois alunos sentados um perto do outro, Mary e John. Mary tinha a resposta certa porque ela entendeu a questão. Mary tem mais chance de convencer John do que o professor Mazur na frente da turma. Por quê? Porque ela acabou de aprender. Ela ainda sabe quais são as dificuldades que John enfrenta, enquanto o professor Mazur aprendeu há muito tempo e, para ele, isso é tão claro que já não sabe mais quais são as dificuldades que um iniciante enfrenta."[18]

Na sala de aula invertida, em vez de ter um professor de pé diante de um grupo de alunos dissertando sobre um tópico, os estudantes obtêm essa forma de instrução *on-line* em casa. O tempo de aula é utilizado pelo professor para instruir os colegas (o método Mazur que acabamos de descrever) a ajudar aqueles que tiverem dificuldade, estimular os alunos a conversarem sobre o tópico e desafiar os que já dominam o assunto. Essencialmente, o trabalho em sala de aula se torna o dever de casa e o dever de casa se transforma no trabalho em sala, com a vantagem de que cada um deles permite que o aluno avance em um ritmo personalizado.

Existem fortes evidências de que as salas de aula invertidas podem ser muito eficazes. Um estudo no final dos anos 1990 mostrou que os alunos ensinados usando a instrução por pares "apresentavam ganhos de aprendizagem quase dois desvios-padrão acima daqueles observados nos cursos tradicionais".[19] Outros estudos demonstraram melhoras igualmente acentuadas.

Em 2013, quatro dúzias de escolas públicas de Idaho, Estados Unidos, iniciaram um programa-piloto que invertia algumas das suas salas de aula utilizando os programas da Khan Academy. Uma das envolvidas no programa foi Shelby Harris, professora de matemática do 7º ano na Kuna Middle School, que apareceu no documentário de Davis Guggenheim, *Teach*. "Estava muito nervosa de que se tratasse de afastar o professor e trazer o computador para o seu lugar", ela falou. "Eu achei que isso iria me distanciar dos alunos. Tem sido completamente ao contrário. Eu ensino melhor agora do que já ensinei em 13 anos. Tenho muito mais tempo pessoal com os alunos. Consigo ensinar-lhes o que precisam e quando precisam."[20]

Ela considera a resposta imediata oferecida pelos programas da Khan Academy como muito positiva, associada a um professor disponível para fornecer auxílio pessoal quando necessário. "Eles acham que estão fazendo certo e se sentem ótimos em relação a isso", ela relatou, sobre a experiência do dever de casa tradicional, "e então eles vêm corrigi-lo na sala de aula e está tudo errado – e eles não fazem ideia por quê. Na Khan, quando fazem um problema, eles descobrem imediatamente se está certo ou errado. Se estiver errado, eles são capazes de clicar nas etapas de resolução e descobrir exatamente onde estava o erro e, assim, sabem como corrigi-lo da próxima vez. Eles são capazes de realizar sozinhos um aprendizado poderoso. Eu estou lá para fornecer apoio quando isso não funciona".

Sal Khan vê o que Shelby Harris está falando como um reflexo da sua própria experiência na educação. "Quando eu estava na escola, vi quão pouca aprendizagem ocorre quando as pessoas estão sentadas passivamente em uma palestra. Isso é verdade do 1º ano escolar ao final da graduação. Quando penso nas experiências que realmente aproveitei, eram coisas como a equipe de matemática, em que havia 30 alunos, todos tentando orientar e aprender uns com os outros. O professor estava lá para nos guiar, mas não para nos dar uma palestra. Aprendi muito no curso de jornalismo, que mais uma vez envolveu vários alunos colaborando em algo e tendo um objetivo comum. Eu fazia parte da equipe de luta no ensino médio. Éramos muito cobrados, mas queríamos isso porque havia um ambiente colaborativo, em que os alunos estavam ajudando uns aos outros, e os treinadores estavam lá para nos orientar."

"A sala de aula não deveria envolver instrução direta. Nenhum de nós gostava disso e nenhum de nós se sentia particularmente motivado. Os professores também não gostam. Eles se sentem como se estivessem lançando informações no vácuo. Os seres humanos não deveriam ser passivos. Quando se reúnem, deveriam interagir uns com os outros, resolver problemas ou produzir coisas."

ENSINO CRIATIVO

Deixe-me dizer algumas palavras sobre a criatividade. Escrevi muito sobre esse tema em outras publicações. Em vez de testar sua paciência aqui com a repetição dessas ideias, vou indicar as referências para o caso de você ter um interesse especial no assunto. Em *Out of our minds: learning to be creative*, abordei com algum detalhe a natureza da criatividade e como ela está relacionada à ideia de inteligência nas artes, nas ciências e em outras áreas das realizações humanas. Em 1997, o governo do Reino Unido me pediu para organizar uma comissão nacional para aconselhamento sobre como a criatividade poderia ser desenvolvida ao longo do sistema escolar de 5 a 18 anos. Esse grupo reuniu cientistas, artistas, educadores e empresários em uma missão comum, voltada para explicar a natureza e a importância crítica da criatividade na educação. Nosso relatório, *All our futures: creativity, culture and education*, estabeleceu propostas detalhadas para colocar isso em prática e era destinado a pessoas trabalhando em todos os níveis da educação, das escolas ao governo.

Às vezes, dizem que a criatividade não pode ser definida. Eu acho que pode. Essa é a minha definição, baseada no trabalho do grupo de *All our futures: criatividade é o processo de ter ideias originais valiosas.*

Existem dois outros conceitos que devem ser lembrados: imaginação e inovação. Imaginação é a base da criatividade. É a capacidade de trazer para a mente coisas que não estão presentes nos nossos sentidos. A criatividade é colocar a sua imaginação para funcionar. É a imaginação aplicada. A inovação é colocar novas ideias em prática.

Existem vários mitos sobre a criatividade: um deles é que apenas pessoas especiais são criativas; outro é que a criatividade tem a ver apenas com as artes; um terceiro é que a criatividade não pode ser ensinada; e um quarto é que tem tudo a ver com "autoexpressão" ilimitada. Nenhum deles é verdadeiro. A criatividade é a expressão de muitas energias que todos nós temos em função de sermos seres humanos. É possível em todas as áreas da vida humana, na ciência, nas artes, na matemática, na tecnologia, na culinária, no ensino, na política, nos negócios e no que quer que você mencione. E como muitas capacidades humanas, nossos poderes criativos podem ser cultivados e refinados. Fazer isso envolve um crescente domínio de habilidades, conhecimentos e ideias.

A criatividade envolve novos pensamentos. Não precisam ser novos para toda a humanidade – embora isso seja sempre um bônus –, mas certamente para a pessoa que faz o trabalho. A criatividade também envolve fazer julgamentos críticos sobre o valor daquilo em que você está trabalhando, seja ele um teorema, um projeto ou um poema. O trabalho criativo frequentemente passa por fases típicas. Às vezes, você termina com algo que é diferente do que tinha em mente quando começou. Trata-se de um processo dinâmico que com frequência envolve fazer novas conexões, ir além de algumas disciplinas e utilizar metáforas e analogias.

Ser criativo não é apenas ter ideias não convencionais e deixar sua imaginação correr livre. Pode envolver tudo isso, mas também envolve refinar, testar e se concentrar no que está fazendo. Trata-se de pensamento original da parte do indivíduo e também envolve julgar criticamente se o trabalho em curso está assumindo a forma correta e vale a pena, pelo menos para a pessoa que o está realizando.

A criatividade não é o oposto de disciplina e controle. Ao contrário, em qualquer campo ela pode envolver conhecimento factual profundo e níveis elevados de habilidade prática. Cultivar a criatividade é um dos desafios mais interessantes para qualquer professor. Envolve compreender a dinâmica real do trabalho criativo.[21]

A criatividade também não é um processo linear, no qual você tem que aprender todas as habilidades necessárias antes de começar. É verdade que o trabalho criativo em qualquer área envolve um domínio crescente das habilidades e conceitos. Mas não é verdade que eles precisam ser dominados antes que o trabalho criativo possa ter início. Concentrar-se nas habilidades isoladas pode matar o interesse por qualquer disciplina. Muitas pessoas foram desencorajadas pela matemática pelo resto de suas vidas devido às tarefas repetitivas sem fim que não contribuíam em nada para inspirá-los com a beleza dos números. Muitos gastaram anos praticando relutantemente escalas para exames de música apenas para abandonar o instrumento por completo assim que passaram na disciplina.

O verdadeiro impulsionador da criatividade é um apetite pela descoberta e uma paixão pelo trabalho em si. Quando os alunos são motivados a aprender, eles adquirem naturalmente as habilidades que precisam para realizar o trabalho. O domínio dessas habilidades cresce à medida que as ambições criativas se expandem. Você encontrará evidências desse processo em grandes aulas de todas as disciplinas, do futebol à química.[22]

ENSINANDO EM UM TOM DIFERENTE

Há muitas pessoas que exercem outras profissões que podem trabalhar junto com os professores, trazendo sua energia, entusiasmo e experiência técnica para a educação. Para fazer isso, elas não precisam ser treinadas como professores. Precisam apenas ter duas paixões: por uma disciplina específica e por compartilhar seu entusiasmo com os jovens. Neil Johnston é uma dessas pessoas. Enquanto ainda estava na faculdade, ele fundou a Store Van Music como um veículo para suas composições e produções musicais. A fim de gerar a receita extra de que toda empresa iniciante precisa, ele começou a ensinar música duas vezes por semana em uma escola vizinha.

"A escola estava localizada em uma área muito carente", ele me disse. "Havia dois garotos aprendendo guitarra em uma escola de 600 alunos. Esse era o único programa de música individualizado que a escola tinha."

"Eu amo a maneira como a digitalização mudou a indústria musical", disse Neil, "mas o amor e o entusiasmo que tenho pela indústria musical não se refletia de maneira nenhuma no que eu via em sala de aula. A parte que mais me impressionava era que grupos de alunos com os quais tínhamos mais dificuldade eram os mesmos grupos que sentavam durante o intervalo e a hora de almoço com seus fones de ouvido, escutando música. Todos eles amavam música, mas detestavam as aulas."

Com tempo e recursos limitados, Neil tentou levar uma abordagem mais atual e relevante da música para seus alunos. Ele estava trabalhando em comerciais e fazendo a trilha sonora de *videogames* e levava seu trabalho para a sala de aula para envolver os alunos no processo. Aqueles que não conseguiam ver sentido em aprender sobre uma composição centenária começaram a se animar com a ideia de um *brainstorming* sobre algo que mais tarde poderia aparecer no seu *PlayStation* ou *Xbox*.

Ao mesmo tempo, ele começou a conversar com os garotos sobre música a partir de suas perspectivas, usando as obras que escutavam em seus fones durante os intervalos. "Todo mundo tem uma opinião sobre música, quer a amem ou odeiem. Eu posso tocar Britney Spears em uma sala de aula e pode haver 30 alunos que adoram. E talvez existam muitos que odeiam – e eles estão prontos para manifestar sua opinião sobre isso. No entanto, isso serve para começar a conversa. Eles ficam motivados, não ficam desesperados em ir para os seus celulares e olharem o Facebook enquanto estão na aula. Eles não estão sendo distraídos."

Vendo a conexão que estava começando a construir entre os alunos e a educação musical, Neil começou a levar para as escolas bandas de *pop* e *rock* para oficinas de um dia. As oficinas foram muito populares, previsivelmente (pelo menos naquele momento), e isso chamou atenção de várias empresas fascinadas com o que ele estava fazendo. A Apple entrou em contato com a Store Van Music para iniciar conversas sobre como poderiam trabalhar juntos, mas, embora houvesse um interesse mútuo, não havia uma oportunidade clara.

A Apple então lançou o iPad e tudo mudou. "Realmente chamou minha atenção quando o iPad surgiu. Eu achei brilhante e pensei que era exatamente o que eu precisava para ensinar música – uma *interface* sensível ao toque com alguns grandes aplicativos, de modo que os alunos não precisam conhecer um instrumento musical para participar. Quando saiu o iPad2, eles lançaram o aplicativo *GarageBand*, e liguei direto para a Apple perguntando 'posso pegar emprestado uma tonelada desses? Quero tentar algo'."

Neil queria experimentar um programa desenvolvido para o ensino de música pelo lado de dentro da experiência, fazendo os alunos tocarem as peças em vez de simplesmente estudá-las. Antes disso, um programa desse tipo estaria disponível apenas aos alunos que tivessem acesso a instrumentos e tivessem interesse e disciplina em aprender os rudimentos. Com o *GarageBand* no iPad, isso não era mais necessário. O *tablet* e o aplicativo transformaram os alunos em guitarristas, bateristas, saxofonistas e mais, com apenas alguns cliques.

"A vantagem dos *tablets* é que não existem barreiras para a entrada dos alunos. Podemos fazer um grupo de garotos que não tocam nenhum instrumento exercitar as habilidades de audição que uma banda precisa ter para ser bem-sucedida. Eles não precisam conhecer uma escala musical. Podemos colocar a escala no iPad e eles precisam apenas usar as mesmas habilidades que um garoto usaria para bater em um triângulo a fim de manter o ritmo. Ele também não exclui os alunos avançados. Você também pode lhes dar várias tarefas desafiadoras."

Os alunos reagiram ao programa com grande entusiasmo, muito maior do que Neil havia previsto. Em pouco tempo, a Store Van estava fazendo oficinas em um grande número de escolas no sul do Reino Unido. "Fizemos um vídeo em junho de 2011, demonstrando o uso desse aplicativo como uma ferramenta de ensino. Até então, tínhamos relações com 50 a 60 escolas em uma determinada área. Quando o vídeo foi divulgado, começamos a ser convidados por todo o mundo. A educação é 60% do nosso negócio atual. Fizemos uma turnê pelos Estados Unidos em 2012."

Embora o sucesso do programa possa ter sido parte do plano de expansão da Store Van, também ocorreram algumas surpresas consideráveis, talvez nenhuma maior do que ver uma canção que foi gravada com 400 alunos da Gaywood Primary School se transformar no *hit* número 1 na lista do iTunes. Enquanto isso, o vídeo de Neil criando a música *You Make Me So Electric* com um grupo de alunos foi visto centenas de milhares de vezes no YouTube.

Neil é rápido em perceber que tem algumas vantagens com suas oficinas de um dia em relação aos professores que trabalham com os alunos todos os dias. É um pouco como o pai divorciado que vê seu filho uma vez por semana e enche o garoto de doces. Quando a Store Van Music está por perto, é como se fosse feriado.

"Como não viemos de formação direta de ensino, é provável que joguemos diretamente para os alunos coisas que os outros talvez não jogariam. Nós os desafiamos. Damos a eles 40 minutos para virem com uma música para uma propaganda na televisão." Entretanto, ele observa que "também estamos lá para o professor. O que aprendemos é que estamos motivando os professores tanto quanto estamos trabalhando com os alunos". Ao dar às suas oficinas uma importância prática – mostrando aos alunos como tocar uma canção, escrever um *jingle* e lançar uma música para o mundo – Neil motiva os estudantes, sejam eles interessados profissionalmente em música ou não, em um nível muito diferente do que se ele estivesse simplesmente tentando fazê-los apreciar os grandes mestres.

"Associar a indústria à educação torna a aprendizagem relevante. As coisas mudaram muito do que está nos livros-texto. A informação continua a ser importante, como sempre, mas ela precisa ser apresentada de maneira mais atual. Se os alunos puderem vê-la em um caso da vida real, é isso que faz a diferença."

ENSINANDO COMO DIVERSÃO

Enquanto Neil Johnston utiliza o entretenimento como uma ferramenta para o ensino, Mitch Moffit e Greg Brown usam o ensino como uma ferramenta para o entretenimento. Eles criaram um canal muito popular no YouTube, chamado AsapSCIENCE, que transforma o ensino em uma *performance* artística. Quem veio primeiro, o ovo ou a galinha? O que aconteceria com você se parasse de dormir? O que ocorre no seu cérebro quando você se apaixona? O AsapSCIENCE utiliza uma combinação de ciência real e gráficos inteligentes para responder a essas e muitas outras perguntas, levando dezenas de milhões de pessoas, principalmente estudantes, a segui-los.

"Às vezes, vindo do sistema de educação, você nem sempre recebe o petisco interessante primeiro", Mitch contou-me. "São muitas informações, e você tem que primeiro aprender a parte mais chata antes de ter contato com as coisas interessantes. Essa foi uma chance de inverter essa situação e dizer: 'Aqui está o que você já gosta e agora iremos falar sobre isso enquanto explicamos a você o que está acontecendo. Vamos aprender a perspectiva da ciência da maneira oposta'."

Greg é um professor licenciado que considerava a abordagem tradicional de ensino geralmente frustrante. "O currículo era tão influenciado por padrões e por um currículo específico que precisávamos ensinar em ciência", ele disse. "Para mim, tudo o que eu conseguia perceber era que o sistema de educação não era eficiente para esses alunos. Fazê-los se interessar era a parte mais difícil. Era muito mais interessante ser capaz de colocar o assunto em um vídeo do YouTube que eu fiz e ver suas respostas. Assim que o vídeo aparecia na tela, todos prestavam atenção, porque ele representava coisas que eles faziam em suas horas livres. Eles escutavam, prestavam atenção, faziam perguntas. Ele disparava discussões que nenhuma das aulas que eu tive que ensinar disparariam. Foi interessante utilizá-lo como um pequeno experimento, e foi incrível perceber como esses alunos eram curiosos e faziam perguntas sobre o mundo; mas, quando você começa lhes ensinando o que é um átomo, seus olhos perdem o brilho. Eles não estão interessados nisso."

"O principal problema que tinha quando tentava ensinar era que tudo que eu tentava mostrar não estava relacionado aos alunos. Eles não faziam ideia de por que estavam aprendendo aquilo, ou para quê. Uma das razões pelas quais nosso canal é tão bem-sucedido é que estamos respondendo a perguntas que pessoas de todas as idades, variedades e origens querem saber. Elas podem se relacionar com essas questões."

O AsapSCIENCE mostra que os professores podem ser uma "grande atração" se apresentarem o material de maneira que estimule os seus alunos. Eles também mostraram que, do mesmo modo que cozinheiros disfarçam vegetais nas sobremesas, é possível fazer os alunos absorverem mais daquilo que é bom para eles se você lhes der, junto, algo doce. "Nossos vídeos não são o substituto de um professor real, mas eles são um catalisador", disse Greg. "'Ei, peidos são engraçados; vamos falar sobre eles. E então vamos aprender sobre gases'. Nossos vídeos podem funcionar como uma centelha que faz alguém se interessar por algum tópico."

APRENDENDO A ENSINAR

Mas que tipo de formação é necessária para ser verdadeiramente um bom professor? É preciso alguma formação? Como vimos, Neil Johnston realizou um excelente trabalho trazendo o amor pela música a alunos que nunca haviam tocado um instrumento, embora ele não tenha uma formação formal como professor. Incluímos vários outros exemplos de pessoas sem qualificações docentes que motivaram os alunos em níveis extraordinários. Eu arriscaria afirmar que todas essas pessoas diriam que podem agir dessa forma devido ao escopo limitado do que estão tentando realizar. Michael Stevens estimula um número enorme de alunos a aprender mais sobre ciência em seu excelente canal do YouTube, Vsauce, mas ele prontamente admite: "Ensinar é completamente diferente. Eu faço um episódio sobre o que eu quero, uma vez por semana, enquanto um professor tem que comparecer todos os dias e atender a todas as exigências do Estado, ser disciplinador e amigo; e todas essas outras coisas. O que eu faço no Vsauce é um estudo independente".

Existe a visão, entre alguns políticos, de que, se você tem alguma titulação em uma disciplina específica, então pode ensinar. Você tem um mestrado em química molecular? Então é claro que você pode ser um professor de ciências. A noção é que, se você tem a especialização, pode efetivamente passar essa especialidade para os outros. É tudo o que precisa saber. O resto é trabalho mecânico. Não é. Sem dúvida, saber o que você está ensinando é geralmente importante. Eu digo *geralmente*, porque não é sempre, como veremos. Em algumas áreas é claramente essencial. Eu não consigo falar romeno, então não pode haver muita esperança de que eu ensine bem essa língua. Não faz sentido dizer: "Oh, continue! Não pode ser tão difícil". Eu não consigo fazê-lo. A especialização em determinada disciplina é frequentemente essencial para um ensino de qualidade, mas nunca é suficiente. A outra metade é saber como inspirar os alunos com o material, de modo que eles ativamente queiram e de fato aprendam. Essa é precisamente a razão pela qual todos os sistemas de educação de alto desempenho investem muito na seleção e na formação intensa dos professores, bem como o motivo pelo qual, nesses sistemas, o ensino é uma profissão respeitada e bem recompensada.

Um dos maiores registros da necessidade de formação e desenvolvimento eficientes foi feito por Andy Hargreaves e Michael Fullan em sua inovadora análise *Professional capital: transforming teaching in every school*. Eles defendem de maneira conclusiva que abordagens de curto prazo, que eliminam custos para o recrutamento e a formação de professores, resultam inevitavelmente em uma força de ensino "inexperiente, barata e exausta em curto prazo". O preço que pagamos é o empobrecimento da aprendizagem e a degradação das oportunidades de sucesso das nossas crianças.

A formação inicial para o ensino deve envolver uma prática intensa nas escolas, orientada por professores experientes que estejam na prática. Contudo, ela também deve incluir o estudo da prática e da história ideológica da educação e dos vários movimentos e escolas de pensamento que a impulsionaram. Como o principal negócio do ensino é facilitar a aprendizagem, ele deve incluir o estudo sério das teorias da aprendizagem e pesquisa em psicologia e, crucialmente, no momento, nas ciências cognitivas. E deve incluir algum conhecimento sobre o modo como os sistemas educacionais funcionam em diferentes países e com que resultados e efeitos. A formação inicial é inicial, mas, uma vez na profissão, os praticantes efetivos precisam de oportunidades contínuas para seu desenvolvimento profissional, a fim de renovar suas próprias práticas criativas e acompanhar o ritmo do desenvolvimento da prática de políticas e pesquisas de maneira mais geral.

Grandes professores são o coração de grandes escolas. Em seus vários papéis, eles podem preencher três objetivos essenciais para os alunos:

- **Inspiração:** inspiram seus alunos com seu próprio entusiasmo por suas disciplinas e para que atinjam os níveis mais elevados nas matérias.
- **Confiança:** ajudam seus alunos a *adquirir* as habilidades e o conhecimento que precisam para se tornarem aprendizes confiantes e independentes, capazes de continuar a desenvolver sua compreensão e experiência.
- **Criatividade:** possibilitam que seus alunos experimentem, *investiguem*, façam perguntas e desenvolvam as habilidades e a disposição do pensamento original.

Esses benefícios devem derivar de todo o ensino, ao longo de todo o currículo. Mas o que o currículo deve incluir?

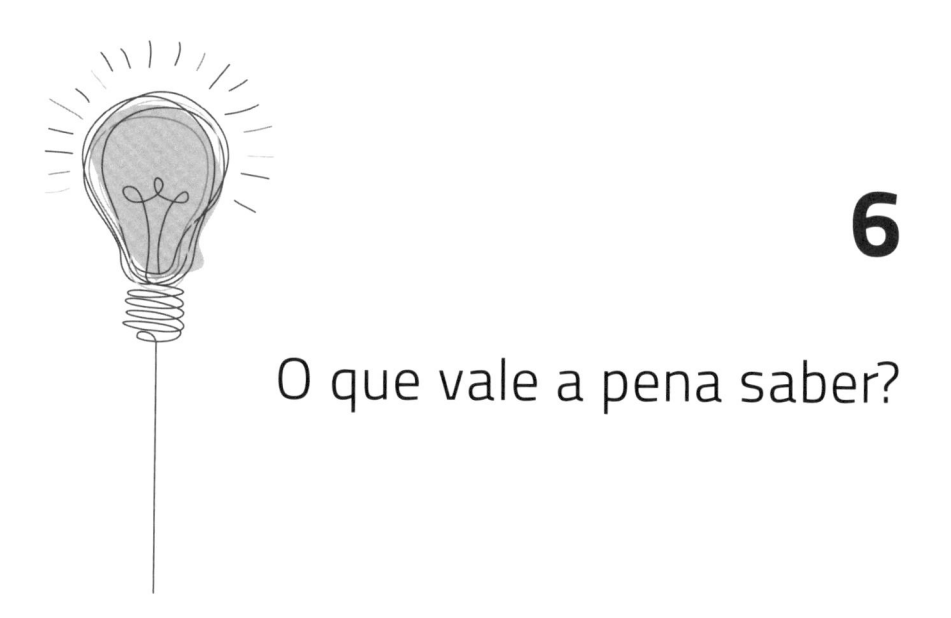

6

O que vale a pena saber?

A High Tech High, perto de San Diego, Califórnia, foi fundada em 2000 como uma *charter school* de ensino médio, planejada para integrar educação técnica e acadêmica. Agora, ela é uma união de cinco escolas de ensino médio, quatro de anos finais do ensino fundamental e três de anos iniciais do ensino fundamental, atendendo a mais de 5 mil alunos por ano.[1] Um dia letivo na High Tech High é muito diferente daquele visto na maioria das escolas. Ela constrói seu currículo em torno da aprendizagem baseada em projetos. "A aprendizagem baseada em projetos funciona mais ou menos assim", diz o professor de artes Jeff Robin: "Você descobre o que o aluno quer aprender – pode ser o currículo padronizado ou sua própria criação – e desenvolve um projeto. Você projeta, no sentido inverso, o conteúdo no projeto".[2]

Larry Rosenstock é o diretor-fundador da High Tech High. Ele coloca da seguinte maneira: "Você pega a metodologia da escola técnica – que é realizada em grupo, ensinada para a equipe, de forma experimental, aplicada e exploratória – e o conteúdo da escola acadêmica – habilidade de leitura, operações com números, humanidades e todos os outros conteúdos que os alunos têm que aprender – e tenta unir a pedagogia da escola técnica com o conteúdo da escola acadêmica".

Os estudantes abordam todo o currículo efetivamente porque integram uma disciplina na outra. Por exemplo, artes e biologia podem ser combinadas, ou humanas e matemática. Os alunos estão publicando textos, fazendo documentários e criando uma ampla variedade de projetos. Eles podem aprender sobre ecossistemas, junto com fotografia e *design* gráfico – ao escrever e produzir um livro sobre a ecologia da Baía de San Diego. Além disso, estão levando seu trabalho para o mundo real, criando projetos que servem à comunidade local e a outros locais. Recentemente, uma seção sobre código de barras de DNA produziu uma ferramenta utilizada em mercados africanos para descobrir se a carne era proveniente de caça ilegal.

Ao contrário da maioria das escolas, os alunos não se espalham pelos corredores a cada 40 minutos para trocar de sala a fim de estudar matérias distintas. A High Tech High divide o dia em menos períodos. O objetivo é produzir uma experiência contínua e imersa em diferentes tipos de projetos. "Não há sineta", Larry me falou. "Se você quiser ir ao banheiro, você vai. Não existe um sistema de autofalantes. Tem muita coisa *sendo feita*. É como se os alunos estivessem *descobrindo* a matéria, em vez de tê-la apresentada pelo professor. Estão fazendo trabalho de campo, não apenas memorizando termos da biologia. Nossos alunos fazem estágio nos setores público e privado. É livre, mas rígido de um modo diferente."

"Os alunos trabalham com professores que trabalham em equipes. Não há tanta troca de um conteúdo para outro. Você está fazendo e criando várias coisas, e deve apresentar seu trabalho em público regularmente. É preciso se divertir."

Organizar o currículo de maneira extremamente diferente da maioria das escolas de ensino médio exige o compromisso de muitas pessoas, incluindo pais, que inicialmente não se alinharam de imediato ao método da High Tech High. "Quando a High Tech High abriu pela primeira vez, alguns pais questionavam nossa abordagem. Todavia, diziam que não podiam retirar seus alunos porque eles adoravam ir à escola. Então nossos alunos começaram a passar para as grandes faculdades."

Quase todos os alunos da High Tech High passam para o ensino superior, e 70% deles para cursos de quatro anos. "Nossa taxa de conclusão do ensino superior é extraordinariamente alta. Sei que existem pessoas que dizem que nem todo mundo precisa entrar na faculdade. Entendo isso. Por exemplo, os jogadores da NBA, as estrelas do *rock* e os programadores brilhantes. Nossa teoria é que mesmo os alunos que não irão para o ensino superior serão mais bem preparados se não forem separados daqueles que estão em programas que os preparam para entrar na faculdade e que esperam esse feito."

Mais da metade desses alunos que entra no ensino superior é a primeira geração de suas famílias a adquirir uma educação pós-ensino médio. É por isso que a High Tech High premia aqueles que conseguem vencer as barreiras sociais. Eles escolhem alunos aleatoriamente e preenchem sua população escolar durante períodos de transição – dos anos iniciais para os anos finais do ensino fundamental, dos anos finais para o ensino médio – escolhendo a partir dos códigos postais menos representados.

"Embora a pedagogia seja o nosso ponto forte", disse Larry, "acho que o que a vence, por pouco, é a integração das classes sociais. Em termos de capital social, o país está fracassando. Existe uma previsão errônea sistemática. Prevemos erroneamente quem pode e quem não pode fazer o quê com base em etnia, *status* socioeconômico e gênero. Agora, os testes padronizados nos deram outra metodologia para fazer previsões erradas. O que estamos tentando fazer é não cair nessa armadilha e alcançar velocidade de lançamento, como gostamos de chamá-la, com aqueles alunos com os quais você não está acostumado a alcançá-la. [...] Quando você está trabalhando com esses estudantes, percebe como todos eles são brilhantes. É necessário apenas alcançar a todos eles de diferentes maneiras."

Alcançar todos os alunos é exatamente o que está em jogo na transformação da educação. Como vimos, isso significa se concentrar na qualidade da aprendizagem e do ensino. Também significa ter o tipo de currículo que torna isso possível.

PARA QUE SERVE O CURRÍCULO?

O currículo é uma base para o que os alunos devem saber, entender e ser capaz de fazer. Na maioria das escolas, algumas partes do currículo são obrigatórias, algumas são opcionais e outras são voluntárias, como participação em clubes e atividades extraclasse. Existe uma diferença entre currículo *formal* e currículo *informal*. O currículo formal é a parte obrigatória, que inclui o que é avaliado e testado. A parte informal é tudo que é voluntário. Juntas, elas formam *todo* o currículo.

O objetivo evidente é fornecer um planejamento do que os alunos devem aprender. Mas o currículo tem outro objetivo: as escolas precisam dele para que possam resolver como utilizarão seus recursos e como devem organizar o tempo e o espaço de cada um. Em geral, as instituições de ensino dividem o dia em unidades de tempo e as alocam a cada uma das disciplinas. Isso pode parecer lugar-comum. O dia escolar precisa ser organizado, afinal, e alunos e professores precisam saber o que, quando e onde as coisas estão acontecendo. Em princípio, o currículo deve moldar o calendário. Na prática, frequentemente acontece o contrário.

Minha filha, quando estava na 1ª série do ensino médio, queria continuar estudando dança, mas não podia, em função de conflitos no calendário. Quando eu tinha 14 anos, tive que abandonar a disciplina de artes porque ela colidia com o horário das aulas de alemão, que a escola considerava mais importante para meus estudos. Não foi – e esse é o ponto. Muitos alunos do ensino médio tiveram experiências semelhantes. Se o calendário for flexível e mais personalizado, ele tende a facilitar o tipo de currículo dinâmico de que os alunos precisam hoje.

UMA CONTROVÉRSIA CONSTANTE

Alguns dos debates mais ferozes na educação são sobre o que deve ser ensinado e quem deve tomar essa decisão. Não é a minha intenção detalhar o conteúdo do currículo – os fatos, as ideias, as habilidades e os outros materiais que devem ser abordados nas várias disciplinas. Isso, por si só, daria outro livro, ou mesmo uma biblioteca, como E. D. Hirsch[3] e outros, incluindo governos de todos os tipos, demonstraram em suas tentativas de fazer exatamente isso. Cada uma dessas tentativas enfrentou controvérsias. Enquanto escrevo este livro, a controvérsia mais intensa na educação nos Estados Unidos diz respeito à introdução dos *Common Core Standards* (Padrões Curriculares Comuns), que determinam o conteúdo do currículo de base para domínio básico de alfabetização, matemática e ciências. Segundo os arquitetos dos padrões, eles foram desenvolvidos para definir "o conhecimento e as habilidades que os alunos deveriam obter ao longo de sua educação K-12,[*] a fim de que terminem o ensino médio preparados para ser bem-sucedidos no nível básico das carreiras, em cursos acadêmicos introdutórios na faculdade e em programas de treinamento da força de trabalho", baseados "nos padrões mais elevados e eficientes de vários Estados dos Estados Unidos e de outros países do mundo".

Quaisquer que sejam seus méritos intrínsecos, os *Common Core Standards* estão dividindo a nação à medida que dirigentes, professores, pais e comunidades inteiras de um Estado após o outro se rebelam contra eles por acharem que o governo federal foi longe demais no controle da educação.

Creio que meu objetivo aqui é mais modesto, mas igualmente importante. Trata-se de observar o que o currículo como um todo deve alcançar em relação aos quatro objetivos que estabeleci anteriormente e perguntar de que tipo ele precisa ser. Mesmo esse tema é bastante controverso. Debates sobre quais matérias devem ser ensinadas nas escolas ecoaram na educação desde os seus primeiros anos, e o currículo mudou radicalmente ao longo do caminho.

Na Roma Antiga, a educação baseava-se nas sete artes ou ciências liberais: gramática, estruturas formais da língua; retórica, composição e apresenta-

---

* N. de T. Denominação utilizada nos Estados Unidos para a educação básica como um todo, incluindo os ensinos fundamental e médio.

ção do argumento; dialética, lógica formal; aritmética; geometria; música; e astronomia. Essa visão do currículo dominou a educação na Europa até – e ao longo de toda – a Idade Média.

Durante o Renascimento, nos séculos XV e XVI, algumas escolas trouxeram outros conteúdos, incluindo ortografia e teatro, e defenderam métodos mais práticos de ensino e de aprendizagem. Algumas começaram a ensinar música e dança, desenho e esportes, incluindo luta, esgrima, tiro, handebol e futebol. No século XVIII, algumas escolas passaram a incluir história, geografia, matemática e línguas estrangeiras no currículo. Essa atitude enfrentou forte resistência dos tradicionalistas que acreditavam que uma educação clássica era tudo que importa. Para a maioria, o currículo clássico continuou a dominar a educação na Europa até a metade do século XIX.[4]

Em seguida, três mudanças sociais de proporções sísmicas remodelaram o currículo escolar: o impacto crescente da ciência e tecnologia estava mudando o clima intelectual; a difusão da industrialização estava mudando o cenário econômico; e a nova ciência da psicologia estava propondo novas teorias sobre a inteligência e a aprendizagem. Cada um desses desenvolvimentos mudou radicalmente as ideias aceitas sobre os benefícios de educação estritamente clássica.[5]

À medida que a educação em massa se expandia, um novo tipo de currículo começou a tomar forma, o qual ainda domina a educação nos dias de hoje.[6] É útil pensar no currículo em termos de *estrutura*, *conteúdo*, *modo* e *etos*.

Por *estrutura* quero dizer o modo como todo o currículo foi concebido, bem como as relações entre seus vários componentes. Os currículos nacionais são geralmente organizados em torno de disciplinas distintas: matemática, ciências, história, e assim por diante. Em geral, existe uma hierarquia dessas matérias, especialmente no ensino médio, em que você pode identificar pela quantidade de tempo e de recursos de que elas dispõem e pelo fato de serem obrigatórias ou opcionais, bem como por serem ou não avaliadas formalmente.

No topo estão matemática, línguas e ciências. Em seguida, vêm as humanidades – história, geografia e, às vezes, estudos sociais e religião. Em último lugar estão artes e educação física. "Artes" geralmente significa música e artes visuais. O teatro, quando é ensinado, geralmente é considerado a arte mais inferior, exceto pela dança, que é uma raridade na maioria dos sistemas.

Por *conteúdo* quero dizer o material que precisa ser aprendido. Devido à preocupação com a aprendizagem acadêmica, a ênfase geralmente está na teoria e na análise em vez de habilidades práticas ou profissionalizantes.

Por *modo* quero dizer a maneira como os alunos se envolvem com o currículo: se é como um trabalho feito em suas mesas ou baseado em projetos, individual ou colaborativo. Na maioria dos sistemas, a ênfase está em tarefas acadêmicas feitas em suas mesas individualmente em vez de atividades de grupo.

Por *etos* quero dizer a atmosfera geral e o caráter da escolarização: as mensagens silenciosas sobre prioridades e valores que o currículo traz. Esses aspectos da educação são, às vezes, chamados de *currículo oculto*. O etos dominante do movimento de padronização é que a escola é um tipo de corrida com barreiras, cujo objetivo é superar os obstáculos frequentes dos testes e avaliações, nos quais existem sempre vencedores e perdedores. Como vimos, o resultado disso é que muitos alunos consideram a escola chata ou estressante, uma experiência a ser suportada em vez de apreciada. Mas que tipo de currículo as escolas devem ter? Para responder a essa questão, é preciso ter em mente os quatro objetivos básicos da educação, que destaquei no Capítulo 1: *econômico*, *cultural*, *social* e *pessoal*.

POR ONDE COMEÇAR?

O currículo convencional baseia-se em um conjunto de matérias separadas, cuja importância é evidente. Esse é um dos problemas. O ponto de início adequado é perguntar o que os alunos devem aprender e ser capaz de fazer como resultado da sua educação. Essa pergunta levou a várias tentativas de reformular o currículo em termos de competências. Eu acho essa uma boa ideia. Na minha opinião, os quatro objetivos básicos sugerem oito competências centrais que as escolas devem promover se quiserem realmente ajudar os alunos a serem bem-sucedidos em suas vidas. Cada competência é relevante para cada um dos quatro objetivos. Você verá que todas elas começam com a letra C, o que não tem um significado intrínseco, mas é uma boa maneira para que eu, e espero que você também, possa lembrar delas.

Curiosidade – capacidade de fazer perguntas e explorar o modo como o mundo funciona

As realizações humanas em todos os campos são impulsionadas pelo desejo de explorar, testar e provocar, ver o que acontece, questionar como as coisas funcionam, querer saber por que e fazer a pergunta: e se?

Crianças pequenas têm apetite imediato por explorar o que quer que atraia seu interesse. Quando sua curiosidade é despertada, elas aprendem por si mesmas, umas com as outras e a partir de qualquer fonte a que tenham acesso. Saber como estimular e orientar a curiosidade dos alunos é o dom de todos os grandes professores. Eles fazem isso encorajando os alunos a investigar e a perguntar por conta própria – o que se dá por meio da realização de perguntas, e não pelo fornecimento de respostas, bem como pela apresentação de desafios aos estudantes para que aprofundem seus pensamentos ao observar ainda mais.

Para alguns de nós, a curiosidade por algumas coisas pode ser temporária e rapidamente satisfeita. Para outros, ela pode se tornar uma paixão contínua na qual são investidas vidas e carreiras inteiras. Em qualquer caso, um sentido de curiosidade ao longo de toda a vida é um dos maiores dons que as escolas podem oferecer aos seus alunos.

Criatividade – capacidade de produzir novas ideias e colocá-las em prática

Como indivíduos, todos nós criamos nossas próprias vidas por meio das perspectivas que desenvolvemos, das escolhas que fazemos e dos talentos e paixões que podemos descobrir e perseguir. É essencial desenvolver as habilidades criativas dos jovens para atender aos quatro objetivos da educação. Ser criativo está no centro do ato de ser humano e de todo progresso cultural. Ironicamente, nossos poderes de criatividade também podem se refletir no que destruímos. Muitos dos desafios que enfrentamos como espécie são o resultado de nossa criatividade – nos conflitos entre diferentes culturas e no abuso coletivo do ambiente natural. A esse respeito, não são os lêmures e os golfinhos, com suas mentes pouco imaginativas, que estão colocando o clima em risco pelo modo como escolhem viver – somos nós, com nossa imaginação e nosso poder criativo muito maiores.

A resposta agora não é suprimir nossa criatividade, mas cultivá-la mais seriamente e com um senso maior de propósito. À medida que os desafios que os alunos enfrentam tornam-se mais complexos, é essencial que a escola os ajude a desenvolver suas capacidades específicas de pensamento e ação criativos.

Criticismo – capacidade de analisar informações e ideias e formar argumentos e julgamentos baseados na razão

A capacidade de pensar claramente, lidar com argumentos de maneira lógica e ponderar evidências desanimadoras é um dos marcos da inteligência humana. De todas as lições que a história tem a nos ensinar, essa é certamente uma das mais difíceis de colocar em prática.

O pensamento crítico envolve mais do que a lógica formal. Ele envolve interpretar o que se pretende, entender o contexto, revelar valores e sentimentos escondidos, discernir motivos, detectar desvios e apresentar conclusões concisas das maneiras mais adequadas. Tudo isso exige prática e orientação.

O pensamento crítico sempre foi importante para o desenvolvimento humano e está se tornando cada vez mais essencial. Somos bombardeados de todas as direções com informações, opiniões, ideias e colocações que capturam nossa atenção. Sozinha, a internet é a fonte de informações mais onipresente que a humanidade já desenvolveu, e está crescendo exponencialmente. O mesmo ocorre com os riscos de confusão e obscurantismo.

Há imensos benefícios na revolução digital para a educação dos jovens. Ao mesmo tempo, nunca foi tão importante separar fatos de opiniões, coisas que fazem sentido de absurdos e honestidade de enganação. Fica claro que o pensamento crítico deve ser parte central de cada disciplina na escola e um hábito a ser cultivado fora dela também.

Comunicação – capacidade de expressar pensamentos e sentimentos com clareza e confiança em uma ampla variedade de mídias e formas

Fluência na leitura, na escrita e na matemática é um imperativo aceito na educação, e assim deve ser. É igualmente importante promover o discurso claro e confiante – o que às vezes é chamado de "oratória".[7] O desenvolvimento de habilidades na língua falada é, agora, de modo triste e errôneo, negligenciado nas escolas.

A comunicação verbal não tem a ver apenas com os significados literais, mas também com a apreciação de metáforas, analogias, alusões e outros usos poéticos e literários da linguagem. A comunicação não é apenas sobre palavras e números. Alguns pensamentos não podem ser expressos adequadamente dessa maneira. Também pensamos em sons e imagens, movimentos e gestos, o que dá origem a nossas capacidades para a música, para as artes visuais, para a dança e para o teatro em todas as suas variações. A capacidade de formar e comunicar nossos pensamentos e sentimentos de todas essas maneiras é fundamental para nosso bem-estar pessoal e para as realizações coletivas.

Colaboração – capacidade de trabalhar de maneira cooperativa

Somos seres sociais. Vivemos e aprendemos na companhia de outros. Fora das escolas, a capacidade de trabalhar de maneira cooperativa é fundamental para a força das comunidades e para atender aos desafios que enfrentamos coletivamente. Contudo, em muitas escolas, os jovens em grande parte trabalham sozinhos. Eles aprendem *em* grupos, mas não *como* grupos.

Criar condições para que os jovens trabalhem juntos pode aumentar a autoestima, estimular a curiosidade, aumentar a criatividade, elevar o desempenho e promover um comportamento social positivo.[8] Por meio do trabalho em grupo os alunos podem aprender a cooperar uns com os outros na resolução de problemas e no encontro de objetivos comuns, contar com a força alheia, mitigar as fraquezas e compartilhar e desenvolver ideias. Eles podem aprender a negociar, a resolver conflitos e a apoiar soluções consensuais.

Trabalhando juntos nas escolas, os jovens podem perceber a verdade básica da máxima de Hellen Keller, que diz que "sozinhos podemos fazer tão pouco; juntos podemos fazer tanto".

Compaixão – capacidade de ter empatia pelos outros e agir de acordo com ela

Compaixão é identificar-se com os sentimentos e, sobretudo, com os sofrimentos alheios. A compaixão baseia-se na empatia. Ela começa por reconhecer em nós mesmos as emoções que os outros estão sentindo e como nos sentiríamos nas mesmas circunstâncias. A compaixão é mais do que a empatia; é a expressão viva da Regra de Ouro, tratar os outros como você gostaria que o tratassem. A compaixão é a prática da empatia.

Muitos dos problemas que os jovens enfrentam se fundamentam na falta de compaixão. O *bullying*, a violência, o abuso emocional, a exclusão social e os preconceitos baseados em etnia, cultura ou gênero são todos alimentados pelo fracasso da empatia. No mundo adulto mais amplo, conflitos culturais e divisões sociais tóxicas são disparados e inflamados por esse mesmo fracasso.

À medida que o mundo se torna cada vez mais interdependente, cultivar a compaixão é um imperativo moral e prático. Trata-se também de um imperativo espiritual. A prática da compaixão é a mais verdadeira expressão de nossa humanidade comum e uma fonte profunda de felicidade em nós mesmos e nos outros. Nas escolas, como em outros locais, a compaixão precisa ser praticada, não pregada.

Controle – capacidade de conectar-se à vida interior do sentimento e desenvolver um sentido pessoal de harmonia e equilíbrio

Vivemos em dois mundos: nosso mundo interior e aquele à nossa volta. O currículo impulsionado por padrões está repleto do mundo externo. Ele pouco faz para ajudar os jovens a desvendar seu mundo interior. Porém, o modo como agimos no mundo à nossa volta é profundamente afetado pelo modo como nos vemos e como nos sentimos. Como a escritora Anaïs Nin uma vez disse: "Eu não vejo o mundo como ele é, eu o vejo como eu sou".

Muitos jovens sofrem, hoje, de estresse, ansiedade e depressão na escola. Para alguns deles, esses sentimentos são provocados pela própria escola e, para outros, por suas vidas fora dela. Em todos os casos, esses sentimentos podem levar ao tédio, à desmotivação, à raiva e a sentimentos piores. As escolas podem mitigar os efeitos ao alterar suas culturas de todas as maneiras que discutimos. Elas também podem proporcionar aos alunos o tempo e as técnicas para explorar seus mundos internos por meio da prática diária da meditação. Um número crescente de escolas está agindo dessa maneira, e tanto os alunos como a faculdade vêm experimentando os benefícios pessoais e comunitários da prática regular do cultivo da atenção plena e do autocontrole.

Cidadania – capacidade de envolver-se de maneira construtiva na sociedade e participar dos processos que a mantêm

As sociedades democráticas dependem do envolvimento ativo dos cidadãos informados no modo como são governadas e lideradas. Para que isso ocorra, é essencial que os jovens deixem a escola sabendo como a sociedade funciona e, em particular, como os sistemas legal, econômico e político operam e os afetam.

Cidadãos ativos são pessoas conscientes dos seus direitos e das suas responsabilidades, informadas sobre como os sistemas social e político funcionam, preocupadas com o bem-estar dos outros, articuladas em suas opiniões e argumentos, capazes de ter uma influência no mundo, ativas em suas comunidades e responsáveis pelas suas próprias ações.[9]

A educação para a cidadania não tem a ver com a produção do conformismo e do *status quo*, mas com a defesa da necessidade de direitos iguais, da importância da discordância e da necessidade de equilibrar as liberdades pessoais com os direitos dos outros de viver em paz.

As habilidades da cidadania precisam ser aprendidas e praticadas, bem como continuamente renovadas. Isso pode ser o que John Dewey tinha em mente quando disse: "A democracia precisa nascer de novo a cada geração, e a educação é a sua parteira". Para que isso ocorra, é essencial que as escolas não apenas falem sobre cidadania. Como ocorre com cada uma dessas competências, as escolas precisam exemplificá-la no modo como de fato funcionam.

Essas competências não aparecem prontas em diferentes etapas do tempo dos alunos na escola. Elas devem evoluir desde o início da educação e ser praticadas e refinadas ao longo de suas vidas com confiança e sofisticação crescentes. Os alunos que saem da escola sentindo-se confiantes nessas oito áreas estarão bem equipados para se envolver nos desafios econômicos, culturais, sociais e pessoais que inevitavelmente enfrentarão em suas vidas. De que tipo de currículo as escolas precisam para promover essas oito competências?

PROPONDO UMA ESTRUTURA

Como argumentei no Capítulo 4, a inteligência humana inclui a capacidade acadêmica, mas envolve muito mais do que isso. Por todas as razões que forneci naquele capítulo, considero muito limitante a ideia convencional de matérias acadêmicas como uma base para planejar o currículo escolar. A palavra "matérias" também sugere áreas separadas de conhecimento, delimitadas por fronteiras claras e permanentes. Na prática, o conhecimento em todas as suas formas continua a evoluir. Fora das escolas, as fronteiras entre as diferentes matérias constantemente se sobrepõem. Existe outro problema.

Em certo sentido, não existe uma coisa como uma matéria acadêmica. Existem apenas maneiras acadêmicas de olhar para as coisas. O trabalho acadêmico é um método de análise, e ele pode ser aplicado a qualquer coisa: línguas estrangeiras ou física de partículas, poesia ou geologia. As escolas evoluíram colocando uma grande ênfase nesse tipo de estudo, mas não são as matérias em si que são inerentemente acadêmicas, e sim o modo como elas são encaradas.

Ao planejar o currículo escolar, prefiro muito mais a ideia de *disciplinas*. Uma disciplina é uma mistura de teoria e prática. Matemática, por exemplo, é uma combinação de métodos e processos *e* de conhecimento propositivo. O aluno não está apenas aprendendo matemática, mas também a fazer matemática. O mesmo é verdadeiro para as disciplinas que envolvem habilidades práticas e o controle de materiais e ferramentas, incluindo música, arte, *design*, engenharia, tecnologia, teatro, dança e todas as demais.

Conceber o currículo em termo de disciplinas também abre todas as possibilidades de atividades interdisciplinares – como estão fazendo na High Tech High –, nas quais problemas e ideias podem ser explorados de maneira colaborativa a partir de diferentes perspectivas, com base em conceitos e habilidades de várias disciplinas. No mundo fora das escolas, uma boa parte do que ocorre é interdisciplinar. Mas quais disciplinas o currículo deve incluir?

Na minha opinião, um currículo equilibrado deve fornecer *status* e recursos iguais às seguintes disciplinas: artes, humanidades, línguas, matemática, educação física e ciências. Cada uma delas aborda áreas importantes da inteligência, conhecimento cultural e desenvolvimento pessoal. Além de fornecer uma base para o que todos os alunos devem aprender em comum, o equilíbrio correto dessas disciplinas permite que as escolas respondam aos pontos fortes e interesses pessoais dos estudantes como indivíduos.

Artes

As artes lidam com a qualidade das experiências humanas. Por meio da música, da dança, das artes visuais, do teatro e de seus demais formatos, damos forma aos sentimentos sobre nós mesmos e sobre como vivenciamos o mundo à nossa volta. Aprender sobre a arte e com ela é essencial para o desenvolvimento intelectual. As artes ilustram a diversidade da inteligência e fornecem maneiras práticas de promovê-la. Elas se encontram entre as mais vivas expressões da cultura humana. Para entender a experiência de outras culturas, precisamos nos envolver com suas músicas, artes visuais, danças e artes verbais e cênicas. Músicas e imagens, poemas e peças são manifestações de alguns de nossos talentos e paixões mais profundos. Envolver-se com as artes dos outros é a maneira mais vibrante de ver e sentir o mundo como eles.

Humanidades

As humanidades estão envolvidas com o estudo da cultura humana. Elas incluem história, o estudo de outras linguagens, filosofia, educação religiosa, aspectos da geografia e estudos sociais. A educação em humanidades amplia e aprofunda a compreensão dos alunos sobre o mundo – sua diversidade, complexidade e tradições. Ela busca aumentar nosso conhecimento sobre o que compartilhamos com outros seres humanos, incluindo aqueles de outras épocas e culturas, bem como desenvolver uma consciência crítica do nosso próprio tempo e culturas.

Línguas

A linguagem articulada é um dos marcos da inteligência humana. À medida que as crianças aprendem a falar, elas aprendem a pensar, a argumentar racionalmente e a se comunicar. Também aprendem os valores culturais e as maneiras de pensar que estão imersas em suas linguagens. A aprendizagem de línguas na escola envolve oralidade, alfabetização e literatura. Oralidade é a capacidade de falar com clareza, fluência e confiança. Alfabetização é o conhecimento das habilidades e convenções da leitura e da escrita. A literatura é uma das formas de arte mais importantes da humanidade. O estudo e a prática das artes literárias fornecem aos alunos acesso direto às percepções e sensibilidades de outras vidas, épocas e tradições.

Matemática

Matemática é a ciência abstrata dos números, formas, tamanhos, quantidades e espaços, bem como das relações que existem entre eles. Os sistemas matemáticos existem desde o início da civilização e se encontram entre as mais antigas realizações da cultura humana. O domínio das operações matemáticas básicas é, por si só, essencial. Ele também é a porta para a aprendizagem de várias disciplinas. A matemática em suas muitas formas possui um papel fundamental nas atividades práticas de todas as ciências, na tecnologia, nas artes e em vários aspectos da vida diária.

Educação Física

Não somos cérebros sobre pernas. Somos seres corporificados, e nossas saúdes mental, emocional e física estão intimamente conectadas. A educação física e os esportes estão associados a muitas tradições e práticas culturais diferentes, evocando poderosos sentimentos e valores, tanto em relação aos próprios jogos quanto pela sensação de atividade coletiva e do pertencimento que elas geram. Elas oferecem importantes oportunidades para desenvolver habilidades individuais e de equipe, bem como para compartilhar o sucesso e o fracasso em ambientes controlados. Dessas e de outras maneiras, a educação física possui papéis essenciais e iguais aos de outras disciplinas em uma abordagem equilibrada para a educação criativa e cultural.

Ciências

As ciências são a busca sistemática para compreender o mundo. As ciências naturais, incluindo física, química, biologia, geologia e astronomia, concentram-se na exploração e na previsão dos fenômenos do mundo natural. As ciências sociais, incluindo psicologia, sociologia e economia, dedicam-se ao estudo do comportamento de indivíduos e sociedades. A educação em ciências tem papel essencial na formação de todos os alunos. Ela estimula a compreensão das evidências e habilidades de análise objetiva, promove o acesso ao conhecimento científico existente dos processos do mundo natural e das leis que o governam, bem como oferece oportunidades para a investigação prática e teórica, por meio das quais o conhecimento existente pode ser verificado ou desafiado. A educação científica também promove uma apreciação dos conceitos e das descobertas científicas que moldaram o mundo moderno, bem como sua significância e limitações.

A ideia de *disciplinas* conduz à dinâmica do trabalho interdisciplinar, que é a base do currículo na High Tech High e em outras escolas. Devido a essa dinâmica, as disciplinas continuam a mudar e a evoluir. Fora das escolas, todas essas disciplinas são campos dinâmicos de investigação, o que também deveria ocorrer nas instituições de ensino. Por exemplo, geralmente assume-se que artes e ciências são polos opostos na educação. As ciências devem lidar com fatos duros, verdades e objetividade, enquanto as artes lidam com sentimentos, criatividade e subjetividade. Embora essas caricaturas sejam parcialmente verdadeiras, ainda assim são caricaturas.

Na prática, artes e ciências se sobrepõem de todas as maneiras possíveis. Imaginação e criatividade, concebidas adequadamente, fazem parte tanto das ciências quanto das artes. Aprender em ciência inclui se envolver com o conhecimento científico existente, utilizando os métodos de investigação científica para testar hipóteses e explorar as interações da ciência com outros campos, incluindo a tecnologia. As grandes descobertas e teorias que impulsionaram o progresso da ciência dependem de grandes saltos de imaginação e de engenhosidade prática no planejamento e na interpretação de experimentos.

As artes também são formas altamente disciplinadas de práticas, que dependem de habilidades refinadas, julgamento crítico e sensibilidade cultural. As humanidades se sobrepõem de muitas maneiras às ciências e às artes, compartilhando com as artes a preocupação principal com a dimensão humana da experiência e com as ciências sua preocupação com análise teórica, evidências e explicações.

ENCONTRANDO A FORMA CERTA

Muitos alunos aprendem melhor quando estão ativamente fazendo coisas e não apenas estudando ideias de maneira abstrata: quando sua curiosidade é despertada, quando estão fazendo perguntas, descobrindo novas ideias e experimentando por conta própria a excitação dessas disciplinas. A verdade dessa afirmação foi ilustrada em todos os exemplos até agora apresentados na Grange, na North Star e na High Tech High. Larry Rosenstock afirma que "as escolas dos anos iniciais do ensino fundamental estão certas desde o início – elas são multidisciplinares e utilizam uma lógica difusa com os alunos, construindo e fazendo coisas. Da mesma maneira são os doutorados. Você entra com uma pergunta e sai com uma pergunta".

A aprendizagem efetiva em qualquer campo com frequência é um processo de tentativa e erro, de inovações pontuadas por tentativas fracassadas de encontrar uma solução. Essa dinâmica está no centro do currículo e é uma das chaves para o sucesso da High Tech High. "O fracasso é uma parte importante do processo. Nós celebramos o erro: 'ótimo, agora você sabe que algo não funciona. Pode eliminá-lo da lista e partir para outro pensamento'. Essa parte crítica da experiência de aprendizagem – que decorre do erro – é, com frequência, deliberadamente deixada de fora do currículo acadêmico."

Uma das inovações recentes mais interessantes no ensino e na aprendizagem é o que agora tornou-se conhecido como *design thinking*. Essa abordagem é regra utilizada em muitas organizações e também em um número crescente de escolas. Baseia-se nas técnicas criativas e analíticas de *designers* profissionais na identificação e resolução de problemas e na concepção de novos produtos e serviços. O *design thinking* é geralmente multidisciplinar e muito colaborativo. Uma das melhores descrições dos princípios e práticas envolvidas é a obra de Tim Brown, *Changes by design: How design thinking transforms organizations and inspire innovation.*[*]

O *design thinking* e muitas outras estratégias de aprendizagem já descritas neste livro mostram que a divisão comum nas escolas em programas acadêmicos e profissionalizantes é mal concebida e pode ser desastrosa. Ela também marginaliza aqueles estudantes cujos verdadeiros talentos e entusiasmos estão voltados para a aplicação prática do conhecimento. Promover essa dinâmica deve estar no centro, não na periferia do currículo.

---

* N. de E. Em língua portuguesa, *Design thinking:* uma metodologia poderosa para decretar o fim das velhas ideias, publicado em 2010 pela Alta Books Editora.

Alison Wolf, professora de gerenciamento do setor público no King's College London e autora do *The Wolf report* (Relatório Wolf), uma revisão sobre educação profissionalizante preparada para o governo britânico, percebeu um enorme benefício da educação profissionalizante em estudantes que se tornaram adultos bem-sucedidos. Ela ressalta, no entanto, que esse tipo de educação somente terá êxito se for tratada nos sistemas escolares com o mesmo rigor aplicado aos programas acadêmicos – respeitando-se, claro, as diferenças entre ambos.

"Você só precisa romper as barreiras", ela relata. "Quanto mais pessoas que não sejam do meio acadêmico ou tenham ido para a faculdade e se tornaram professores participarem da vida escolar – não apenas em uma única conferência, mas como membros de fato da comunidade escolar –, mais espaço se pode construir dentro do sistema para que as pessoas cresçam. Isso deve fazer parte do currículo (do formador), parte da responsabilidade pela qual as pessoas devem passar, ou seja, sair da sala de aula e agir de forma intrinsecamente variável, sem um currículo anexado a elas. É fundamental incluir uma parte não padronizada na estrutura tradicional, de modo que, embora seja necessário um referencial para os próprios direitos (por exemplo), você tenha certeza de que ele em si não pode ser padronizado."

Big Picture Learning é um ótimo exemplo de como conectar as escolas ao mundo ao seu redor e de como integrar os programas acadêmicos e profissionalizantes pode levar a níveis de engajamento e conquistas muito mais altos. Trata-se de uma grande rede de centenas de escolas ao redor do mundo, criada em 1995, por Elliot Washor e Dennis Littky, dois educadores envolvidos em todos os aspectos do desenvolvimento, programas e políticas escolares. A ideia central por trás das escolas do Big Picture é de que a educação seja responsabilidade de todos na comunidade. Elas promovem um tipo de aprendizagem que pode ocorrer apenas quando se permite que a educação se estenda para além dos muros da escola. Os alunos passam longos períodos de tempo trabalhando na comunidade, com a orientação de mentores voluntários, aprendendo as situações do mundo real.

"As comunidades devem construir suas escolas e bairros em conjunto", afirmou Washor, "trabalhando em conjunto com todos os departamentos municipais para reformar as escolas de ensino médio e criar estruturas para as necessidades de aprendizagem da comunidade".[10]

Washor e seu amigo Charles Mojkowski discorreram sobre esses valores em seu livro *Leaving to learn*:[11]

Os processos e as avaliações tradicionais de ensino não podem dar a todos os alunos competência, muito menos perícia e maestria. Para manter os alunos na escola e engajá-los em aprendizados produtivos ao longo da graduação, as escolas devem fornecer muitas experiências nas quais todos os estudantes possam realizar parte de sua aprendizagem fora da instituição. Todos os alunos devem deixar a escola – de modo frequente, regular e, é claro, temporário – para permanecer na instituição e persistir em suas aprendizagens. Para conseguir isso, as escolas devem derrubar os muros que separam as aprendizagens que ocorrem – ou poderiam ocorrer – dentro e fora delas. A aprendizagem, em ambos os cenários e contextos, deve ser perfeitamente integrada.[12]

Em seguida, os autores explicam por que consideram essa abordagem tão importante:

A maioria dos jovens considera difícil aproveitar a escola. Na verdade, muitos a consideram um ambiente negativo para a aprendizagem. Elas falham em ajudar os estudantes a tornarem-se competentes em habilidades importantes na vida, como também fornecem uma imagem distorcida da aprendizagem, como alguma coisa que acontece apenas nas escolas, separada do mundo real, organizada por disciplinas e sinetas e avaliada por testes de múltipla escolha com caneta e papel. As escolas têm grades de regras escritas e não escritas, que reprimem o talento inato dos jovens para aprender e restringem suas escolhas sobre no que gostariam de destacar-se, quando gostariam de praticar, de quem gostariam de aprender e como gostariam de aprender. Não é de admirar que tantos jovens criativos e empreendedores se desvinculem da aprendizagem produtiva. Eles consideram que permanecer nas escolas que oferecemos a eles é abandonar o mundo real.

Nas últimas duas décadas, o Big Picture Learning acumulou um registro louvável de sucessos por meio de suas abordagens personalizadas para cada estudante e direcionadas para a comunidade. A primeira escola do Big Picture foi a Metropolitan Regional Career and Technical Center, em Providence, Rhode Island. A turma inicial de calouros era composta principalmente de crianças afro-americanas e latinas, que tinham apresentado dificuldades para se adaptar aos ambientes escolares tradicionais. Essas crianças estavam em alto risco de abandonar os estudos se permanecessem em suas escolas regulares, e a maioria vinha de lares nos quais a educação, além do ensino médio, não era mais do que um sonho. Quatro anos depois, essa primeira turma apresentou um índice de graduação de 96%, com 98% dos alunos graduados admitidos em escolas pós-secundárias. No geral, as escolas norte-

-americanas do Big Picture apresentam um índice de graduação de 92%, enquanto a média nacional é de 66%.[13]

A premissa básica desse livro é que muitas políticas de reforma estão enfrentando os problemas da educação sob uma perspectiva totalmente errada. Elliot Washor e Charles Mojkowsky concordam, e suas escolas Big Picture mostram os princípios e métodos em que devem se basear as soluções reais para esses problemas.

UM ETOS DIFERENTE

No Capítulo 4, lemos sobre o que Joe Harrison estava fazendo com a *Slow Education* (educação lenta). Um exemplo emblemático de *Slow Education* é a Matthew Moss High School, em Rochdale, a aproximadamente 50 km de Liverpool. O *site* da escola inclui um cabeçalho "Nós somos diferentes" e, quando clicamos sobre ele, surge a seguinte afirmação:

> Tornamos a Matthew Moss muito diferente das outras escolas em sua agenda de ensino. Por mais estranho que possa parecer, a maioria das escolas não tem isso; elas concentram-se em ensinar, e presumem que a aprendizagem irá progredir. Comprovou-se muitas vezes que isso não é bem assim. Recordando nossas experiências escolares, sabemos que os professores falam sobre muitas coisas, mas, na verdade, não ensinam a maioria delas.
>
> Na Matthew Moss High School, queremos colocar o aluno no centro daquilo que fazemos e, assim, começar a pesquisar como ajudá-lo a se tornar um estudante efetivo. Os alunos efetivos serão felizes e bem-sucedidos na vida porque são independentes e podem se adaptar a situações exigentes – eles saberão o que fazer quando não souberem o que fazer.[14]

No centro da agenda de ensino da Matthew Moss está o programa chamado *Meu mundo*, que envolve quatro sessões duplas na semana. "É uma aprendizagem baseada em projeto", disse-me Joe. "Concentra-se em processos, e os professores são os facilitadores, orientadores e instrutores. Eles até ficam na frente da sala de aula e ensinam algumas vezes, mas, com frequência, o processo é direcionado pelos jovens na classe. Um projeto que eles desenvolveram foi sobre árvores genealógicas. Cada um criou sua própria árvore familiar, e eles dispunham de genealogistas para apoiar esse processo e criticar o que haviam criado. Feito isso, cada um deles foi capaz de pegar um aspecto de sua árvore genealógica que os interessou e seguir apenas com ele. Um jovem estava focado no futebol, e o professor titular, conversando sobre a aprendizagem com ele, perguntou-lhe: 'Bem, qual é o objetivo disso? Tudo bem, você gosta de futebol, mas qual é o ponto?'. O aluno pensou a respeito e respondeu: 'Quando estou jogando futebol, eu me sinto completamente diferente'. Nesse ponto, a 'ficha caiu' para o professor. Ele acabou desenvolvendo um projeto sobre psicologia no esporte e indo muito fundo nisso. O tipo de profundidade que os currículos-padrão jamais forneceriam, pois nunca seríamos capazes de descobrir tantas pessoas que estão interessadas nisso."

"Eles estão sempre muito dispostos a fornecer um profundo senso de propósito com esses projetos. Eles trarão agências externas para tratar o trabalho como um trabalho real. O que eles descobrem é que, às vezes, um aluno não encontra sua motivação por uns dois anos, mas eles apenas têm que seguir com isso e, quando o estudante encontrá-la, será sempre uma experiência educacional mais poderosa de valor real para aquela pessoa."

"Todo esse processo leva tempo. O que eles estão começando a ver agora é que os resultados são um subproduto e não o foco de toda a experiência educacional. Porém, os resultados estão melhorando e superando as expectativas. As faculdades irão admitir os alunos com notas mais baixas da Matthew Moss, porque os consideram melhores aprendizes."

DEMOCRACIA VIVA

Algumas escolas estão envolvendo os estudantes em um nível ainda mais essencial. Em 1987, Yaacov Hecht abriu uma escola em Israel, na qual cada decisão relacionada ao currículo era tomada por meio de votos dos alunos, pais e professores. A Democratic School of Hadera foi a primeira no mundo a autodenominar-se como democrática.[15] Hoje, existem centenas de escolas democráticas em todo o mundo, aproximadamente uma centena delas nos Estados Unidos, incluindo a Brooklyn Free School, no Brooklyn, Nova York; a Farm School, em Summertown, Tenessee; e a Youth Iniciative High School, em Viroqua, Wisconsin, apenas para citar algumas.

"O que estamos querendo dizer é que todos podem ser excelentes se deixarmos que escolham as áreas em que se desenvolverão", relatou Yaacov durante uma apresentação. "Levamos o aluno para a educação democrática fora da caixa e procuramos a área em que ele possa ser bem-sucedido."[16]

Em *Educação democrática*, Yaacov estabeleceu os principais componentes de uma escola democrática:

- Escolha de áreas do conhecimento: o aluno escolhe o que ele deseja aprender e como deseja aprender.

- Autogerenciamento democrático.
- Avaliação centrada no indivíduo: sem comparar com os outros e sem testes e níveis.
- Uma escola em que a criança se desenvolve dos 4 anos até a idade adulta.[17]

Yaacov foi adiante e fundou o Institute for Democratic Education (Instituto para a Educação Democrática) e o Institute for Democratic Education Conference (Instituto para a Conferência da Educação Democrática, IDEC), que envolvem educadores de todas as partes do mundo.

Jerry Mintz é uma das líderes no apoio ao processo democrático nas escolas. Ele fundou a Alternative Education Resource Organization (Organização de Recursos Educacionais Alternativos), foi o primeiro diretor executivo da National Coalition of Alternative Community Schools (Coalisão Nacional de Escolas Comunitárias Alternativas) e, com Yaacov, foi um membro fundador do IDEC.[18] A maioria das escolas democráticas norte-americanas é de escolas privadas, embora algumas delas sejam *charter*, que fazem parte dos sistemas escolares públicos. Entretanto, Jerry acredita que elas podem apontar a direção da mudança em todas as escolas públicas.

"Acredito que a melhor maneira de mudar o sistema escolar público é criando modelos fora dele", ele me disse. "Pegue a Califórnia, por exemplo. Existem tantas crianças sendo escolarizadas em casa que, em autodefesa, cada distrito escolar da Califórnia criou programas para estudo independente – que é a escolarização em casa. Cada distrito tem como parte de sua educação pública um programa de ensino domiciliar. Esse é modo pelo qual as alternativas estão afetando o sistema."

"Existem dois paradigmas opostos envolvidos nisso, que têm a ver com o modo pelo qual as pessoas encaram a aprendizagem. Aquele no qual estamos envolvidos sustenta que as crianças são aprendizes naturais. Esse é o paradigma que sabemos ser verdadeiro, e as pesquisa no cérebro moderno reforçam isso o tempo todo. Entretanto, o paradigma sob o qual as escolas funcionam quase em toda a parte sustenta que os alunos são naturalmente preguiçosos e precisam ser forçados a aprender. O que acontece ao longo de 7 a 8 anos é que esse paradigma torna-se autorrealizável. Se você forçar os alunos a aprender coisas em que não estão interessados por 7 ou 8 anos, após algum tempo você tende a eliminar sua capacidade natural de aprendizagem."

Jerry viaja intensamente para demonstrar o processo de educação democrática. Embora esteja fazendo isso há mais de três décadas, ele ainda considera cada experiência animadora e inspiradora. "Continuo a ficar chocado diante do poder dessa ideia. Por exemplo, eu fui a uma escola pública de alunos em risco, em Long Island. Essa escola começava depois que as outras terminavam, e, assim, os alunos chegavam às 15h30 e ficavam até as 19h30. Os alunos sentiam que haviam sido jogados nesse processo. O que aconteceu quando comecei a demonstrar o processo democrático foi muito interessante. Primeiro, pude perceber pela linguagem corporal o quanto os alunos eram céticos. Porém, quando terminamos, eles estavam *muito* envolvidos. Um dos alunos trouxe a ideia de que achava que deveria ser permitido utilizar boné. Um professor respondeu que isso parecia razoável, mas que violava uma regra do distrito. O professor disse que, se o estudante quisesse, ele iria até o conselho escolar e tentaria mudar a regra para o seu grupo. Era possível perceber a mudança que ocorreu na relação entre professores e alunos naquela reunião, porque, de repente, em vez de estarem em lados opostos, eles estavam do mesmo lado. Depois que realizei essa sessão, a escola decidiu que eles passariam a fazer reuniões semanais e, assim, se transformou em um programa democrático."

"No final daquele ano, o distrito escolar estava realizando sua redução de custos habitual e cortaria algumas coisas em todo o distrito. Os únicos a protestar contra os cortes foram os alunos daquele programa democrático – porque eles foram empoderados." Jerry acredita que pode ocorrer uma aprendizagem extraordinária quando os alunos escolhem o que querem aprender e quando o ambiente escolar é um ambiente de aventura e descoberta, em vez de um ambiente de restrições. Jerry até mesmo intitulou um de seus livros como *No homework and recess all day: how to have freedom and democracy in education.*[*]

"Durante 17 anos eu dirigi uma escola que se baseava em democracia pura. A frequência não era obrigatória. A maioria dos alunos tinha baixa renda. Apenas um quarto da nossa receita vinha de mensalidades; fazíamos uma arrecadação de fundos para obter o restante. Naquela escola, os alunos tinham uma regra – e era uma regra séria – que você não podia ficar na escola depois do horário a menos que fosse bom. Os estudantes lutavam pelo seu direito de ficar depois do horário, e permaneciam lá enquanto houvesse um funcionário no local. Eles também aprovaram uma regra que, em nenhuma circunstância, deveria existir um dia sem aulas por causa da neve. Eles sabiam que eu morava na escola, então, se conseguissem chegar, haveria aula.

---

[*] N. de E. *Sem dever de casa e recesso todos os dias*: como ter liberdade e democracia na educação, sem versão publicada no Brasil.

Os alunos votaram pela exclusão de alguns feriados, tentaram eliminar as férias de verão e aprovaram uma medida em que compareceriam pelo menos uma semana, até que os empregados dissessem que não fariam mais isso. É assim que eles se sentiam em relação à escola. As pessoas têm dificuldade em entender isso, porque elas foram doutrinadas a pensar que a escola é algo de que os alunos não gostam."

Jerry está convencido de que o processo democrático pode prosperar em qualquer ambiente escolar, independentemente da faixa etária dos alunos. Isso foi recentemente reforçado, quando uma escola em Nova Jersey lhe pediu que demonstrasse o processo com crianças da educação infantil.

"Estava pensando enquanto dirigia para lá: 'Uau, o garoto mais velho tem 5 anos. Isso vai funcionar?'. Eu estava certo que teria que lhes passar um roteiro de itens a serem discutidos ou algo assim. Todos sentaram em um círculo, e eu comecei a lhes explicar que há duas coisas principais que trazemos para uma reunião democrática. Uma é algo que você considera um problema na escola, e a outra é algo que considera uma boa ideia. Eu tinha acabado de falar quando todos os alunos levantaram as mãos. Foi impressionante. Uma menina de 4 anos disse que havia escutado que existia uma coisa semelhante a cafeína no chocolate e que talvez as pessoas não devessem comer chocolate de tarde. Isso foi votado e aprovado. Houve outro que disse que provavelmente não era uma boa ideia que os alunos fossem à área externa se tivessem um resfriado. Eles discutiram isso, e foi aprovado."

Obviamente a natureza da discussão – e o currículo e as políticas aprovadas – variam de forma considerável dependendo da faixa etária. Jerry está firmemente convencido, entretanto, de que o processo democrático tem um papel importante em todas as escolas, em todos os níveis. "Você não pode mudar as leis estaduais e federais, mas esse processo é totalmente aplicável às escolas públicas. Uma das maiores revoluções seria se os professores individualmente democratizassem suas salas de aula. O problema, na maioria das escolas, é que a maior parte das pessoas não faz ideia de como fazer algo assim, porque elas não cresceram desse modo e não existe uma formação para isso. Temos um curso *on-line* para pessoas que estão criando novas escolas e, em alguns casos, para aquelas que querem mudar as escolas existentes."

Para Jerry, existe apenas um impedimento para esse tipo de mudança. "Se você não acredita que as crianças sejam aprendizes naturais, você não vai conseguir."

OS PRINCÍPIOS DO CURRÍCULO

Todas as disciplinas que abordei aqui têm um espaço igual em todas as etapas, da educação infantil até o final do ensino médio e além. É claro que elas devem ser oferecidas levando em conta a idade e o nível de desenvolvimento dos alunos. Em termos de personalização, também é essencial que, à medida que crescem, os alunos sejam capazes de se concentrar mais em algumas disciplinas do que em outras assim que seus interesses comecem a ficar mais concentrados. É isso o que escolha e diversidade significam.[19]

Se as escolas atendem aos quatro objetivos que destacamos e às várias competências que eles implicam, é importante que o currículo como um todo tenha as seguintes características:

- **Diversidade:** deve ser amplo, abrangendo todos os tipos de entendimento que desejamos para todos os alunos, e oferecer oportunidades adequadas para que eles descubram seus pontos fortes e interesses como indivíduos.
- **Profundidade:** deve fornecer escolhas adequadas, de modo que os alunos, à medida que se desenvolvem, possam perseguir seus próprios interesses de acordo com a profundidade apropriada.
- **Dinamismo:** o currículo deve ser desenvolvido para permitir a colaboração e a interação entre os alunos de diferentes idades e professores de diferentes especialidades. Deve construir pontes com a comunidade mais ampla, bem como evoluir e se desenvolver no processo.

Uma das forças que pode sufocar a diversidade, a profundidade e o dinamismo do currículo é o tipo errado de avaliação e, especialmente, as demandas por testes padronizados. Falaremos disso agora.

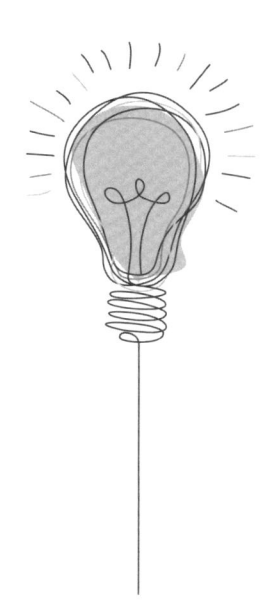

7

Testando, testando

De todos os tópicos que abordamos neste livro, não acho que algum produza uma resposta emocional tão grande como os testes padronizados de alto desempenho. A internet está cheia de vídeos de professores se lamentando e de pais reclamando (e também o contrário) ao discutir o tema. Milhões de palavras viajaram pela blogosfera detalhando o estresse, a ansiedade, a frustração e o dano colateral infligido pelos testes de alto desempenho. A comoção contra a proliferação dos testes padronizados nunca foi tão grande – e, contudo, eles continuam a dominar o cenário da educação nos Estados Unidos e em todo o mundo. Veja o caso da professora de 5° ano, Rhonda Matthews.

"Vou lhe contar como são os testes no 5° ano", ela disse.[1] "Eu diria que perdemos cerca de 1 mês ensinando para essas avaliações. Os testes têm a duração de seis dias no total, estendendo-se por duas semanas. E sinto que seria injusto com meus alunos se eu não gastasse algum tempo dando-lhes alguns simulados nem lhes transmitisse algumas estratégias para fazê-los. Então aí se passam duas semanas. Isso é o mais rápido que você pode conseguir no mundo dos testes. Eu sei que a quantidade de tempo perdido em outras escolas é muito maior do que um mês.

"Os testes estaduais interrompem todo o pensamento, a discussão e a construção de senso de comunidade. Quando estamos envolvidos na preparação para as avaliações, não ocorrem conversas reais. Devido ao limite de tempo para fazer a prova, digo aos meus alunos: 'Por favor, *não* pensem demais sobre o texto. Apenas se concentrem em responder às perguntas'. A preparação para o teste que pretendo fazer neste ano não será em torno do conteúdo – na verdade, estou confiante de que meus alunos sabem ler e pensar. Este ano, a preparação para o teste será em torno de rapidez e sobre como trabalhar de maneira eficiente sob pressão."

Antes de a administração de George W. Bush ter introduzido o No Child Left Behind Act (NCLB), em 2001, o governo federal norte-americano exigia que os alunos realizassem seis testes ao longo do seu curso K-12: um sobre leitura e um sobre matemática nos anos iniciais e finais do ensino fundamental, e depois no ensino médio. Agora, para se qualificar para receber verbas federais, os sistemas escolares devem administrar 14 testes padronizados em leitura e matemática aos alunos das escolas públicas, e, desde 2014, todos os estudantes devem ter desempenho em nível considerado proficiente ou superior. Alguns distritos escolares consideram que isso, de algum modo, não é suficiente, e exigem ainda mais testes. As escolas que não conseguem atender a esses padrões estão sujeitas a ampla dispensa de funcionários ou mesmo ao fechamento.

Foi permitido que os Estados se candidatassem para isenções fiscais do prazo-limite de 2014, mas uma das condições foi a adoção do Common Core. Em abril de 2014, Washington tornou-se o primeiro Estado norte-americano a perder sua isenção fiscal, porque não exigiu que seus distritos escolares utilizassem as notas do teste estadual nas avaliações dos professores. A perda da isenção fiscal impôs severas restrições ao modo como o Estado poderia utilizar o dinheiro federal, levando um funcionário de escola a afirmar: "Eu não acho que exista alguma maneira de não prejudicar os alunos".[2]

Mas quais são os verdadeiros problemas aqui e quais são as soluções?

PADRÕES E PADRONIZAÇÃO

Não sou contra todas as formas de padronização. Em algumas áreas, ela trouxe enormes benefícios. Falei recentemente na conferência anual da organização responsável pelos códigos de barras – sim, existe uma. Os códigos de barra são aqueles pequenos padrões de linhas pretas e números que agora estão em todos os tipos de produtos. O primeiro código de barra foi inventado em 1948, por Norman Joseph Woodland, um estudante norte-americano de graduação em engenharia mecânica. A ideia foi estimulada por uma conversa que ele ouviu entre o decano dos alunos e um executivo de supermercado que buscava uma maneira melhor de rastrear o estoque. Um dia, quando Woodland estava sentado na praia meditando sobre esse problema, ele desenhou os pontos e linhas do código Morse na areia. Ele puxou os dedos na sua direção na areia, marcando-a com linhas paralelas, e a ideia nasceu.

Agora, os códigos de barra estão em toda parte, permitindo que as empresas rastreiem cada item específico a que estão associadas. Eles revolucionaram o gerenciamento da cadeia de abastecimento e facilitaram os padrões de qualidade internacional na produção de alimentos, importação, produção, medicina e em inúmeros outros campos. Os códigos de barra ajudaram a assegurar que, onde quer que sejam fabricados, os produtos obedeçam a padrões de qualidade comuns. Não há dúvida de que, como resultado, nossas vidas melhoraram incomensuravelmente, se comparadas às condições anteriores.

Em algumas áreas, é bom estabelecer padrões, e isso também vale para a educação. No entanto, existem dois problemas. O primeiro, como continuo a afirmar, é que as pessoas não vêm ao mundo em padrões. Para que a educação personalizada funcione, ela precisa ser sensível a todas as diferenças que discutimos. Isso significa que padrões precisam ser aplicados com cuidado. O segundo problema é que apenas algumas áreas da educação se prestam à padronização. Muitos dos avanços mais importantes que as escolas deveriam encorajar não se encaixam em padrões. Ambos os problemas foram dramaticamente ilustrados no modo como o movimento da padronização afetou as escolas na prática. Ocorreram duas consequências desastrosas.

Em vez de ser um meio de avanço educacional, os testes padronizados tornaram-se uma obsessão. Mesmo as crianças pequenas passam, agora, boa parte do seu tempo na escola sentadas em suas classes, se preparando para testes, fazendo testes ou fazendo reuniões a respeito dos testes. "Ocorreu uma incrível proliferação de avaliações", relatou Monty Neill, diretor executivo do FairTest. "Não tanto nos Estados, mas principalmente nos distritos. Eles compram testes baratos, mal elaborados, que supostamente preveem o desempenho dos alunos no grande teste do fim do ano, e os estudantes que têm baixo desempenho recebem mais preparação. Na maioria das grandes cidades, há pelo menos três testes intermediários sendo usados. Em alguns casos, os alunos são submetidos a um teste por mês e, em outros, ouvimos falar de uma frequência ainda maior."

Como tanta coisa depende deles, existe uma pressão generalizada para ensinar visando os testes e dar pouca atenção ao que não é avaliado. Segundo, como têm que ser aplicadas em grande escala, as provas concentram-se em formas limitadas de resposta, frequentemente por meio de formatos de múltipla escolha, que podem ser rapidamente processados com escâneres ópticos. Todo sentido de nuança e percepção é perdido no processo. Os testes não levam em conta, ou levam muito pouco, os fatores contextuais que podem afetar o desempenho do aluno.

"Os testes não medem muito o que de fato é importante e medem de maneira muito limitada", disse Monty. "As exigências da testagem e os dados resultantes dela estão essencialmente colonizando a sala de aula e tornando muito difícil para os professores dedicar tempo às coisas que os alunos devem conhecer, saber fazer ou às quais devem dedicar seu interesse e atenção." Quando os testes padronizados são o principal fator da responsabilização, a tentação é utilizá-los para definir o currículo e concentrar o ensino. "O modo como a matéria é testada se torna um modelo para o modo como ela é ensinada. No extremo, a escola torna-se um programa de preparação para o teste."

A pressão para aumentar as notas nos testes padronizados reduziu o espectro de avaliações que os professores utilizam. Por exemplo, em um relatório do FairTest sobre o NCLB, uma professora descreveu como teve que reduzir o número de relatórios sobre os livros que passava, em função do tempo necessário para a preparação para o teste. Histórias como essas foram relatadas milhares de vezes por todos os Estados Unidos. Um dos críticos mais eloquentes e bem-informados sobre os padrões e a padronização em suas várias formas é Alfie Kohn. Antes professor em sala de aula e agora autor, treinador e conselheiro, ele também apresenta, em uma série de livros e estudos de caso, como essa abordagem sobre a avaliação teve muitos efeitos negativos na qualidade do ensino e da aprendizagem.[3]

Yong Zhao, da University of Oregon, observa que, nos países desenvolvidos, as tentativas de padronizar o currículo e os métodos de ensino prejudicam os alunos de duas maneiras. A primeira é enfatizando habilidades que os estudantes provenientes de áreas menos desenvolvidas podem oferecer por bem menos. "Se for solicitado que todas as crianças dominem o mesmo conhecimento e habilidades", ele diz, "aquelas para as quais o tempo custa menos serão muito mais competitivas do que aquelas com custos mais elevados. Há muitas pessoas pobres e famintas no mundo em desenvolvimento dispostas a trabalhar por uma fração do que os trabalhadores dos países desenvolvidos. Para serem competitivos globalmente, os países desenvolvidos devem oferecer algo qualitativamente diferente, isto é, algo que não pode ser obtido por um custo menor nos países em desenvolvimento. E esse algo certamente não se refere a notas mais altas em algumas poucas matérias ou nas chamadas habilidades básicas."[4]

Em segundo lugar, a ênfase nos testes vem à custa de ensinar as crianças a utilizar sua criatividade natural e talentos empreendedores – exatamente aquilo que pode protegê-las contra a imprevisibilidade do futuro em todos os lugares do mundo. O FairTest defende exatamente a mesma ideia na sua "Resolução nacional sobre os testes de alta valorização": "a confiança excessiva em testes padronizados de alta valorização em sistemas de responsabilização federais e estaduais está comprometendo a qualidade educacional e a equidade nas escolas públicas dos Estados Unidos ao prejudicar os esforços, por parte dos educadores, de concentração em uma ampla faixa de experiências educativas, as quais promovem inovação, criatividade, resolução de problemas, colaboração, comunicação, pensamento crítico e conhecimento aprofundado das matérias, que permitirão que os alunos se desenvolvam em uma democracia, em uma sociedade e em uma economia cada vez mais globais" – os estados de organização.[5]

Há outro problema aqui. Como os resultados dos testes têm um peso tão grande na recepção de fundos pelas escolas e nas avaliações dos professores, alguns Estados, distritos e escolas são levados a manipular os números de várias maneiras. Frequentemente, as escolas dedicam-se "apenas aos alunos próximos do ponto de corte, e isso, por sua vez, significa negligenciar tanto os estudantes de baixo desempenho quanto os de alto desempenho", destaca o FairTest. Os alunos que podem não ter um desempenho tão bom nas avaliações podem ser desligados do programa para não prejudicarem os resultados gerais. Muitas vezes, me dizem que alguns pais pedem que seus filhos sejam diagnosticados com problemas de atenção e medicados, porque o diagnóstico permite que as crianças tenham mais tempo para concluir os testes. Para algumas pessoas, pelo menos, o transtorno de déficit de atenção/hiperatividade (TDAH) tornou-se uma condição estratégica.

ELEVANDO AINDA MAIS OS NÍVEIS

Nos Estados Unidos, os testes K-12 administrados pelo Estado não são o único ponto de estresse para alunos e pais. Talvez o teste padronizado mais temido de todos seja o SAT. Na maior parte das últimas nove décadas, o SAT tem sido o principal obstáculo que os alunos precisam vencer no seu caminho para a faculdade. Ele provoca tanta ansiedade nas vidas dos estudantes do ensino médio dos Estados Unidos que deu origem a uma indústria preparatória para esse teste, a qual gera aproximadamente um bilhão de dólares de receita anual.[6]

Ainda na sua adolescência, Nikhil Goyal estabeleceu-se como uma voz importante na defesa da reforma da educação por meio de palestras públicas, de ativismo e de seus livros. Quando estava no ensino médio, Nikhil mudou-se com sua família de uma vizinhança de classe média para uma de classe média alta, e o estresse provocado pelo SAT o atingiu. "Na minha nova escola, havia uma grande competição pela entrada na faculdade", ele me disse. "Percebi que os alunos estavam estressados; estavam muito doentes. Em minha opinião, eles eram basicamente robôs. Eram muito colaborativos, seguiam orientações facilmente e suas criatividade e curiosidade já tinham desaparecido nesse ponto. Muitos alunos estão sofrendo da síndrome de Estocolmo. Eles são alguns dos garotos mais privilegiados dos Estados Unidos e são, na verdade, os maiores defensores do sistema atual, porque estão sendo bem-sucedidos nele. Estão obtendo notas altas e indo para Harvard, Yale e Princeton."

É interessante notar que um dos principais personagens do momento na indústria de preparação para os testes tem um imenso desprezo por eles: "Os testes não medem nada que valha a pena", afirmou John Katzman, cofundador da *Princeton Review*. "É simplesmente um enorme desrespeito pelos educadores e alunos acoplado a uma enorme incompetência".[7] Estudos apoiam o ponto de vista de Katzman, incluindo múltiplos relatos que mostram que o GPA (*Grade Point Average*)* do ensino médio é um indicador muito mais forte do sucesso na faculdade do que as notas do SAT.

Desde 1985, o FairTest tem defendido uma avaliação que seja neutra com base na etnia, no gênero, na classe socioeconômica e na cultura e tem lutado para minimizar a utilização de testes padronizados e a influência que possuem sobre os alunos e os sistemas escolares. "Nosso resultado ideal", Monty disse-me, "é que nenhum teste padronizado seja utilizado como teste de proficiência para entrada em faculdades ou universidades, incluindo pós-graduações. Passar em um teste padronizado não deveria ser o único obstáculo para que se formassem e passassem de ano, para embasar decisões, e assim por diante."

A American Federation of Teachers (AFT) (Federação Americana de Professores) concorda. "É tempo de restabelecer o equilíbrio em nossas escolas, de modo que o ensino e a aprendizagem, não os testes, sejam o centro da educação", disse o presidente da AFT, Randi Weingarten, em 2012.[8] "As políticas educacionais orientadas por testes continuam a forçar os educadores a sacrificar o tempo necessário para ajudar os alunos a aprender como analisar criticamente o conteúdo; em vez disso, o foco está no ensino para o teste." Durante a convenção nacional da AFT daquele ano, a organização emitiu uma resolução que afirmava, em parte: "Acreditamos em avaliações que apoiem o ensino e a aprendizagem e que estejam alinhadas com o currículo, e não que o limitem; isso pode ser desenvolvido por meio de esforços colaborativos, e não simplesmente pegando em uma prateleira".

---

* N. de T. Trata-se da média das notas dos estudantes em todas as disciplinas cursadas.

As universidades americanas estão começando a entender isso, uma vez que mais de 150 escolas listadas como as melhores de suas respectivas categorias reduziram a importância dada às informações recolhidas do SAT e de testes semelhantes, como o ACT.[9] Enquanto isso, até a Câmara de Ensino Superior (criadora do SAT) entendeu a necessidade de realizar mudanças e anunciou uma revisão completa do teste em 2016.

Se existe tanta oposição aos testes padronizados, por que tantos alunos ainda os realizam? Para entender isso, precisamos falar sobre a indústria dos testes.

NÍVEIS ELEVADOS E UMA LINHA INFERIOR ELEVADA

A indústria de suporte educacional e realização de testes está indo de vento em popa. Em 2013, ela reuniu receitas de US$ 16,5 bilhões apenas nos Estados Unidos.[10] Para termos uma ideia, toda a receita bruta da bilheteria do cinema dos Estados Unidos em 2013 foi de pouco menos de US$ 11 bilhões,[11] e a National Football League é atualmente um negócio de US$ 9 bilhões.[12]

A indústria de testes é dominada por quatro personagens principais: Pearson, CTB McGraw-Hill, Riverside Publishing e Educational Testing Service (ETS). Enquanto escrevo este livro, a Pearson tem contratos para produzir materiais de teste em 18 Estados norte-americanos e está liderando a indústria de testes padronizados nos Estados Unidos. A CTB /McGraw-Hill possui vários contratos estaduais para seu TerraNova/California Achievement Test (Teste de Desempenho da Califórnia/Terra Nova). Riverside criou os Iowa Test of Basic Skills (Testes de Habilidades Básicas de Iowa), entre outros, enquanto o GRE é um dos testes oferecidos pela ETS.[13]

Cada uma dessas companhias teve a sua parcela de contratempos ao longo dos anos. Em 2013, a McGraw-Hill enfrentou um problema significativo na liberação das notas dos seus exames para um grupo de concluintes do ensino médio da cidade de Nova York, resultando em um atraso no recebimento dos diplomas desses alunos.[14] A ETS teve seus testes de línguas para a imigração suspensos no Reino Unido devido ao que foi considerado uma "fraude no sistema".[15]

E então aconteceu o *Pineapplegate*. Por vários anos, a Pearson incluiu em alguns de seus testes estaduais um trecho para leitura intitulado "O abacaxi e a lebre", que envolvia uma lebre mágica e um abacaxi falante em uma corrida que termina tragicamente para o abacaxi. Então, eram feitas perguntas de múltipla escolha aos alunos sobre essa história absurda, nas quais as opções de resposta eram tão confusas quanto a própria história. Os pais que souberam desse fato ficaram tão consternados que alguns até criaram uma página no Facebook chamada "The moral of the story is, pineapples don't have sleeves" ("A moral da história é: abacaxis não têm mangas"), se referindo-se a um detalhe na história sobre o que o abacaxi estava vestindo.

"Por que colocar um trecho para leitura com perguntas tão absurdas em um teste padronizado estadual, seja como uma pergunta de um 'ensaio de campo' ou com qualquer outro objetivo?", perguntou Leonie Haimson, um pai e escritor residente em Nova York. "Especialmente se considerarmos a natureza de alta valorização desses testes, que serão utilizados na cidade de Nova York para decidir quais alunos irão repetir, a nota da escola nos relatórios de progresso e, em um futuro próximo, como parte integral do novo sistema estadual de avaliação de professores. Uma história sem sentido e com perguntas que aparentemente não têm uma resposta certa poderia arrasar a confiança de qualquer aluno no primeiro dia de um teste English Language Arts (artes linguísticas), que é cansativo e dura três dias – foi esse o objetivo para o qual foi elaborado?"[16]

Qualquer que seja o motivo para o qual este e muitos outros testes foram aparentemente desenvolvidos, não há dúvida de que uma de suas funções, do ponto de vista da indústria, é o lucro – muito lucro. Os testes, na escala em que vemos hoje, são mais um exemplo da crescente comercialização da educação.

A MÃE DE TODOS OS TESTES

A corrida para a avaliação padronizada é fortemente influenciada pela competição internacional, que agora é conduzida pelas tabelas do Programa para Avaliação Internacional de Alunos (PISA) da Organisation for Economic Co-operation and Development (OECD). Em 2012, Xangai atingiu as melhores notas em leitura, matemática e ciências. Todos os cinco maiores pontuadores em leitura e matemática eram países/economias asiáticos, enquanto, em ciências, os quatro maiores pontuadores eram orientais, com a Finlândia em 5º lugar. Países como os Estados Unidos, o Reino Unido e a França ficaram com uma classificação intermediárias.[17] O desempenho dos Estados Unidos nas tabelas recentes contribuiu diretamente para a iniciativa do governo federal em defesa do Common Core.

As intenções da OECD são suficientemente honrosas. O objetivo é oferecer uma orientação regular e objetiva para os padrões internacionais de educação. Ninguém pode se opor a isso. O problema não está nas intenções, mas nos efeitos. Muitas vezes, escutamos políticos – especialmente no Ocidente – mencionando a colocação dos seus países na classificação mundial de leitura, matemática e ciências, e utilizando essas classificações para apoiar a necessidade de exames mais difíceis nas escolas e determinar exatamente o que os sistemas escolares devem enfatizar e como. Contudo, alguns dos sistemas escolares que pontuam mais alto nos exames do PISA realizam menos testes padronizados do que os Estados Unidos. Com 12 anos, os alunos em Cingapura realizam o Primary School Leaving Examination (Exame de Graduação da Escola Primária), que possui alto reconhecimento, uma vez que determina para quais escolas do ensino médio os estudantes irão. A entrada nas universidade baseia-se no desempenho no teste Cambridge General Certificate of Education O Level or N Level (Certificado de Educação Geral Cambridge Nível O ou Nível N).[18] Enquanto isso, a Finlândia possui um teste padronizado, o Matriculation Examination (Exame de Matrícula), que é aplicado no fim do ensino secundário (essencialmente equivalente ao ensino médio nos Estados Unidos).[19]

Entre os maiores pontuadores do PISA, a única exceção significativa a esse padrão foi Xangai, uma vez que seus alunos participam de um regime contínuo de testes padronizados. Como vimos anteriormente, entretanto, Xangai está pensando em abandonar os testes PISA. O Vietnã também está fazendo experiências com formas de avaliação e responsabilização que se afastam da rigidez estreita dos testes padronizados das escolas do ensino fundamental para fazer um maior uso do julgamento dos professores.[20]

O próprio PISA entende que o debate sobre os testes precisa ser mais flexível, especialmente se a educação como um todo deve se tornar mais relevante para as vidas que os alunos levarão.

Andreas Schleicher é diretor para educação e habilidades e conselheiro especial sobre política educacional do secretário-geral da OECD. "A economia mundial já não lhe paga pelo que você sabe; o Google sabe tudo", ele disse-me. "A economia mundial lhe paga pelo que você sabe fazer com o seu conhecimento. Se você quiser aprender se alguém consegue pensar cientificamente ou traduzir um problema do mundo real para um contexto matemático, essas coisas são mais difíceis de avaliar, mas elas também são mais importantes no mundo atual. Assistimos a um rápido declínio na demanda por habilidades cognitivas de rotina no nosso mundo, e os tipos de coisas que são fáceis de testar e fáceis de ensinar também são os tipos que são fáceis de digitalizar, automatizar e divulgar".

Ele reconhece que existem limites inerentes sobre o que pode ser avaliado por meio de testes de múltipla escolha, e que um dos desafios para que os Estados Unidos realizem a avaliação de modo correto é a questão de escala.

"Tentamos testar uma quantidade cada vez menor de pessoas e uma quantidade menor de vezes e, assim, investir na qualidade da avaliação. O número de estudantes envolvido é razoável; então, podemos incluir, por exemplo, tarefas abertas e instrumentos planejados pelo computador e gerados por computador.

"Temos sempre que equilibrar o que é importante avaliar e o que é passível de avaliação. Em 2000, começamos com leitura, matemática e ciências. Em 2003, começamos a adicionar componentes sociais e emocionais. Em 2012, temos uma avaliação muito interessante de habilidades de resolução criativa de problemas. As pessoas nos perguntam por que não fizemos isso desde o início, mas, na época, não tínhamos o tipo de sistemas de avaliação gerados por computador que temos agora.

"É muito difícil avaliar habilidades criativas se você der a um aluno um problema já escrito no papel e lhes pedir que escrevam suas respostas. As habilidades criativas de resolução de problemas incluem interagir com o problema e a natureza do problema mudar à medida que você interage com ele. Isso só é possível em um ambiente simulado por computador."

Embora firmemente comprometido com a expansão dos esforços do PISA nesse tipo de teste, Andreas observou que mais áreas intermediárias emergem ao agir dessa forma. "Tarefas abertas são menos confiáveis. São necessárias mais tarefas como essas e avaliadores humanos – vários avaliadores. Você tem o problema da confiabilidade interavaliador. As pessoas não gostam disso porque é mais caro e um pouco mais contestável, mas, no geral, você obtém muito mais informações relevantes. As pessoas fazem afirmações muito diferentes em uma tarefa aberta do que em uma questão de múltipla escolha com apenas uma opção de resposta."

Como costuma ser o caso, as complicações vêm não da coleta de dados, mas do que é feito com eles. Em maio de 2014, um grande grupo de acadêmicos de todo o mundo publicou uma carta aberta a Andreas Schleicher, pedindo, entre outras coisas, que o PISA considerasse oferecer uma alternativa às tabelas de classificação e evitasse um ciclo de testes, oferecendo tempo aos sistemas escolares para absorver o que eles já tinham aprendido.

"Os resultados do PISA são ansiosamente aguardados por governos, ministros da educação e comitês editoriais de jornais, e são citados como uma autoridade em inúmeros relatórios governamentais", afirma a carta. "Eles começaram a influenciar profundamente as práticas educacionais em muitos países. Devido ao PISA, as nações estão reformando seus sistemas educacionais na esperança de melhorar sua classificação. A falta de progresso no teste levou a declarações de crise e de 'choque PISA' em muitos países, seguida de pedidos de demissão e reformas amplas de acordo com os preceitos do PISA."[21]

Entre as maiores preocupações que os autores da carta expressam está o fato de que os resultados do PISA tendem a gerar aumento no número de testes padronizados dentro dos países e de esforços para fazer ajustes de curto prazo destinados a melhorar a posição classificatória de uma nação, em vez de realmente mudar as condições dos alunos.

Eu e muitos outros críticos dos exames de alta valorização não estamos questionando a necessidade de avaliação, que é uma parte vital da educação, mas a forma que ela assumiu agora e o prejuízo que está provocando. Mas o que é a avaliação e para que serve?

A NECESSIDADE DE AVALIAÇÃO (E TESTAGEM)

A avaliação é o processo de fazer julgamentos sobre o progresso e as conquistas dos alunos. Como defendo em *Out of our minds*, uma avaliação envolve dois componentes: uma descrição e uma avaliação. Se você disser que alguém corre 1,6 km em 4 minutos ou fala francês, estará apenas fazendo descrições vagas sobre as habilidades da pessoa. Mas se você diz que alguém é o melhor atleta do distrito ou fala francês como um nativo, daí estará fazendo uma avaliação. A diferença é que as avaliações comparam os desempenhos individuais com os de outras pessoas e os classificam de acordo com critérios específicos.

A avaliação tem vários papéis. O primeiro é *diagnóstico* – ajudar os educadores a entender as aptidões e os níveis de desenvolvimento dos alunos. O segundo é *formativo* – reunir informação sobre o trabalho e as atividades dos estudantes e apoiar seu progresso. O terceiro é *sumativo* – fazer julgamentos sobre o desempenho geral ao fim de um programa de trabalho.

Um problema com os sistemas de avaliação que utilizam letras e notas é que eles geralmente descrevem pouco e comparam muito. Às vezes, os alunos recebem notas sem saber exatamente o que elas significam, e os professores dão notas sem estar inteiramente seguros do porquê. Outro problema é que um único número ou letra não é capaz de transmitir as complexidades do processo que se propõe a resumir. Ademais, alguns resultados não podem ser adequadamente expressos dessa maneira de modo algum. Como o renomado educador Elliot Eisner disse uma vez: "Nem tudo que é importante é mensurável, e nem tudo que é mensurável é importante".

Uma maneira de melhorar o poder da avaliação é separar esses componentes de descrição e comparação. As avaliações dos alunos podem basear-se em muitos tipos de evidências, incluindo participação em sala de aula, portfólios de trabalho, ensaios escritos e tarefas em outras mídias. Os portfólios permitem descrições detalhadas do trabalho que os alunos fizeram, com exemplos e comentários reflexivos deles próprios e de outras pessoas.

Na avaliação por pares, os alunos contribuem para o julgamento do trabalho uns dos outros e para os critérios por meio dos quais são avaliados. Essas abordagens podem ser especialmente valiosas na avaliação do trabalho criativo.

Alguns professores sempre utilizaram uma ampla variedade de métodos de avaliação na sala de aula. O aumento dos testes tornou esse processo mais difícil, mas alguns professores estão reagindo em suas próprias salas de aula. Existem desafios, mas também pode haver enormes benefícios. Por exemplo, Joe Bower é um professor de ciências e artes linguísticas em Alberta, Canadá, que, após seis anos em sua carreira, decidiu que não podia mais prosseguir utilizando notas como sua principal forma de avaliação.

"Passei a encarar as notas como a droga preferida das escolas, e todos nós estamos viciados. [...] As notas eram originalmente ferramentas utilizadas por professores, mas hoje os professores é que são ferramentas utilizadas pelas notas."[22]

Bower descobriu que a confiança na atribuição de notas o tornou menos eficiente como professor e teve efeito negativo nos alunos. Ele destaca que, quando os estudantes são questionados sobre o que extraíram de bom de uma disciplina, eles respondem algo como: "Eu consegui um A". Enquanto sua escola insistia para que distribuísse notas em boletins, ele aboliu todas as demais notas em sala de aula e entregou a nota no boletim apenas após pedir que seus alunos avaliassem seu próprio trabalho e recomendassem a nota que deveriam receber. As sugestões dos estudantes geralmente acompanhavam as suas, e havia muito mais casos em que eles próprios haviam recomendado uma nota menor do que uma maior. O resultado de eliminar as notas foi a eliminação da pressão sobre os alunos, permitindo que se concentrassem no conteúdo dos seus deveres e em seu trabalho em sala de aula, em vez de na nota que recebiam.

"Quando tentamos reduzir algo que é espetacularmente complexo como a aprendizagem real, sempre ocultamos bem mais do que revelamos. Em última análise, as notas são uma maneira errada de avaliar, porque a avaliação não é uma planilha – é uma conversação. Sou um professor muito ativo, que avalia os alunos diariamente, mas joguei fora meu caderno de notas há muito tempo. Se devemos encontrar nossa própria maneira de ensinar e fazer da aprendizagem, não da atribuição de notas, o foco principal da escola, então precisamos abandonar nossa mania de reduzir a aprendizagem e as pessoas a números."

REAL EM VEZ DE SIMBÓLICO –
AO MENOS POR UM MOMENTO

Diante da movimentação contra os testes padronizados e dos problemas a eles relacionados, existem outros modelos para avaliação em grande escala que funcionem melhor? Às vezes, a melhor maneira de olhar para a frente é olhar para trás em busca de inspiração.

"Muitas pessoas não sabem que temos um modelo de avaliação em grande escala, que foi bem-sucedido na Califórnia e em outros locais e que fornece o tipo de dado que as pessoas precisam para tomar decisões, mas não é distanciado do rico contexto do trabalho real dos alunos", disse-me Peg Syverson, do Learning Record. "Uma das minhas maiores tristezas com o No Child Left Behind Act é que ele destruiu a implantação bem-sucedida do Learning Record."

O Learning Record foi originalmente desenvolvido em Londres e cresceu a partir da necessidade de identificar o progresso dos alunos para os quais as avaliações padronizadas não estavam funcionando.

Nas escolas do centro de Londres, em que há um influxo de crianças de todo o mundo, os professores tinham poucos recursos. Havia aqueles que percebiam que os alunos estavam aprendendo, mas que isso não estava sendo captado pelos exames padronizados porque os estudantes ainda estavam aprendendo inglês. Então, os professores mobilizaram-se para encontrar uma maneira de capturar e documentar a aprendizagem que estavam, de fato, testemunhando. Eles trabalharam com Myra Barrs, Hillary Hester e alguns outros pesquisadores universitários da área de educação que também eram interessados em Lev Vygotsky, o autor que ofereceu a base das dimensões da aprendizagem utilizadas no Learning Record. Eles estavam principalmente envolvidos com leitura e escrita, e, junto com os professores, começaram a reunir o que você precisaria saber para entender como estava sendo o desempenho dos alunos no domínio da língua. Eles desenvolveram um sistema robusto, chamado de Primary Language Record (Registro de Linguagem Primária). Esse sistema tinha oito páginas e podia documentar as observações dos professores. Eles realizaram uma entrevista com os pais que tinha que ser feita na sua língua materna, perguntando ao pai ou à mãe: "O que seu filho gosta de fazer?". Em seguida, faziam uma entrevista com o aluno, a fim de obter uma pequena percepção, logo no início, de seu ponto de partida.

Os professores ficaram encantados. Os pais ficaram encantados, porque os professores estavam tentando descobrir o que os alunos gostavam de fazer. Eles seriam capazes de descobrir que havia um estudante que adorava ciência, mas que não gostava de ler. Em seguida, os professores começaram a pensar em soluções criativas, como "Que tal ficção científica?". Eles começaram a buscar maneiras de valorizar o desenvolvimento do domínio da língua em suas próprias línguas maternas.

Eles se convenceram de que podiam utilizar o que era realmente um modelo empírico – o que você utilizaria se quisesse estudar mudanças em qualquer sistema adaptativo. Primeiro, você registra o sistema no início e, em seguida, o observa ao longo do tempo e reúne amostras do trabalho para depois fazer uma análise. "É aí que a maior parte dos sistemas de portfólio fracassa: não há análise. Uma análise tem que ser consistente. Ela tem que se basear em algum trabalho teórico. Você quer saber se a água é potável? Ela é capaz de manter sapos ou qualquer outra forma de vida? Vygotsky nos deu uma base conceitual que permite falar sobre a aprendizagem dos alunos de maneira polivalente. Eles foram capazes de dizer aos pais o que os alunos estavam aprendendo. 'Ele está mais confiante em ler livros que não são familiares para ele.' 'Ele está adquirindo habilidades de decodificar palavras que não havia visto antes.' Os pais começaram a desenvolver um imenso respeito pela competência dos professores.

"Esse modelo tornou-se realmente robusto no Reino Unido. Os professores ficaram muito entusiasmados porque isso exige que pensem criativamente sobre seu trabalho e pensem de outras maneiras sobre os alunos que, antes, eles achavam que tinham problemas. Eles começaram a ficar curiosos sobre esses estudantes. O que os ajudaria a ler? O que eles estão me mostrando?"

Nessa época, Myra Barrs era a diretora do California Literacy Project (Projeto de Alfabetização da Califórnia), e ela convidou a equipe da Primary Language Record para uma visita. Juntos, eles começaram a trabalhar em um modelo para K-12 e a utilizá-lo em projetos-piloto nas escolas. Nesse momento, Peg chegou como pesquisadora associada para ajudar a refinar as ferramentas de avaliação.

"Não estávamos usando notas; estávamos usando escalas de desenvolvimento que continham descritores sobre o que você geralmente veria em alunos que estivessem percorrendo diferentes etapas de domínio da linguagem. Isso foi baseado em milhares e milhares de horas de observação de alunos reais. Por exemplo, podíamos dizer, na escala mais inicial, que quando um aluno rabisca em um pedaço de papel e aponta para ele balbuciando algo para você, ele está pronto para o aprendizado da língua, porque está começando a fazer uma associação entre a linguagem e marcas no papel. Isso ajudou muito os professores, porque eles conseguiam ver para qual estágio aquela criança estava se movendo e como poderiam oferecer os recursos necessários para aquele estágio.

"Nós sabíamos que ali tínhamos algo. Precisávamos fazer aquilo ser aceito como uma alternativa ao teste padronizado, especialmente no caso das escolas do centro da cidade. Você está mostrando estudantes em uma trajetória de aprendizagem, e não de fracasso." Os esforços realizados no Departamento de Educação da Califórnia os levaram ao psicometrólogo-chefe do Estado. De acordo com Peg, após assistir a uma demonstração do Learning Record, ele respondeu: "Ah, você está falando sobre avaliação *real*. Agora só temos avaliação simbólica".

O Estado da Califórnia aprovou o Learning Record como um teste padronizado alternativo, o único autorizado como alternativa de registro. "Estávamos em toda a Califórnia, em Nova York e em Ohio, e os professores estavam admirados. Os pais estavam admirados. Eles não podiam acreditar na abordagem cuidadosa que os professores estavam tendo. E esses registros de aprendizagem são públicos, de modo que os pais podiam vê-los e observar o trabalho que estava sendo desenvolvido com seus filhos. Em seguida, podiam ver a análise que era realizada. Para as crianças, era absolutamente revolucionário serem observadas dessa forma, porque o professor estava focado no que elas estavam mostrando que sabiam fazer. Foi um sucesso, mas foi completamente arruinado pelo No Child Left Behind."

O FairTest chamou o Learning Record de "um processo de avaliação poderoso [...] um processo por meio do qual os alunos assumem sua própria aprendizagem e a registram. Também é um meio de integrar mais fortemente a participação dos pais na escola".[23] Após o NCLB ter pressionado os sistemas escolares pela adoção de um único padrão de avaliação, o Learning Record naufragou. Atualmente, Peg é professora na University of Texas, onde desenvolveu uma versão do Learning Record no nível superior, com notável sucesso.

"Meus alunos de graduação estão utilizando esse processo de avaliação em todo o país, principalmente no nível superior, porque o sistema público de educação é um meio hermeticamente fechado e muito carregado politicamente. Faço consultoria para faculdades que desejam implantá-lo."

Enquanto isso, ela ainda mantém acesa a chama da versão K-12. "O Learning Record está inteiramente aberto e disponível para qualquer um que deseje baixá-lo da internet. Já recebi até *e-mails* de professores de música do Peru."

AVALIAÇÃO COMO APRENDIZAGEM

O Learning Record mostrou que é possível avaliar bem o quanto um grande número de alunos aprendia com um conjunto de parâmetros de consenso sem recorrer a testes padronizados.

Sam Chaltain é o editor de *Faces of learning: 50 powerful stories of defining moments in education* (Faces do aprendizado: 50 histórias poderosas de momentos marcantes na educação) e o autor de *Our school: searching for community in the era of choice* (Nossa escola: buscando pela comunidade na era da escolha), entre outros livros. Para Sam, avaliação e padronização não são o problema; o problema é o que escolhemos padronizar. Os Estados Unidos escolheram padronizar os testes e a responsabilização, e os resultados foram abaixo do esperado. A Finlândia escolheu padronizar o modo como prepara seus professores, em vez dos testes, e o sistema de educação finlandês é elogiado em todo o mundo. "Isso indica que a padronização em si não é uma palavra ruim", relatou-me Sam. "É apenas o que fizemos com ela."

Quando se trata de avaliação, o modelo tradicional avalia para a aprendizagem. O que as pessoas gostam de falar agora é que o modelo de avaliação do século XXI é a avaliação da aprendizagem. Mas se a avaliação for meramente o modo como somos capazes de determinar quanto aprendizado está ocorrendo, então o objetivo final é a avaliação como aprendizagem, em que a avaliação ocorre em tempo real e é o processo por meio do qual as pessoas refletem sobre o próprio pensamento e diagnosticam como mudaram. Há escolas que fazem isso. Existe uma impressionante em New Hampshire, na qual o que mais importa é que as pessoas que lá se formam tenham 17 hábitos específicos de trabalho e pensamento – de colaboração e liderança até curiosidade e vontade de aprender. Eles desenvolveram essas classificações comportamentais realmente engenhosas que dividem cada um desses hábitos em sub-habilidades.

"Se formos cuidadosos sobre curiosidade e vontade de aprender, então temos que pensar: 'Quais são os sub-hábitos que levam a isso?'" Essa escola reconhece que o caminho para a curiosidade e a vontade de aprender se dá por meio da abertura a novas ideias, bem-estar diante da complexidade e capacidade de fazer perguntas. Para cada um desses sub-hábitos, existem diferentes descrições, de modo que é assim que identificam quando uma pessoa é novata, quando é iniciante e quando chega ao estágio de especialista. Isso não é algo a que apenas os professores têm acesso. Essas classificações são utilizadas pelos alunos e pelos pais a todo momento. É isso o que quero dizer por avaliação como aprendizagem. Os jovens daquela escola estão constantemente refletindo sobre o ponto em que se encontram nesse *continuum*. Em consequência, nunca encontrei jovens que fossem melhores que esses em articular seus pontos fortes e fracos e o que querem fazer com suas vidas e por quê.

Sam sugere que antes de embarcar em qualquer linha de avaliação, uma comunidade escolar precisa primeiro identificar as características de um graduado ideal: o que esses graduados devem saber? Como eles devem ser capazes de usar o que sabem? O que esse conhecimento fará por eles? Uma vez que a escola tenha identificado isso, ela pode decidir como avaliará esses pontos, em termos do desempenho dos alunos e de como efetivamente a comunidade escolar (professores, administradores e pais) está criando um ambiente que permite aos alunos se desenvolverem.

"Não se trata de adotar o mesmo conjunto de habilidades para o graduado ideal em todas as escolas, porque a importância se encontra em dar às comunidades o espaço para refletir sobre essas questões e respondê-las por conta própria – e, em seguida, fazer essas questões orientarem todo o seu pensamento e planejamento estratégico. Do contrário, o que você obtém são escolas que, em geral, concentram-se exclusivamente no que o governo federal estabelece em termos de responsabilização."

Monty Neill concorda. "Portfólios, projetos e tarefas ampliadas são o caminho a ser seguido. Isso não significa que você não possa utilizar testes de respostas curtas e de múltipla escolha como parte desse processo. Queremos que os alunos sejam capazes de pensar, argumentar, escrever, falar e demonstrar que podem aplicar seu conhecimento de maneiras complexas. Sabemos que projetos e tarefas bem elaborados podem fazer isso. [...] Para melhorar a aprendizagem e fornecer responsabilização relevante, as escolas e os distritos não devem depender apenas de testes padronizados. Devido às suas limitações inerentes, esses instrumentos geram informações que são inadequadas tanto em termos de amplitude quanto de profundidade. Estados, distritos e escolas devem encontrar maneiras de reforçar as avaliações de sala de aula e utilizar as informações que vêm dessas medidas mais ricas para informar o público."

UM RETRATO DO FUTURO

Anteriormente, neste capítulo, apresentei Joe Bower, que tomou a corajosa decisão de eliminar as notas da sua sala de aula. Algumas escolas estão fazendo isso em um nível mais amplo. Surrey, na Colúmbia Britânica, Canadá, é um dos vários distritos escolares do mundo envolvidos em um programa-piloto que abandonou as notas utilizando letras e números, substituindo-as por uma forma mais holística de avaliação. Utilizando um programa de portfólio *on-line* chamado FreshGrade, os professores dessas escolas tiram fotografias do trabalho de cada aluno, formando uma imagem contínua do progresso de cada criança, que os pais e os estudantes podem compartilhar. Os professores trabalham com os alunos para definir os objetivos e os marcadores de progresso individuais, e o sucesso é definido por meio deles.

"O movimento é, em parte, uma resposta às demandas de empregadores do sistema escolar para que sejam enfatizadas habilidades como criatividade e comunicação, não apenas conhecimento de matérias tradicionais", disse a jornalista Erin Millar.[24] "O abandono das notas está de acordo com uma crescente crença entre os empregadores de que a avaliação tradicional não é a melhor maneira de ajudar os alunos a desenvolver as habilidades de que precisam para ser bem-sucedidos no mundo atual. Em pesquisas americanas e globais, os empregadores não se queixam da falta de conhecimento específico ou de habilidades técnicas dos candidatos a vagas, que são fáceis de testar e expressar em uma nota. Eles querem candidatos que sejam capazes de analisar criticamente, colaborar, comunicar, resolver problemas e pensar de maneira criativa."

Na Colúmbia Britânica, onde o programa já está sendo utilizado há algum tempo, os resultados são muito encorajadores. Embora alguns pais estejam confusos sobre como lidar com um mundo sem notas, um número muito maior ama o caráter imediato do programa, porque estão tendo acesso a relatórios quase diários sobre o progresso dos seus filhos. Uma vantagem é a oportunidade de intervenção precoce: quando seus filhos estão se esforçando para melhorar, eles conseguem obter ajuda para os jovens mais cedo, em oposição ao tradicional sistema de notas, no qual podem não ser capazes de descobrir que seus filhos estavam tendo problemas antes do fim do período de avaliação. Os professores também estão entusiasmados com o programa, embora ele signifique mais trabalho para eles.

"Os professores estão gastando muito tempo sentando com os alunos um a um, estabelecendo objetivos juntos", disse-me Erin. "Eles estão dizendo coisas como: 'Você precisa desenvolver as habilidades para avaliar seu trabalho. Precisa ter as habilidades necessárias para avaliar o trabalho das outras pessoas'."

De maneira interessante, embora talvez não surpreendente, a maior crítica está vindo daqueles que defendem que o antigo sistema de avaliação funcionava. "Escutei de professores que os alunos que mais tinham dificuldade eram os que tinham os melhores desempenhos no sistema antigo, porque sob esse novo paradigma você não consegue tirar um A sem fazer progresso. Para um estudante que estava acostumado a ser bem-sucedido no antigo sistema porque sabia jogar muito bem com ele e podia identificar o que o professor queria, as regras mudaram completamente. Os alunos intermediários e de baixo rendimento responderam maravilhosamente bem ao novo sistema porque, de repente, eles eram capazes de estabelecer suas próprias metas e ver o progresso."

Esse novo programa também possui desafios. As universidades, por exemplo, ainda estão tentando descobrir como comparar os históricos escolares com base nesse novo sistema de avaliação com aqueles baseados em notas tradicionais. Mas o esforço nesse sentido continua, especialmente em universidades menores, que têm uma dimensão capaz de levar em conta portfólios sem números. E mesmo as escolas maiores estão tentando se ajustar. "Eu diria que há boa vontade", disse Erin, "mas várias perguntas precisam ser respondidas primeiro".

Pelo menos, são as perguntas certas a serem feitas, e, como acontece com as melhores questões, não há respostas simples. A vida geralmente é assim, e a avaliação real na educação deveria ser um reflexo dela.

A avaliação é uma parte integral do ensino e da aprendizagem. Tanto as avaliações formais quanto informais, concebidas adequadamente, deveriam apoiar a aprendizagem e as realizações dos alunos pelo menos de três maneiras:

- **Motivação:** a avaliação eficiente estimula os alunos a ter bom desempenho. Ela fornece um *feedback* positivo para ajudá-los a entender o seu progresso e encorajá-los a melhorar no que for possível.
- **Conquistas:** a avaliação eficiente fornece informações sobre o que os estudantes de fato realizaram e conquistaram. Também fornece comparações relevantes com o modo como outras pessoas se comportaram em critérios semelhantes, de maneira que os alunos e outras pessoas possam fazer seus próprios julgamentos sobre seu progresso e sobre seu potencial.
- **Padrões:** avaliações efetivas estabelecem padrões claros e relevantes que podem aumentar as aspirações dos estudantes e contribuir para a orientação e o apoio prático de que podem precisar para alcançá-los.

De qualquer maneira, a avaliação não deveria ser encarada como o objetivo final da educação. Ela é uma parte essencial de todo o processo e deve interligar-se naturalmente aos processos diários de ensino, de aprendizagem e de desenvolvimento do currículo. Ela deve ser uma parte integral da cultura escolar normal, mas seu papel deve ser de apoio. Alcançar o equilíbrio correto é uma das tarefas da liderança escolar.

8

Princípios para diretores

No centro de toda grande experiência de ensino estão duas figuras essenciais – o aluno e o mestre. Para uma escola destacar-se, uma terceira figura é fundamental: um líder inspirado na escola, que proporcione visão, habilidades e compreensão aguçada de todos os ambientes nos quais os alunos possam e desejem aprender. Eu conheço muitas grandes escolas que praticam, em sua maior parte, se não no todo, os princípios que serão discutidos a seguir. O que todas elas têm em comum é a liderança de um diretor visionário e apaixonado. Esse tipo de liderança é que sustenta a Boston Arts Academy.

Identificando a necessidade de uma escola secundária voltada para as artes, as seis faculdades na região de Boston voltadas para a educação de profissionais em artes (Berkclee College of Music, Boston Architectural College, Boston Conservatory, Emerson College, Massachusetts College of Arts and Design e a School of the Museum of Fine Arts) colaboraram para criar a Boston Arts Academy (Academia de Artes de Boston), em 1998. Essa academia é uma escola-piloto nas escolas públicas de Boston, o que significa que funcionam dentro dos limites do distrito escolar, mas possuem algumas áreas de autonomia, como o orçamento, o calendário e a equipe.

Como uma escola pública municipal, a Boston Arts Academy lida com os desafios acadêmicos impostos a quaisquer outras escolas com grande proporção de estudantes em desvantagem econômica. Para ela, o nível de pobreza é muito elevado: 65% dos alunos estão qualificados para receber lanches com custo reduzido ou grátis. Além disso, um terço dos estudantes que ingressam na instituição chega com um nível de leitura abaixo de seu grau escolar, sendo, muitas vezes, muito abaixo. Contudo, 94% de seus graduandos chegam às faculdades, um percentual muito mais elevado do que o padrão nacional dos Estados Unidos. Curiosamente, a maioria dos graduandos da Boston Arts Academy não vai para uma faculdade de artes, em grande parte devido à liderança que abre um mundo maior para os alunos. "Entre nossos graduandos, as principais opções escolhidas são *design* e engenharia", disse-me a diretora, Anne Clark. "São essas coisas que eles nunca teriam entendido se não estivessem sendo ensinados de forma interdisciplinar, podendo ver que têm essa força."

"Estamos operando a partir de um sentido diferente do que a educação pode e deveria ser, e um conceito diferente de sucesso. Ele não é definido de forma restrita por avaliações padronizadas, mas pela forma como as artes ensinam: persistência, colaboração, criatividade, visão e voz. Descobrimos que muitos dos nossos alunos que não tiveram sucesso antes de virem para a Boston Arts Academy e encontrarem o caminho para se envolver com a escola por meio das artes, pois a escola não é apenas outra ocupação que eles odeiam e na qual não são bons."

Ainda assim, a Boston Arts Academy é uma escola pública e, como todas as outras de Massachusetts, deve administrar testes padronizados. Para a equipe e a administração, isso significa fazer algum ensinamento para o teste.

"Estaríamos fazendo um desserviço aos nossos alunos se não os preparássemos para os testes", disse Anne. "*Sempre* os preparamos para as avaliações. No momento em que eles terminam os testes exigidos pelo Estado, temos que trocar a técnica e prepará-los para o SAT, que é um tipo muito diferente de avaliação."

A escola compensa esse requisito com um ambiente que mantém os alunos inspirados, mesmo diante de testes de alto risco. "Os estudantes geralmente estão aqui das oito às quatro. Se for durante um período de avaliação ou um período de portfólio, eles podem ficar aqui por muito mais tempo. Eles passam metade do seu dia envolvidos com artes e metade com assuntos acadêmicos. Cumprem um programa acadêmico completo, embora ensinemos por meio das artes e de modos interdisciplinares tanto quanto possível. Ensinamos matemática, humanidades, línguas e ciências. E depois, todos têm uma arte principal: música (instrumento ou canto), dança, teatro ou artes visuais. Eles devem concentrar-se principalmente em um tipo, mas há momentos durante o dia em que os menos experientes conseguem explorar de modo especial outros tipos de arte."

Como cada aluno da escola é um indivíduo, o que os une é a paixão pelas artes. E é isso que influencia seu interesse a todos os elementos de sua educação. Anne Clarck foi uma das professoras fundadoras da escola, antes de assumir a liderança, e ela pode perceber o valor dessa paixão muito mais vezes do que poderia relatar.

"Os jovens são felizes por estarem aqui, e isso faz uma grande diferença para todos nós. Muitos de nossos professores acadêmicos possuem uma base em artes, e podem ensinar tanto artes quanto as outras disciplinas. Quando eu era professora, uma das coisas que fiz foi ensinar leitura para os estudantes com maiores dificuldades nisso. Eram jovens de 17 anos aprendendo a ler no 3º ano. Se eles podem passar duas ou três horas por dia com aquilo que lhes permite mostrar seus pontos fortes, é muito mais fácil trabalhar com eles individualmente nas disciplinas em que se sintam menos capacitados. Alguns pais me relataram recentemente: 'Essa é a única escola que começou com o que minha filha era capaz de fazer, e não com o que não era'. A escola deve mostrar aos alunos suas habilidades e competências. Isso muda o diálogo."

O modelo da Boston Arts Academy substancia o que eu vi em todo o meu trabalho com as escolas ao redor do mundo: construir o currículo em torno dos interesses dos alunos os faz desenvolverem níveis mais altos em todas as áreas. Além disso, por se tratar de um programa baseado em artes, e, uma vez que os artistas estão acostumados a receber críticas e a responder a elas rapidamente, a instituição também está criando estudantes muito mais bem preparados para o que lhes será exigido quando saírem dela.

"Pensar com criatividade e de modo interdisciplinar é o que mundo atual exige. Acredito que é por esse motivo que nossos alunos são bem-sucedidos. Isso é o que ouvimos dos colegas. Nossos jovens estão preparados para assumir riscos, imaginar, trabalhar arduamente e de modo colaborativo. Eles aceitam as críticas, que são realmente uma base importante em uma educação baseada em artes. A revisão e a crítica formais, além do *feedback*, são inerentes às artes. Eu me preocupo com meus filhos crescendo em um mundo do 'Isso está correto? Bem, eu vou descobrir quando resultado do teste me disser'. Nossos estudantes são estimulados a imaginar suas próprias respostas, defendê-las de modo crítico e revisá-las – mas não apenas para atender a alguns padrões. É esse tipo de pensamento crítico de que precisamos. Quando toda sua educação baseia-se na aprendizagem de um modo específico, preenchendo as lacunas e, então, esperando por suas notas, você não aprende do mesmo modo.

"Há um membro do nosso conselho que é um executivo de alto escalão. Ele disse que está aqui porque, quando está contratando, sempre deseja encontrar o violinista. Ele está procurando alguém com formação em artes porque sabe que essa pessoa é criativa e imaginativa. Esse tipo de pessoa foi treinado a encarar os problemas com um novo olhar. E é exatamente isso que um ensino baseado em artes proporciona."

O número de estudantes que quer frequentar a Boston Art Academy é muito maior do que o número de vagas existentes. A escola admite aproximadamente 120 novos alunos por ano e faz mais de 500 exames. A escola olha para cada avaliação com cuidado, mas há uma coisa que ignora completamente ao fazer sua seleção.

"Somos únicos entre as escolas de arte dos Estados Unidos porque somos cegos em termos acadêmicos", disse Anne. "Não olhamos para notas anteriores, pontuações de testes ou qualquer outra coisa. Acreditamos que um ensino baseado em artes deve ser acessível a todos. Alguém nunca diria: 'você não pode estudar história porque sua pontuação em matemática é pífia'. Por que, então, poderíamos dizer que você não pode estudar artes porque suas notas em matemática não são boas? Funcionalmente, é isso que acontece em todo o país. Eles incluem registros acadêmicos nas admissões, ou dizem que não o fazem, mas informam, por exemplo, que você terá álgebra 1, o que não deixa de ser uma barreira funcional.

"Escolhemos por meio de audições. Contudo, se escolhermos apenas jovens que saibam como fazer uma audição, não iremos incluir uma população que reflita a cidade de Boston, que é nossa missão. Procuramos estudantes com capacidade de responder e aplicados, mas não necessariamente com habilidades formais. Gosto de dizer que estamos procurando a criança que *não* pode dançar. A maior parte de nossos estudantes não teve um treinamento formal, porque os recursos não estavam disponíveis nas escolas públicas de Boston. Temos muitos músicos que não sabem ler uma partitura; muitos artistas visuais que não fizeram muitas aulas de artes, porque elas foram cortadas dos níveis escolares mais baixos. Muitos bailarinos que dançavam na comunidade, mas que nunca haviam tido uma aula de balé formal. Procuramos pelas crianças que podem florescer com a oportunidade de um treinamento formal, mas que não necessariamente tenham realizado anteriormente."

O que Anne descreve é o coração da regra de um diretor: avaliar a individualidade do corpo estudantil, procurar potencial em cada turno e esforçar-se de modo constante para levar a escola adiante, em contraste às alterações incessantes.

REGRAS PARA OS DIRETORES

É difícil superestimar o impacto da liderança na vitalidade e nos propósitos da comunidade. Uma mudança de presidente, um novo CEO, uma pessoa diferente em um departamento ou um novo diretor podem transformar as expectativas de todos os seus liderados.

Há uma diferença entre liderança e gestão. Liderança relaciona-se à visão; gestão relaciona-se com implementação. Ambas são essenciais. Grandes líderes podem ser grandes gestores e vice-versa. A diferença está no papel que assumem em um determinado contexto. O alto desempenho deriva da motivação e da aspiração, e grandes líderes sabem como conjurá-los no espírito humano. Eles podem trazer esperança para desespero, solução para o desamparo e direção para os perdidos.

É claro que apenas visão não é suficiente. As pessoas necessitam de suporte, recursos e habilidades para exercer seus trabalhos. O papel do gestor é assegurar que existam sistemas e recursos disponíveis para a visão ser realizada. Mas os recursos, em si, não são suficientes. Vamos sair um pouco das escolas por um momento, para uma outra ilustração.

Recentemente compartilhei uma plataforma em uma convenção corporativa com o Sr. Ales Ferguson, um dos técnicos de futebol mais admirados e bem-sucedidos da história desse esporte. Em seus 26 anos e meio dirigindo o Manchester United, um time que havia tido muito pouco sucesso antes de sua chegada, conquistou 13 campeonatos da *Premier League* e cinco da *FA Cups*, bem como foi nomeado Gestor do Ano por quatro vezes e Gestor da Década, nos anos 1990. Ele desenvolveu alguns dos mais bem-sucedidos e conhecidos jogadores de futebol de todos os tempos, David Beckham, Cristiano Ronaldo e Wayne Rooney, e saiu quando estava por cima, ganhando o campeonato da *Premier League* na sua última temporada.[1]

O Manchester United é a franquia esportiva mais valiosa do mundo (vale $2,33 bilhões, de acordo com a revista Forbes, ou 26% a mais do que o *New York Yankees*);[2] assim, pode-se atribuir a extraordinária sucessão de conquistas do clube a riqueza e recursos, em vez de ao esforço de Alex Ferguson para obter o máximo de seus jogadores – até que você considere o que aconteceu imediatamente após Ferguson se aposentar. Com a mesma lista de jogadores e, certamente, com os mesmos recursos de Ferguson, não apenas o novo técnico David Moyes não venceu o campeonato da *Premier League* (como Ferguson fizera no ano anterior), como também a equipe não conseguiu se classificar para o campeonato da Liga dos Campeões pela primeira vez em duas décadas. Moyes foi demitido em abril de 2014, com menos de um ano de seu contrato de seis anos.[3]

O que isso tem a ver com a liderança na escola? Muito. A *Premier League* está repleta de jogadores extremamente talentosos. Pode-se argumentar – e de certo modo, nós do Reino Unido, fazemos isso de forma rotineira – que a *Premier League* tem a maior concentração de talentos de todas as ligas do mundo. O que separa as equipes bem-sucedidas, como o Manchester United, das outras, é o ensino e a motivação que vêm dos seus líderes, que levam o melhor nos seus jogadores. Como explicar de outra forma a enorme queda de desempenho do último ano de Ferguson para o único ano de Moyes com o clube, enquanto a maioria das outras condições permaneceu a mesma?

Não há um estilo único de liderança, porque não existe um tipo único de personalidade para construir-se um líder. Alguns líderes são colaborativos; outros comandam. Alguns buscam o consenso antes de agir, e alguns agem com convicção. O que os une é a capacidade de inspirar aqueles com quem lidam, com o sentido de que estão fazendo a coisa certa e que também são capazes de fazê-la. Diferentes situações exigem diferentes estilos de liderança. No calor da batalha, um líder militar não pode – tampouco tem o tempo e a inclinação para – consultar os outros. Mas os líderes que são mais reverenciados em qualquer campo são aqueles que genuinamente se importam com as pessoas que lideram e cuja compaixão é evidente não apenas no que dizem, mas também naquilo que fazem.[4]

Nas escolas, os principais diretores sabem que seu trabalho não é apenas melhorar os resultados dos testes; é construir uma comunidade entre os alunos, os professores, os pais e os funcionários, que precisam compartilhar um conjunto comum de propósitos. Eles também sabem que as convenções estabelecidas de escolaridade são secundárias a esses propósitos. Mesmo assim, desafiar essas convenções exige um trabalho com muita sensibilidade. É mais provável que tenham sucesso se todos os envolvidos acreditarem nas mudanças o suficiente para lhes dar uma chance. Richard Gerver mostrou a compreensão desse processo na maneira como construiu as mudanças na escola Grange, que discutimos no Capítulo 2.

Richard sabia que teria de introduzir essa ideia lentamente ou arriscar-se a perder o apoio daqueles que resistem a mudanças radicais. "Primeiro, tivemos o programa Grangeton, que foi a ideia de replicar a cidade." Ele introduziu Grangeton como uma atividade extraescolar, separada do calendário e do currículo. "Fizemos assim porque pareceu mais suave, permitindo um tempo para que evoluísse e se desenvolvesse. Se eu tivesse chegado no primeiro dia e apresentado essa estrutura aos pais, acho que teria havido uma rebelião aberta. Eu também não acho que os professores estivessem prontos para isso no primeiro dia. Mas, o mais importante, não acredito que os estudantes estivessem prontos, particularmente os mais velhos. Queria que todos mergulhassem nesse projeto de uma maneira em que não se sentissem muito exigidos ou totalmente estranhos.

"Devemos evitar pré-definir uma grande transformação e, em seguida, impô-la para a comunidade escolar. É preciso construir o contexto e a capacidade em sua comunidade, adotando ideias que não pareçam ameaçadoras. Executar Grangeton inicialmente como um programa extracurricular permitiu que todos colocassem seus pés na água e observassem o que estava acontecendo, até que se sentissem confiantes o suficiente para mergulharem por completo."

A decisão de Richard de introduzir Grangeton lentamente permitiu que seu progresso acelerasse significativamente. Quando ele começou o programa após a escola, viu isso como o início de uma evolução de cinco anos para a instituição, que gradualmente encontraria maior adesão de pais, alunos e professores. O frescor de sua abordagem tornou todos mais receptivos. "A maioria dos sistemas escolares está acostumada a ter programas impostos a eles, seja pelas equipes de gestão ou pelos governos. Todos pularam tão rápido porque se deleitaram com a liberdade e com o fato de que isso não lhes estava sendo imposto. Como resultado, todo o programa Grangeton já estava funcionando em seis meses."

MUDANDO AS CULTURAS

Falei anteriormente sobre sistemas adaptativos complexos. Assim como os sistemas educacionais são exemplos, também são as escolas individuais. As escolas podem e devem se adaptar a mudanças. A tarefa para os diretores é ajudá-las a realizar as transformações de forma consciente.

Uma boa parte da teoria de gestão tem se concentrado em como tornar as organizações mais eficientes, e isso é essencialmente o que o movimento padronizado está prestes a realizar. O pressuposto é que as organizações são muito semelhantes a mecanismos e podem ser executadas de forma mais eficaz, ajustando os procedimentos, minimizando o desperdício e concentrando-se no produto. Se você observar gráficos típicos de gerenciamento de muitas organizações, verá que são como desenhos técnicos ou diagramas de fiação. Aqui está um exemplo.

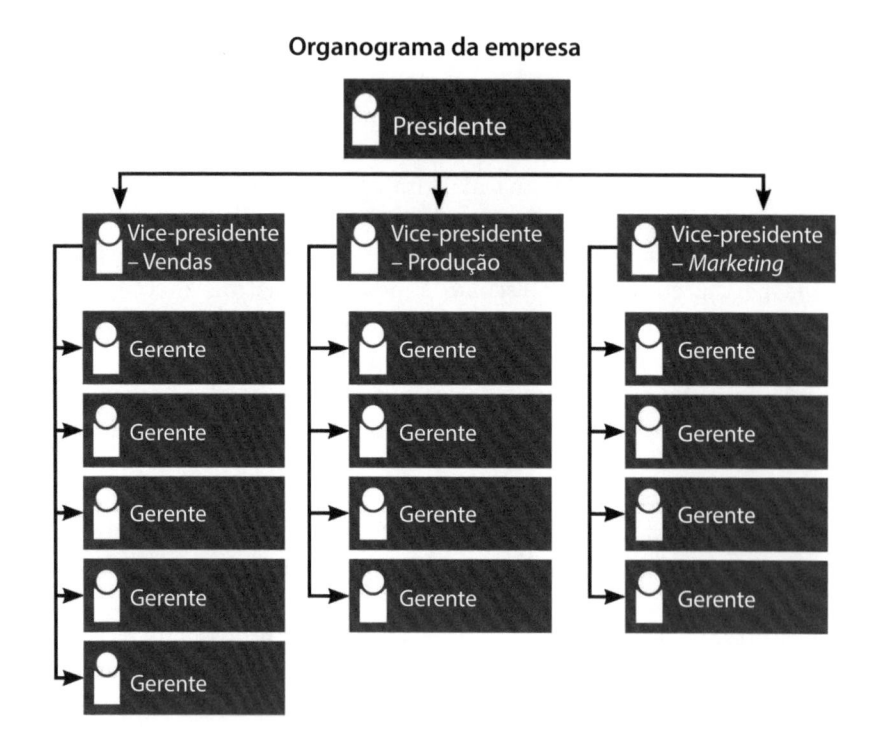

Esse tipo de imagem e a retórica do custo-efetividade e dos resultados que muitas vezes a acompanha reforçam a ideia de que as empresas são como mecanismos. O problema é que elas não são. Essa metáfora pode funcionar bem para algumas áreas da indústria, inclusive para escolas. Enquanto concentrar-se em eficiência e cortar custos pode ser um bom objetivo em si, as organizações humanas não são como mecanismos: elas são mais parecidas com organismos, cada uma com sua própria cultura.

No sentido social, cultura significa o modo de vida de uma comunidade: seus valores, formas de comportamento e códigos de convivência. No sentido orgânico, cultura implica crescimento e evolução. Na melhor das hipóteses, as escolas são comunidades vivas de indivíduos que se reúnem em um empreendimento compartilhado de aprendizagem e desenvolvimento. Quão bem eles serão capazes de realizar isso irá depender da cultura da escola.

Ao escrever sobre a cultura das organizações em *Out of our minds*, fiz uma distinção entre hábito e *habitat*. Transformar as escolas significa olhar para ambos e para a maneira como se afetam entre si.

Hábito

Com o interesse de realizar os afazeres, todas as instituições desenvolvem rotinas e procedimentos. Isso é compreensível. As comunidades precisam concordar sobre as maneiras de fazer as tarefas para que as elas sejam feitas. O problema é que, ao longo do tempo, esses procedimentos podem tornar-se fixos, e a comunidade pode perder o contato com os propósitos que eles deveriam servir. A instituição torna-se os procedimentos. Como Winston Churchill disse certa vez: "Nós moldamos nossos prédios e depois nossos prédios nos moldam".[5]

Muitas das rotinas estabelecidas da escola não são fixadas na lei. Diversas escolas são organizadas de determinada forma porque sempre o foram, não porque deveriam ser. Muitos dos exemplos que examinamos envolveram a quebra de velhos hábitos que atrapalham a aprendizagem. Em seu importante estudo, *Creating innovators* (Gerando inovadores), Tony Wagner também argumenta que o ambiente cultural da escola, e as atitudes e expectativas que ela gera nos professores e alunos, é o fator crítico para criar – ou inibir – o pensamento original e os hábitos e mentalidades dos inovadores.[6] Um dos melhores relatos recentes da influência transformadora da cultura escolar é *Comprehensive achievements: all our geese are swans* (Realizações abrangentes: todos os nossos gansos são cisnes), que conta uma história de 20 anos da transformação da *Hampstead Comprehensive School*, uma escola estadual de grande sucesso no norte de Londres. O livro documenta a evolução da cultura da escola sob a liderança inspiradora de Tamsyn Imison, que reuniu um grupo de professores talentosos para oferecer uma "educação abrangente, holística e criativa, permitindo que as crianças adorassem aprender e se desenvolverem como pessoas completas, além de passar nos exames".[7] O livro inclui as vozes de estudantes, professores, governantes e pais que, juntos, dizem "como é possível uma escola liderada por uma equipe bem escolhida se manter firme a seus alunos, aos pais e à comunidade escolar mais ampla". Como muitas escolas que apresentamos, a chave para essa transformação foi desafiar os hábitos aceitos na cultura da instituição e desenvolver maneiras de estar juntos, que fossem personalizados de acordo com as necessidades e interesses da comunidade específica da escola.

Habitats

O ambiente físico de uma escola afeta não apenas como você a sente, mas também como ela realmente funciona. Você sente a escola logo que entra pela porta. Quer sejam em prédios antigos ou novos, algumas escolas parecem impessoais e institucionais. Outras nos parecem vibrantes e vivas: as paredes são cobertas por trabalhos de alunos e funcionários, há exibições, instalações, *performances* e um burburinho de atividade. As cores e características do ambiente físico são mais do que simplesmente estéticas. Elas afetam o humor, a motivação e a vitalidade de toda a comunidade escolar. Em *The third teacher* (O terceiro professor), Bruce Mau e uma equipe de arquitetos e *designers* internacionais olharam atentamente para as relações íntimas e poderosas entre como os alunos aprendem e os espaços em que realizam a aprendizagem.[8] Eles mostraram como o ambiente físico incorpora a filosofia da escola e ofereceram uma série de ideias e estratégias práticas de *design* para transformar os espaços escolares.

Diferentes atividades exigem diferentes tipos de espaços e atmosferas. Os espaços oferecidos para diferentes atividades são frequentemente uma indicação da importância conectada a ela. Assim também é a configuração da escola. Quando os ambientes são separados entre si, eles frequentemente refletem a separação dos assuntos no currículo. Se as salas de aula estão sempre dispostas com fileiras de carteiras separadas para a frente, elas enviam uma mensagem clara para alunos e professores sobre o tipo de aprendizagem que deve acontecer nelas. O espaço físico da High Tech High foi projetado para promover a interação entre as disciplinas, que era a parte central de sua filosofia. Grande parte da transformação da Grange em uma cidade de trabalho foi incorporada na reorganização física da própria escola. Existem muitos outros modelos de reestruturação do ambiente escolar para incorporar conceitos de currículo e ensino diferentes e mais inovadores.

CULTIVANDO A TERRA

Por vários anos trabalhei no Estado de Oklahoma com uma ampla estratégia de criatividade e inovação. Na fase de desenvolvimento, tive vários encontros com o governador e membros de sua administração. Lembro de um deles relatando como era importante para o futuro de Oklahoma o desenvolvimento da cultura de inovação no Estado. "Entretanto, não tenho certeza de onde todas essas grandes ideias virão", ele disse. Eu lhe disse que elas poderiam vir de todo o Estado. As pessoas, de todos os lugares, possuem ideias que gostariam de desenvolver, mas necessitam de permissão para tentá-las e verificar se funcionam. Se elas temem a falha ou uma humilhação ou desaprovação, geralmente voltam atrás. Se, em contrapartida, forem encorajadas, provavelmente elas tentarão.

A cultura tem a ver com permissão. Tem a ver com o que é aceitável e o que não é, e quem determina isso. Algumas vezes, as alterações de permissão acontecem lentamente, e apenas quando olhamos para trás, ao longo do tempo, é que podemos ver sua verdadeira escala. Quando eu tinha uns 20 anos, no Reino Unido, quase todas as pessoas fumavam cigarro. Eu fumava, assim como todo mundo que conhecia. Restaurantes, bares e casa das pessoas estavam constantemente envolvidos em uma fumaça acinzentada, que se apegava a todos e criava o que sentíamos ser uma atmosfera adequada para sair. Se alguém dissesse que, 10 anos após, seria inaceitável fumar em ambientes fechados, você seria ridicularizado. Mas, aconteceu, e permanece assim.

Enquanto escrevo, Estado após Estado, nos Estados Unidos, leis estão sendo aprovadas, permitindo o casamento entre pessoas do mesmo sexo. No alto da década de 1960, isso era impensável. Hoje, é perfeitamente aceito, e deve ser. As linhas de permissão foram gradualmente redesenhadas. As mudanças são geralmente o resultado de muitas forças complexas interagindo entre si. Por todas as razões que discutimos, as escolas também estão mudando. O quão rapidamente ocorrerá essa mudança, irá depender, em grande parte, da visão das pessoas que as dirige, especialmente os diretores, como eles definem as expectativas e onde traçam as linhas de permissão.

Uma das pessoas mais impressionantes que conheço na educação trabalhou durante muitos anos como diretora nas escolas públicas de Oklahoma. Seu trabalho lá, e posteriormente, sua carreira, mostraram o quanto a visão e liderança de um grande diretor podem mudar a cultura e as conquistas das escolas.

Jean Hendrickson foi diretora de três escolas diferentes do ensino fundamental ao longo de 15 anos. Social e economicamente, uma de suas escolas estava no topo da cidade de Oklahoma. "Ela ficava ao lado de um clube de campo e tinha todas as vantagens que uma escola pública poderia ter", relatou Jean. "O que o distrito escolar não podia fornecer, os pais e a comunidade forneciam. Mesmo na escola, é claro, havia crianças que precisavam de mais atenção e situações em que precisávamos fazer de forma diferente. Precisávamos ter certeza de que toda criança fosse tratada como um indivíduo.

"Permaneci nessa escola por seis anos, e fizemos algumas reorganizações sistemáticas na forma como os professores ensinavam, bem como trouxemos o ensino de artes. Fui, então, convidada a dirigir uma escola que estava na quarta geração de pobreza, que atendia uma grande população hispânica e que havia tido um péssimo ano quando contratou um diretor que pensava que seu trabalho era revirar a escola e professores que pensavam que sua função era proteger a si mesmos. Perguntaram-me se poderíamos fazer ali algumas modificações que eu já havia promovido em minha escola anterior. Demorei cerca de cinco minutos para dizer sim.

"Quando cheguei lá, havia duas comunidades distintas. Uma de imigrantes – com uma renda muito baixa – e uma pioneira e robusta comunidade de brancos de quarta geração. Quando fui para a escola pela primeira vez, vi que havia grafites em todos os lugares, era um ambiente completamente devastador. Senti raiva em saber que havia crianças na minha cidade indo para a escola em um lugar como aquele."

Jean fez uma pergunta direta na escola: "Vocês acham que as crianças desta escola merecem o mesmo tipo de oportunidade educacional que meus outros alunos tiveram?". Ninguém disse não. "Então, vamos começar a fazer algo que eu sei que vocês fariam em qualquer outro lugar onde crianças estudam. Falamos sobre construir o tipo de escola que gostaríamos que nossos próprios filhos frequentassem. Precisávamos ter envolvimento com as artes. Precisávamos ter a comunidade dentro da escola. Precisávamos de um lugar bonito onde as pessoas sentissem que eram respeitadas. Basicamente, precisávamos de tudo, e tudo ao mesmo tempo. A primeira modificação que eu fiz para ajudar a escola a sair de seu próprio desânimo foi dobrar o tempo de artes e de música."

"Oklahoma decidiu procurar no país os melhores modelos de educação. Estavam buscando por algumas condições: precisava ser um modelo para toda a escola, não apenas uma série ou uma disciplina; precisava ter um componente de artes; e precisava ter alguma pesquisa para mostrar a eficácia do projeto. Um desses modelos foi a iniciativa A+ na Carolina do Norte. Eu era um dos membros da equipe que foi à cidade para explorar o modelo.

O projeto A+ começou na Carolina do Norte, quando a responsabilidade da escola estava apenas começando a ressoar nos Estados Unidos. Ele começou como um programa do *Kenan Institute for the Arts*, em que as pessoas fizeram a pergunta: "O que aconteceria na escola se levássemos as artes a sério? Se ensinássemos por meio das artes, haveria algum impacto? E, se fosse assim, qual seria esse impacto?". Assim foi criado um programa-piloto com 25 escolas de todo o Estado, e as observaram lidar com essa questão por cerca de quatro anos. O que notaram foi que as escolas que diziam fazer parte da rede A+ haviam assumido oito compromissos.

"Eles se comprometem a oferecer artes todos os dias para todas as crianças; com um currículo conectado, compartilhado e planejado ao longo do tempo; com um aprendizado prático e do mundo real, não apenas em fichas de trabalho; com um ensino de múltiplas vias; com uma avaliação diversificada; com colaboração deliberada – não apenas entre os professores, mas também entre a casa e a escola, entre as crianças e seus professores; eles se comprometem a mudar a infraestrutura; e a criar um clima positivo, de modo a ter alunos alegres, professores felizes por estar lá, e pais e comunidade que se sentem parte da aprendizagem."

Em 2001, Jean concentrou-se em uma das equipes escolares, que estava passando por seu treinamento de verão. Ela fazia parte da equipe da escola durante o dia e se juntava aos planejadores e facilitadores à noite, quando discutiam como havia sido o dia. Como diretora, considerava que esse seria o tipo de modelo que ela havia procurado ao longo de sua carreira profissional. Em 2003, foi convidada a tornar-se diretora executiva das Escolas A+.

A experiência e a pesquisa nas Escolas A+ têm mostrado que o que constrói ou quebra a realização e a eficácia nas escolas não é o tipo de instituição ou a sua localização, mas, sim, a presença de três principais impulsionadores, que podem transformar qualquer ambiente escolar, a saber: liderança do diretor, um corpo docente disposto a se envolver na mudança e um desenvolvimento profissional de qualidade.

As Escolas A+ apresentam resultados acima da média nos testes. E isso é bom. Porém, mais do que isso, elas têm menos problemas de disciplina. Elas também possuem o que chamam de "fator alegria", baseado na medida do engajamento dos alunos. As pesquisas de opinião sobre os professores mostram uma maior satisfação com os docentes e com suas capacidades – uma sensação de que são mais empoderados e capazes como profissionais.

"Acho que a primeira questão a ser inferida é deixar claro o que você quer para as crianças", disse Jean. "Se o que você busca é mais do que uma alta pontuação em testes padronizados; se o que você quer é engajamento alegre, conclusão das tarefas, alta realização, oportunidades completas de aprendizagem, aquisição de cultura e comunidade visíveis e únicas valorizadas em sua escola, então empenhe-se por uma estrutura que possa manter e trabalhar sistematicamente com esses objetivos."

Eu suponho que nós queremos todas essas condições para todos os alunos. Ou eu perdi uma reunião?

ALÉM DOS PORTÕES

Grandes escolas são continuamente criativas na forma como se conectam com as comunidades mais amplas das quais fazem parte. Elas não são guetos isolados; são centros de ensino para toda a comunidade. Por exemplo, estamos acostumados a pensar na educação em estágios separados: ensino fundamental, ensino médio, faculdade comunitária, universidade e educação de adultos ao longo da vida. Entretanto, a aprendizagem muitas vezes pode ocorrer melhor entre os grupos etários e entre as instituições. Embora o ensino fundamental, o ensino médio e o ensino superior geralmente sejam etapas educacionais distintas, alguns alunos estão trabalhando juntos para dissolver as barreiras que frequentemente os separam. Tomemos o exemplo da Clark University, em Worcester, Massachusetts.

David Angel, o presidente da Clark, tem trabalhado com professores e alunos para construir pontes entre o *campus* e a cidade, bem como para as vidas dos estudantes depois da faculdade. Durante uma conversa recente, ele me disse: "Nos perguntamos: 'Se quisermos ser intencionais na Clark para formar alunos que sejam fortes nos critérios tradicionais das artes liberais e que possam levar sua educação para o mundo e ser impactante, como cultivaríamos a resiliência de um jovem diante de um obstáculo?' Como eles conseguiriam desenvolver soluções criativas de três vias para os problemas? Se você quiser construir essas habilidades intencionalmente, será muito mais eficaz se o fizer em um contexto autêntico. Se um aluno é colocado em uma equipe de projeto e tem um problema real a ser superado, você verá um desenvolvimento muito maior".

A LEEP (*Liberal Education and Effective Practice* [Educação Liberal e Prática Efetiva])[9] é um programa que combina estudos interdisciplinares com desafios do mundo real, fora da escola, do tipo que os estudantes irão enfrentar quando estiverem na faculdade. Os *alumnae* da Clark e uma série de outros profissionais hospedam os estudantes em temas de projetos. Isso vai muito além do estágio tradicional, em que os alunos obtêm apenas uma pincelada sobre a carreira. O objetivo é colocar os estudantes em equipes de projeto em que há um problema real para resolver ou um resultado para atingir.

Um grupo de estudantes da Clark, *All kinds of girls* (Todos os tipos de meninas), trabalha com adolescentes da comunidade vizinha, questões de identidade e *bullying*. O grupo começou essa tarefa do zero, criando um programa para mais de 50 adolescentes no *campus* todos os sábados.

"Não é para obter uma nota", disse David. "Isso é sobre ajudar meninas de 13 anos especificamente. Para atingir seus corações e mentes. Quase de forma inevitável, você observa o florescer de capacidades quando vê alguém se apaixonar com que está realizando e quando o trabalha que executam é autêntico."

Elas também se envolvem nas iniciativas da Clark, como a *University Park Campus School* (Escola do *Campus* da University Park). A Clark ajudou a fundar a University Park, como uma maneira de direcionar as difíceis condições para os alunos do ensino médio das áreas empobrecidas ao redor da universidade. Três quartos dos estudantes são qualificados para almoço grátis, e os alunos tendem a entrar na escola atrasados vários anos do ponto de vista acadêmico.[10] No entanto, por meio da atenção personalizada a cada um dos seus mais de 200 estudantes, que começa em um acampamento que as crianças frequentam antes do 7º ano,[11] quase todos os graduados na University Park vão para a faculdade, sendo quase todos a primeira geração de estudantes universitários de suas famílias. Os alunos da Clark desempenham um papel ativo na University Park, como parte de todo o esforço de seus colegas para incorporá-los em cenários da vida real, em que exercem uma função vital para os estudantes universitários mais novos.

Uma releitura dos ideais dos graduados da Clark levou David a nova abordagem importante do currículo. Tradicionalmente, as faculdades pensam em termos de 1º período, 2º período, e assim por diante. Em vez disso, a Clark decidiu estabelecer três fases de desenvolvimento, ao redor dos quais organiza o currículo na universidade em: transição (estabelecendo a si mesmo como parte da comunidade universitária acadêmica); crescimento e exploração ("quebrando as estruturas" e descobrindo seus interesses e paixões mais profundos); e síntese e demonstração (reunindo o que você aprendeu em todos os seus cursos e começando a trabalhar de uma maneira prática). Os alunos são incentivados a passar por essas fases em sua própria linha do tempo.

O que David Angel está fazendo na Clark é uma versão particularmente refinada do que cada um da escola deveria ser destinado a fazer: aperfeiçoar e reformular a instituição conforme o fundamental para atender às necessidades em evolução dos alunos e da sociedade. David vê o nosso tempo como um momento decisivo para essa abordagem à liderança escolar.

"Na minha opinião, a educação é um ponto de transição, no qual um foco crescente nos resultados da aprendizagem está se tornando a base para avaliar as experiências educacionais disponíveis para os estudantes. Isso pode ser uma ferramenta muito poderosa para uma maior reflexão sobre o futuro da educação nos Estados Unidos. Estamos fazendo as perguntas: 'Que tipo de resultados e que tipos de práticas educacionais são importantes nesse sentido?'."

QUEBRANDO CLASSIFICAÇÕES E INOVANDO

A *National Association of Secondary School Principals* (NASSP [Associação Nacional de Diretores de Escolas Secundárias]) tem feito essas questões particulares há mais de três décadas. Em 1996, o NASSP divulgou seu relatório, *Breaking ranks: changing an american institution* (Quebrando as classificações: mudando uma instituição americana). Com base em décadas de testes e observações, o relatório identificou várias recomendações projetadas para ajudar os líderes escolares a fazer um trabalho melhor e mais personalizado para seus alunos e para a comunidade escolar.[12] Todo ano, desde 2007, a NASSP, trabalhando com a *MetLife Foundation*, nomeias algumas escolas norte-americanas de *breakthrough schools* (escolas inovadoras), com base na combinação de liderança; personalização; e currículo, instrução e avaliação.[13]

Recentemente, a organização criou a *Breaking Ranks Framework* (Estrutura de Quebra das Classificações), construída ao longo de linhas semelhantes aos critérios de concessão do Estado para as *breakthrough schools*. Ela não foi destinada a padronizar o comportamento entre as escolas de todos os Estados Unidos. Em vez disso, fornece um modelo que os líderes escolares podem seguir para personalizar um programa específico para as necessidades de suas instituições. A NASSP direcionou três áreas centrais, que foram consideradas aquelas nas quais o líder escolar deveria se concentrar:

- **Liderança colaborativa**: criar uma visão compartilhada, desenvolver um plano de melhorias definido e sustentável, identificar os principais papéis na equipe.
- **Personalizar o ambiente de sua escola**: banir a cultura do anonimato, que permite que tantos estudantes percorram a escola praticamente despercebidos, desenvolvendo planos pessoais para os alunos.
- **Currículo, instrução e avaliação para melhorar o desempenho do estudante**: priorizar a profundidade sobre a amplitude no que se refere

a conhecimento e oferecer alternativas rastreamento e agrupamento, fornecendo aos alunos conexões entre a vida real e o conteúdo que estão estudando.[14]

Também é fornecido um processo para desenvolver a cultura de uma escola, permitindo mudanças sustentáveis. Esse processo é executado em seis etapas, desde a coleta de dados e a identificação de prioridades até a comunicação e o monitoramento do plano, bem como os ajustes, quando necessário. Além disso, foram identificadas 10 habilidades que "abrangem a maior parte do que deve ser uma liderança escolar". Isso inclui a definição da direção instrucional, o desenvolvimento da liderança em outras pessoas e a construção de uma sensação significativa de trabalho em equipe.[15]

O que a NASSP oferece por meio da *Breaking ranks* é um modelo que pode ser aplicado ao longo do K-12 da educação. Como ele não aborda apenas o papel do líder, tem servido a um número considerável de escolas ao longo dos quase 20 anos desde que a NASSP emitiu seu relatório pela primeira vez.

AS RAÍZES DA CONQUISTA

No Capítulo 2, descrevi os quatro princípios gerais da agricultura orgânica – saúde, ecologia, justiça e cuidado – reformulando-os para a educação. Na agricultura orgânica, o foco não é apenas na produção, mas na vitalidade do solo e na qualidade do ambiente, das quais o crescimento sustentável e natural depende. Em educação, a aprendizagem natural e sustentável depende da cultura da escola e da qualidade do ambiente de ensino. Manter uma cultura de aprendizagem vibrante é a essência do papel do diretor.

Anteriormente, vimos um organograma gerencial baseado em princípios mecanicistas. Esses gráficos dão uma ideia da estrutura de uma organização. Fornecem uma noção de como isso realmente funciona. Há alguns anos, trabalhei com uma empresa de *design* na cidade de Nova York, em questões de mudança e inovação. Discutimos o poder das metáforas orgânicas. Algumas semanas depois, a empresa participou de uma reunião fora de seu local e redesenhou seu organograma em princípios orgânicos, como ilustra a figura a seguir.

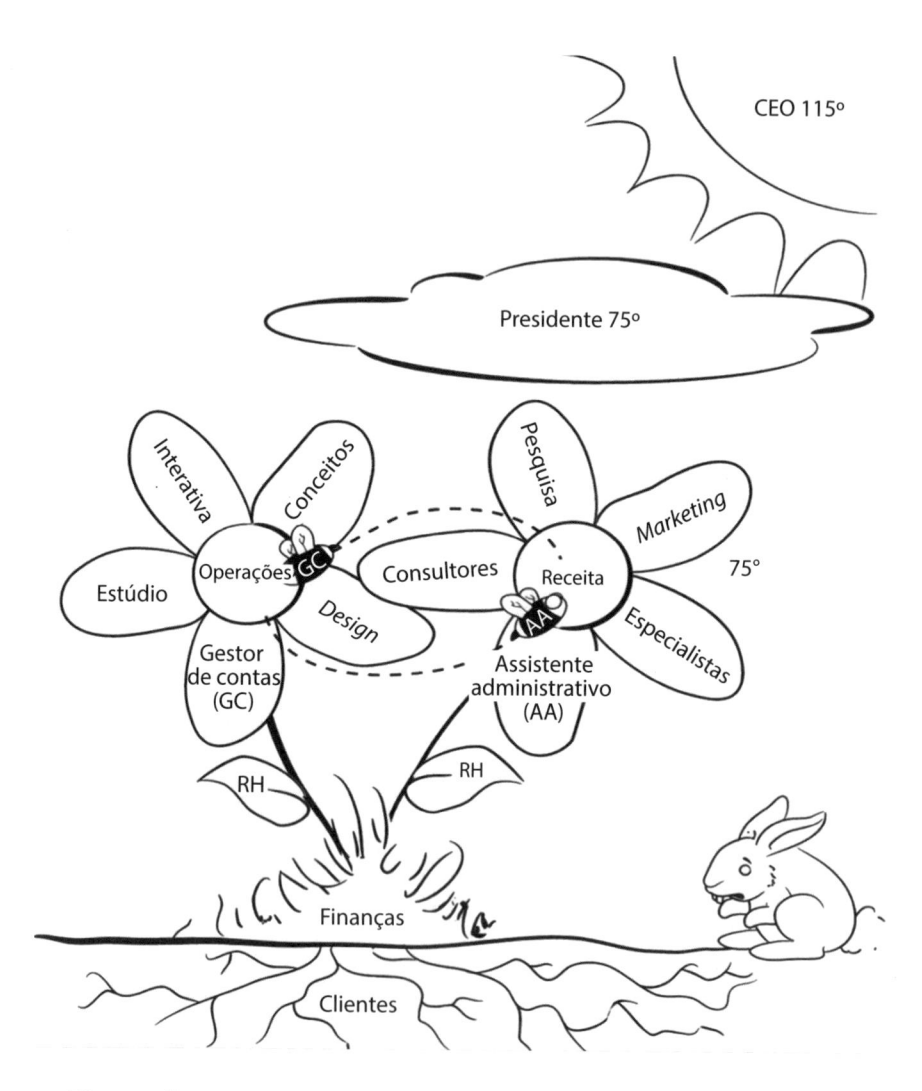

Eles explicaram que as raízes de sua organização estão na base de clientes, de onde vem sua receita. O crescimento da empresa depende da polinização cruzada de seus dois troncos principais de atividades, operações e receita, e seus vários elementos. Quando essa dinâmica funciona bem, a empresa cresce. Quando não funciona, a empresa também não funciona. O papel do presidente é parcialmente proteger a instituição das expectativas superaquecidas da diretoria e manter um clima no qual as pessoas possam trabalhar confortavelmente e fazer o melhor possível (não sei para que serve o coelho).

Às vezes, as escolas funcionam como empresas, e às vezes não. As escolas que crescem têm sua própria dinâmica. Em geral, elas promovem as seguintes características essenciais de empoderar uma cultura de aprendizagem:

- **Comunidade:** todos os seus membros sentem-se parte de uma comunidade compassiva, que apoia as necessidades e aspirações de cada integrante. Há um forte senso de identidade e propósitos compartilhados, que se estende além dos portões para abraçar as aspirações de todas as famílias a que serve e todas as organizações com as quais colabora.
- **Individualidade:** seus membros sentem-se respeitados como indivíduos, cada um com seus próprios talentos, interesses e necessidades. Eles são estimulados como indivíduos a desenvolver uma compreensão mais profunda de si mesmos, de seus próprios valores e aspirações e de seus medos e ansiedades. Todos sentem-se parte da uma comunidade maior, e sabem que não se perderão na multidão.
- **Possibilidade:** a escola oferece esperança e oportunidade para todos que fazem parte dela. Ela reconhece a grande variedade de talentos entre seus membros e oferece múltiplas vias para preencher suas aspirações. Fornece oportunidades para o que todos precisam saber em comum, assim como para que todos possam se destacar em seus próprios termos.

A cultura de uma escola é expressa por meio de seu currículo, ensino e práticas de avaliação. Em capítulos anteriores, identifiquei características-chave associadas a isso. Em meu modo ver, todos eles se relacionam com a cultura geral da escola assim:

Condições para o crescimento

Cultura	Currículo	Pedagogia	Avaliação
Comunidade	Diversidade	Inspiração	Motivação
Individualidade	Profundidade	Confiança	Conquista
Possibilidade	Dinamismo	Criatividade	Padrões

As organizações adaptam-se aos seus ambientes. Esse processo depende do fluxo de novas ideias e da vontade de experimentar novas abordagens. O papel de um líder criativo não é ter todas as ideias: é estimular uma cultura em que todos as tenham. Nessa perspectiva, o principal papel do diretor de uma escola não é *comandar e controlar*, mas *controlar o clima*.

A cultura das escolas também é profundamente afetada pelo clima mais geral em que funcionam. Criar as melhores oportunidades para as instituições de ensino é o papel essencial dos formuladores de políticas em educação, e em breve falaremos disso. Mas, primeiro, vamos considerar os parceiros mais importantes na escola: os pais e os familiares dos alunos.

9

Tragam tudo de volta para casa

Crianças e jovens geralmente passam mais tempo fora da escola do que nela. Pais e familiares têm importante influência no seu desempenho escolar. Quando escolas, pais e familiares trabalham juntos das maneiras corretas, eles geram todo tipo de benefícios para todas as partes envolvidas, e isso se aplica a todos os grupos sociais e econômicos. Dito isso, atualmente, uma das grandes complexidades para as escolas e os estudantes diz respeito às profundas alterações na natureza da família. Então, a quem nos referimos quando falamos em "pais"?

Existe geralmente uma resposta biológica, mas a resposta social com frequência é mais complexa. Nos Estados Unidos, uma minoria das crianças vive com seus pais biológicos no que era considerada uma família nuclear convencional.[1] Muitas vivem com apenas um dos pais, devido a divórcio ou separação, ou porque os genitores não eram um casal fixo desde o início. Alguns irmãos têm a mesma mãe, mas pais diferentes, ou o contrário, vivendo separados uns dos outros. Alguns vivem em famílias mistas, com mais de dois responsáveis. Alguns são criados por irmãos ou outros parentes. Alguns são os responsáveis por si próprios.

Um número pequeno, mas crescente, de crianças está sendo criado por pais ou mães do mesmo sexo por meio de barriga de aluguel ou adoção. E muitos pais ou mães, não importa quem sejam, estão agora trabalhando longas horas, frequentemente em vários empregos – se conseguirem um –, a fim de se manter. Como resultado, muitos jovens acabam, de algum modo, responsáveis por si mesmos.

Portanto, o cenário é complicado. Para nossos objetivos, os pais dos alunos são quaisquer pessoas que sejam responsáveis por seu bem-estar fora da escola. Em alguns casos, será um ou ambos os pais biológicos ou adotivos, e em outros casos não. Um dos desafios comuns para escolas e estudantes é saber exatamente quem são seus pais.

Ser pai ou mãe pode ser muito mais difícil do que você imagina antes de tornar um. Acredite em mim. Pode haver uma maravilhosa sensação de realização em ver seus filhos crescerem e sentir que sua relação com eles está cada dia mais forte. Muitos pais, porém, lutam cada vez mais com os desafios práticos e financeiros de manter uma família e equilibrar as exigências emocionais dos muitos papéis diferentes envolvidos em ser pai ou mãe.

As crianças também estão mudando. Elas estão amadurecendo muito mais rápido fisicamente. São submetidas à intensa pressão de seus colegas, de um ambiente cultural mais amplo, das demandas do mundo digital e mídias sociais e do ruído incessante das propagandas que os importunam, solicitando sua atenção, senso de identidade e dinheiro.

Pergunto a você, pai ou mãe: qual é a maneira correta de apoiar seu filho? Essa é uma questão complicada, mas deixe-me oferecer dois conselhos com base em pesquisas e na minha experiência. Faço isso reconhecendo que não existem regras universais de consenso sobre como melhor criar e educar seus filhos. Em grande parte, isso depende do contexto cultural e da experiência pessoal. Existem livros mais extensos do que este apenas sobre esse tema, bem como prateleiras de relatórios e artigos eruditos. Alguns "pais durões" acreditam que o direcionamento, o controle e a disciplina firmes sejam o caminho certo;[2] outros acreditam que um papel mais facilitador e orientador é o melhor.[3]

O ponto que você ocupa no espectro de posições dependerá de muitos fatores. Inevitavelmente, qualquer conselho que eu dê aqui é, do mesmo modo, influenciado pelo meu próprio contexto e disposição. Apresento esse conselho com a certeza de que boa parte do que as outras pessoas têm a dizer nessa área é influenciada por seus contextos.

VER O INDIVÍDUO

Frequentemente, faço uma aposta com pessoas que têm dois filhos ou mais. Nunca perdi essa aposta, e nunca perderei. Minha aposta é que essas crianças são completamente diferentes entre si. Sei disso porque todas as crianças são únicas, assim como você também é. Elas podem ser parecidas em alguns aspectos. Podem ser semelhantes a alguns dos seus parentes. Eu sou, e tenho certeza de que você é. Mas, de muitas maneiras, os indivíduos são, em grande parte, únicos, com seus próprios temperamentos, interesses, talentos e disposições. Você pode ajudar os seus filhos ao tratá-los como indivíduos e ao não presumir que devam seguir o mesmo caminho ou ser julgados pelos mesmos critérios na escola.

Uma das razões pelas quais tantos estudantes têm dificuldades na escola é o fato de não serem tratados como os indivíduos que são. Suas habilidades específicas não são normalmente reconhecidas ou apoiadas. Pais atenciosos conhecem seus filhos melhor do que a maioria das pessoas – incluindo os professores. Como pai ou mãe, você tem um papel essencial em ajudar as escolas a desenvolver uma compreensão mais completa das qualidades e capacidades únicas dos seus filhos.

Nossos filhos sempre estão mandando sinais sobre as pessoas em que estão se transformando. É fundamental que, como pais e professores, sejamos vigilantes e prestemos atenção. Nos livros da série *Element*, demos muitos exemplos de pessoas que foram levadas cedo em suas vidas a diferentes tipos de atividades. Às vezes, seus talentos reais estavam aparentes, embora suas famílias e escolas os ignorassem na época. Elas incluíam crianças que brincavam sem parar com Lego e que depois se tornaram arquitetos bem-sucedidos, desenhistas obsessivos que se tornaram cartunistas famosos, crianças "hiperativas" que se tornaram dançarinos profissionais ou ginastas, leitores silenciosos que se tornaram acadêmicos estudiosos.

A VIDA NÃO É LINEAR

Um dos perigos da educação padronizada é a ideia de que um tamanho serve para todos e de que a vida é linear. A verdade é que existem muitos caminhos para a realização. As vidas da maioria das pessoas não seguiram um curso-padrão. As pessoas comumente se movem em direções inesperadas, descobrem novos interesses ou aproveitam oportunidades inesperadas. Nas escolas, é importante não limitar o futuro das crianças ao pressuposto de que o tipo de educação que você teve será inevitavelmente o correto para elas. Você pode supor que algumas matérias serão necessariamente mais úteis do que outras para escolher uma carreira. À medida que o mundo muda, isso pode simplesmente não ser verdade. O melhor que você pode fazer é ajudar seus filhos a desenvolver, de diferentes maneiras, as competências gerais que discutimos no capítulo 6 e identificar os talentos e os interesses pessoais que mais os motivam. Eles criarão e viverão suas próprias vidas, como você mesmo fez. Por mais que se preocupe com eles, você não pode fazer isso em seu lugar.

QUAL É A SUA ESCOLHA?

Na introdução deste livro, eu disse que, se você estiver envolvido em educação de alguma forma, tem três opções: fazer mudanças de dentro do sistema, pressionar por mudanças no sistema e tomar iniciativas fora do sistema. Os pais também têm essas opções. Quando trabalham com as escolas e se empenham para mudá-las, eles podem obter dois tipos de benefícios.

O envolvimento dos pais na educação dos seus filhos tem influência direta na *motivação* e na *realização*, independentemente das condições socioeconômicas ou do contexto cultural. De acordo com o relatório *A new wave of evidence* (Uma nova onda de evidências), quando os pais "conversam com seus filhos sobre a escola, esperam que eles tenham bom desempenho, ajudam-nos a se planejar para a faculdade e garantem que as atividades fora da escola sejam construtivas, as crianças têm melhor desempenho escolar".[4]

Conectando-se às famílias, as escolas podem entender mais profundamente os interesses e as personalidades dos alunos a quem ensinam. Quando escolas, famílias e grupos da comunidade trabalham juntos para apoiar a aprendizagem, as crianças tendem a ir para a escola mais regularmente, permanecem nela por mais tempo, gostam mais da instituição, tiram melhores notas, têm maiores taxas de graduação e entram na educação superior.[5]

Muitos dos desafios que as escolas geralmente enfrentam – incluindo uso de drogas, *bullying*, violência e problemas disciplinares – podem aparecer na sala de aula, mas não têm origem nela. Eles extravasam a partir do mundo lá fora, onde os alunos gastam a maior parte do seu tempo e da sua energia. Desenvolver laços mais estreitos com as famílias e as comunidades é uma das melhores maneiras de entender e lidar com essas questões.

Em 2010, a University of Chicago publicou o relatório de um estudo de sete anos que avaliou o progresso escolar em instituições de ensino fundamental que atendem famílias de baixa renda na área urbana de Chicago.[6] "O estudo descobriu que as escolas de ensino fundamental em que havia forte participação familiar tinham dez vezes mais chance de apresentar melhor desempenho em matemática e quatro vezes mais chance de melhor rendimento em leitura do que as escolas fracas nesse aspecto."

Existem outras vantagens da colaboração entre pais e escolas. Essa colaboração é uma fonte potente para o *progresso escolar*. Como demonstramos, existem várias oportunidades para as escolas enriquecerem seu ensino e currículo por meio de parcerias criativas com as comunidades de que fazem parte. Quando constroem parcerias positivas com as famílias e escutam suas ideias e preocupações sobre a educação dos seus filhos, elas tendem a criar ambientes mais bem-sucedidos de aprendizagem.

Segundo o relatório da University of Chicago, "os laços entre os pais e a comunidade" são um dos "cinco suportes essenciais" para sucesso na reforma, que incluem forte liderança escolar, qualidade do corpo docente e dos funcionários, ambiente de aprendizagem centrado no aluno e forte alinhamento ao currículo. O relatório atribuiu a organizações de pais e da comunidade o mérito por melhores instalações e contratação de funcionários nas escolas, influenciando positivamente as decisões do currículo e oferecendo mais e melhores atividades escolares extracurriculares. Ao mesmo tempo, quando as famílias e as comunidades se organizam para tornar as escolas de baixo desempenho responsáveis, os distritos escolares têm maior chance de fazer mudanças positivas em suas políticas, práticas e recursos.[7]

ORIENTAÇÃO PARENTAL

Uma das coisas que tenho considerado confusas ao longo dos anos é o quanto alguns sistemas escolares são relutantes em utilizar a experiência de pais e outros membros da comunidade para aperfeiçoar seus programas. Como vimos com Steve Rees e a Minddrive mais cedo, essa participação pode levar a conquistas profundas, de modo que pode parecer contraintuitivo que a maioria dos distritos não utilize muito – ou até mesmo despreze – tais recursos.

Meu coautor, Lou Aronica, também ficou intrigado ao lidar com as escolas dos seus filhos. No início de cada ano, ele diz aos professores dos seus filhos que ele ficaria contente em ajudar de alguma maneira nos trabalhos de redação. Lou não é apenas um dos melhores autores de ficção e não ficção, é também um editor que recebeu vários prêmios, além de ter assistido a alguns cursos em educação na faculdade e ser certificado para ensinar inglês no Estado de Nova York. Então, não era como se ele estivesse se candidatando para realizar uma microcirurgia amadora por capricho. Contudo, ano após ano, os professores e administradores recusaram-se a aceitar sua oferta, exceto por recebê-lo algumas vezes em feiras de profissões. Os vizinhos de Lou relataram experiências semelhantes quando tentaram oferecer ajuda nas áreas que dominam.

Finalmente, este ano, a escola de ensino fundamental da sua filha iniciou uma série de programas de reforço e convidou Lou para realizar uma série de oficinas de contos com um pequeno grupo de alunos do 4º e 5º ano. Os estudantes do grupo de Lou responderam entusiasticamente. Apesar de reclamarem que o seu grupo era o único em toda a escola que exigia que seus participantes fizessem dever de casa, a maioria dos membros, ao fim do programa de cinco sessões, havia escrito um conto, e seu trabalho melhorou drasticamente da primeira sessão à última. Quando Lou teve que faltar à segunda sessão, uma professora da escola precisou substituí-lo, e ficou maravilhada com o nível de participação dos alunos.

Isso não surpreendeu Lou. Esses estudantes haviam escolhido participar do seu grupo, então provavelmente estariam motivados. Entretanto, como todos eles estavam extremamente interessados em escrever, responderam melhor diante da sua formação do que fariam se a mesma sessão tivesse sido conduzida por um professor. Essa é a importância de trazer a comunidade para a sala de aula e o motivo pelo qual é importante que os pais se ofereçam para realizar atividades nas escolas dos seus filhos. Não existe substituto para um grande professor treinado e dedicado. Se um pai ou outro membro da comunidade puder complementar o que a escola oferece, todos ganharão com isso.

PLANANDO SOBRE AS CABEÇAS

Uma advertência. Apesar de as evidências que apontam a importância do envolvimento dos pais com as escolas serem muito fortes, existem alguns pontos que não foram mencionados. Segundo Patrick F. Bassett, presidente da National Association of Independent Schools (Associação Nacional de Escolas Independentes), ocorre excesso de cuidados parentais quando os pais adotam o modo "helicóptero": "pairando incessantemente sobre seus filhos e precipitando-se em ajudá-los quando ocorre a primeira dificuldade".[8]

Bassett está falando dos pais cuja preocupação pelo bem-estar dos seus filhos se estende a ponto de justificarem a microadministração do sucesso das crianças, frequentemente em detrimento do crescimento delas. Ele destaca que os mais perigosos são os pais-helicóptero que pressionam os professores para que deem melhores notas ou que criam desculpas para o mau comportamento dos alunos, chegando inclusive ao ponto de ameaçar entrar com ações legais se seus filhos forem punidos.

"As lições que os alunos aprendem com essa superproteção é uma dependência perene: 'Não sou capaz de lutar minhas próprias batalhas ou de aceitar as consequências do meu mau comportamento, então graças a Deus que meus pais virão em meu socorro'. Essa pode ser a razão pela qual algumas faculdades estão relatando a presença de pais que tentam fazer as matrículas para seus filhos, o porquê de empregadores estarem relatando casos de pais que tentam negociar contratos dos primeiros trabalhos dos seus filhos e o motivo pelo qual um número crescente de pais está assistindo a seus filhos adultos formados na faculdade voltarem para casa para 'economizar dinheiro'."[9]

Chris Meno, uma psicóloga da Indiana University, concorda. Quando vê alunos envolvidos nesse tipo de relacionamento codependente em uma época de suas vidas em que deveriam ser indivíduos plenos, ela não poupa esforços para "desencorajá-los". Meno reconhece que os pais-helicóptero frequentemente têm intenções boas – preocupação genuína com seus filhos, sensação de "amizade" com seus filhos de que gerações anteriores não desfrutaram, desejo de protegê-los dos perigos do mundo –, mas que pais desse tipo estão potencialmente fazendo muito mal e oferecendo muito poucos benefícios.

"Quando as crianças não têm espaço para lutar sozinhas, elas não aprendem a resolver problemas muito bem. Elas não aprendem a confiar em suas próprias habilidades, o que pode afetar sua própria autoestima. O outro problema em nunca ter que lutar é que você nunca vivencia o insucesso e pode desenvolver um enorme medo de fracassar e de desapontar os outros. Tanto a baixa autoestima quanto o medo de fracassar podem levar à depressão e à ansiedade."

Embora Meno esteja falando especificamente sobre alunos na faixa etária do ensino superior, o mesmo argumento aplica-se a cuidados parentais ao longo da vida escolar dos estudantes. Acompanhar o que seu filho está aprendendo e como ele está sendo ensinado é algo muito importante. Fazer o trabalho do seu filho ou insistir que ele tenha desempenho superior e comportamento perfeito quando as evidências sugerem o contrário é uma conduta inadequada. Expressar sua opinião nas reuniões de pais e nas sessões dos comitês escolares é uma vantagem adicional. Exercer sua influência para obter vantagens especiais para seu filho não é.

DA CASA PARA A ESCOLA

Quais são as melhores maneiras de pais e escolas trabalharem juntos? Muitos dos exemplos que fornecemos apresentam pais e outros adultos trabalhando em parceria com as escolas em projetos conjuntos. Alguns deles foram iniciados no interior das instituições e outros vieram de fora delas. Todos ajudam a reordenar os relacionamentos convencionais entre as escolas e as famílias.

Em *Out of our minds*, descrevo o trabalho inovador e o etos específico da Blue School, uma escola de ensino fundamental em Manhattan. Fundada pelo Blue Man Group, o objetivo dessa escola é "repensar a educação para um mundo em mudança". Duas questões fundamentam sua abordagem: "O que importa em uma educação digna das vidas que nossas crianças irão viver e digna do mundo no qual queremos que elas vivam?". A resposta da Blue School é apoiar "comunidades de alunos criativos, felizes e solidários que utilizam pensamentos corajosos e inovadores para construir um mundo harmonioso e sustentável". Seu trabalho consiste em "uma abordagem educacional baseada em investigação que estimule a criatividade, promova a excelência acadêmica, estimule os relacionamentos humanos e inspire uma crescente paixão pela aprendizagem".

A escola tem como objetivo ajudar as crianças a se desenvolverem ao "fornecer oportunidades para que conexões humanas profundas permeiem todos os aspectos de suas vidas. Nossa abordagem educacional apoia as crianças na prática de respeito mútuo, cooperação, liderança, tutoria, escuta, integridade pessoal, valorização de diferenças e resolução de conflitos. Ajudamos a promover as habilidades sociais de que as crianças precisam para prosperar nos relacionamentos que formam ao longo de suas vidas".[10]

A diretora da escola é Alison Gaines Pell. "E se", ela pergunta, "uma escola valorizar em vez de depreciar as capacidades intelectuais das crianças? E se o currículo de uma escola for construído a partir das perguntas e das especulações dos alunos sobre o mundo, construído a partir do nosso desejo humano e natural de criar e fazer? E se desenvolvermos práticas educacionais que promovam – em vez de dificultar – a criatividade e a inovação? E se, livre de tudo que tem sempre deixado nossas escolas para trás e dos testes padronizados que paralisaram os discursos e as práticas de nossa nação, uma escola lançar os inventores, os artistas e os promotores de mudanças que irão atuar ousada e corajosamente diante de um mundo em mudança? E se aliarmos a aprendizagem na escola com os tipos de vidas que nossas crianças provavelmente vivenciam? Os tipos de vidas que esperamos que elas vivam?"

No centro da proposta da Blue School se encontra a crença na parceria entre as famílias e a escola na criação e na educação das crianças. Ao longo do ano, os pais são intimamente envolvidos no trabalho e no desenvolvimento da instituição – e não apenas como pais dos alunos, mas também como aprendizes. Pais, alunos, professores e funcionários unem-se para aprender, fazer conexões e brincar juntos como uma parte essencial da vida escolar. A cada ano, os eventos familiares incluem "grupos de discussão, encontros e reuniões de comunidade e também eventos mais formais [...] para apoiar a missão e a visão da escola, bem como para fazer conexões com nossa vibrante comunidade de adultos".

Durante o ano, os pais são convidados a se juntar a mesas redondas e outros eventos, que têm como propósito:

- apoiar a missão educacional e os objetivos da Blue School
- reforçar a conexão entre lar e escola
- ajudar os pais a serem participantes ativos na comunidade escolar
- construir uma comunidade forte entre as famílias
- facilitar a comunicação efetiva entre todos os membros da comunidade Blue School
- estimular uma compreensão mais profunda da estrutura educacional da Blue School

Esses relacionamentos de trabalho próximos entre a escola e sua comunidade de parceiros e pais não representam relações públicas nem exercícios promocionais; eles encontram-se no coração da filosofia escolar e da compreensão de si mesma. Eles são parte essencial do sucesso da Blue School em reimaginar a educação e o mundo em que eles e suas famílias desejam que seus filhos vivam e preservem. Eles não estão sozinhos. A National PTA (National Parent Teacher Association) (Associação Nacional de Pais e Professores) é a maior e mais antiga organização dos Estados Unidos envolvida na defesa da escolarização das crianças. Ela envolve milhões de famílias, educadores e membros da comunidade. Eles publicaram um conjunto de Parâmetros Nacionais para Parcerias Família-Escola, que serve como modelo para o tipo de engajamento que permite aos alunos se desenvolverem. Os seis parâmetros são:

1. *Acolher todas as famílias na comunidade escolar*. As famílias são participantes ativos na vida da escola e sentem-se acolhidas, valorizadas e conectadas umas às outras, aos funcionários da escola e às atividades que os alunos estão aprendendo e realizando nas turmas.
2. *Comunicar-se de maneira eficaz*. As famílias e os funcionários da escola estão envolvidos em uma comunicação regular, de mão dupla e significativa sobre a aprendizagem dos alunos.
3. *Apoiar o sucesso dos alunos*. As famílias e os funcionários da escola colaboram continuamente para apoiar a aprendizagem e o desenvolvimento saudável dos alunos, tanto em casa como na instituição, e têm oportunidades regulares de reforçar seus conhecimentos e habilidades para realizar isso de maneira efetiva.
4. *Defender cada criança*. As famílias são empoderadas como defensoras de seus filhos e de outras crianças, assegurando que os alunos sejam tratados de maneira justa e que tenham acesso a oportunidades de aprendizagem que darão suporte ao seu sucesso.

5. *Compartilhar o poder*. As famílias e os funcionários da escola são parceiros iguais nas decisões que afetam as crianças e as famílias e, juntos, informam, influenciam e criam políticas, práticas e programas.
6. *Colaborar com a comunidade*. As famílias e os funcionários da escola colaboram com os membros da comunidade para conectar alunos, famílias e funcionários a oportunidades de aprendizagem, serviços comunitários e participação cívica ampliados.[11]

Segundo o presidente da National PTA, Otha Thornton, "A participação das famílias não se limita a ajudar as crianças com o dever de casa, comparecer a reuniões na escola e se apresentar aos professores. Envolve também fazer a defesa de suas posições nos comitês escolares locais e nos governos estaduais e federais a fim de garantir que as escolas tenham os recursos de que precisam para oferecer uma educação de nível internacional a cada estudante".[12]

O Departamento de Educação dos Estados Unidos também se pronunciou a favor da participação das famílias, publicando seu relatório (com um título muito pesado) *Partners in education: a dual capacity-building framework for family-school partnerships* (Parceiros na educação: uma abordagem de dupla capacidade construtora de parcerias família-escola).[13] O documento reforça a importância de famílias e escolas trabalharem juntas, bem como lista uma série de condições, objetivos e resultados que acredita que pais e educadores devem procurar alcançar. A abordagem mostra o processo de passagem de uma parceria ineficaz, na qual nem as escolas nem as famílias têm a capacidade de colaborar, passando pelos "quatros Cs" (capacidades, conexões, cognição e confiança), até chegar a uma parceria efetiva que permite que as escolas e as famílias trabalhem juntas, apoiando as conquistas dos alunos.

Para os educadores, a abordagem oferece a oportunidade de reconhecer a sabedoria e a interconectividade das famílias, criar uma cultura que valoriza a participação dos pais e canalizar as interações pais-escola para uma melhora na aprendizagem dos alunos. Para as famílias, "independentemente de sua raça/etnia, base educacional, gênero, deficiência ou *status* socioeconômico", a abordagem oferece um ambiente em que os pais podem apoiar, encorajar e defender seus filhos, enquanto também servem como modelos para a aprendizagem.[14]

A participação das famílias é vital, mas só é possível se as escolas a tornarem acessível. As instituições de ensino frequentemente precisam ser ativas, fazendo os pais serem parte da equipe, recomendando oficinas realizadas por pais, promovendo encontros regulares presenciais e construindo relacionamentos colaborativos de confiança entre professores, famílias e membros da comunidade.

A Edutopia, uma organização não lucrativa criada pela George Lucas Educational Foundation (Fundação Educacional George Lucas), fornece 10 dicas para que educadores tornem suas escolas mais convidativas, as quais os pais podem utilizar para orientar suas interações com as escolas de seus filhos:[15]

- Vá onde seus pais se encontram – utilize redes sociais, como Facebook, Twitter e Pinterest, para manter os pais informados e encorajar as interações.
- Acolha a todos – reconheça que muitas famílias na sua comunidade podem não ser falantes fluentes do idioma e utilize tecnologias para ajudar em sua comunicação com elas.
- Esteja lá virtualmente – utilize ferramentas da internet para oferecer "uma janela virtual para a sala de aula". A Edutopia utiliza o ambiente virtual Edmodo e a ferramenta de gerenciamento de tarefas Blackboard Learn, entre outras.
- Telefones inteligentes, escolas inteligentes – a Edutopia defende a utilização de *smartphones* para promover a participação das famílias, sugerindo a utilização de grupos para trocas de mensagens e de vários aplicativos que podem facilitar esse processo.
- Aproveite as mídias – utilize as mídias atuais (o lançamento de um novo livro ou filme relacionado à educação, por exemplo) como plataforma para criar um fórum aberto para discutir as atividades escolares e a reforma educacional.
- Torne a leitura uma atividade familiar – utilize programas como Read Across America, First Book e Experience Corps a fim de promover a leitura como uma atividade familiar.
- Leve a conversação para casa – inverta a reunião de pais e professores, fazendo os professores visitarem as casas dos alunos.
- Marque reuniões de pais lideradas por alunos – permita que os alunos conduzam a reunião de pais e professores, apresentem alguns dos seus trabalhos e exibam seus pontos fortes, desafios e objetivos.
- Faça as famílias se mexerem – crie eventos escolares que estimulem exercícios e brincadeiras como atividades realizadas com a família.
- Construa parcerias com os pais – utilize uma grande variedade de ferramentas, como iniciar um clube do livro organizado pelos pais ou criar tarefas que incluam entrevistas familiares, a fim de envolver ativamente os pais nos trabalhos escolares.

No fim dos anos 1990, foi lançada uma iniciativa nas escolas públicas do condado de Los Angeles, criando uma extensa abordagem para melhorar a qualidade das escolas da cidade. Uma das principais conclusões dessa iniciativa foi a importância vital de envolver os pais. Conseguir esse envolvimento foi um desafio particular nas escolas da periferia, porque muitos pais falavam pouco ou não falavam inglês, frequentemente tinham vários empregos e não tinham disponibilidade para participar das atividades escolares ou das reuniões com os professores.

Além disso, os pais que não falavam inglês frequentemente se sentiam marginalizados pelos sistemas escolares, sendo efetivamente dito a eles que, se não sabiam falar inglês, não poderiam participar da educação dos seus filhos. A partir desse estudo, surgiu a Families in Schools (Famílias nas Escolas), cujo objetivo é reunir pais, alunos e educadores em torno de um propósito comum, apesar de todos os obstáculos.[16]

Oscar Cruz é o presidente da Families in Schools. "Entendemos a importância do envolvimento dos pais no apoio aos seus filhos e na sua educação", ele disse-me. "O que era menos claro era o papel da escola na promoção desse envolvimento. A participação dos pais era encarada unicamente como responsabilidade deles. Um pai vem até nós para pedir recursos, mas ele fala outra língua. Os funcionários da escola olham para ele e dizem: 'Olha, você precisa aprender inglês. Vá primeiro aprender a falar inglês, e então poderemos ajudá-lo'. É um obstáculo que esse pai enfrenta. Para nós, uma estratégia de envolvimento da família seria o treinamento de funcionários a fim de garantir que todos os pais que venham à escola se sintam acolhidos e valorizados.

"Assim que você realmente começa a observar como a educação está tratando os pais, você percebe a presença de interesses muito poderosos enraizados. Um sindicato apoiaria a resposta dos pais como parte das avaliações dos professores? Um sindicato apoiaria que os pais tivessem uma voz mais forte nas negociações dos contratos do distrito? A burocracia é muito poderosa e os políticos da educação são fortes, e, muitas vezes, isso suplanta os interesses das conquistas dos alunos.

"Sempre soubemos que os pais eram importantes. A pergunta é: quais são as condições que precisam mudar no interior das escolas para torná-las mais acolhedoras e favoráveis às famílias, especialmente em comunidades em que há predomínio de baixa renda?"

A Families in Schools aborda essa questão em três frentes. Uma é a criação de materiais culturalmente relevantes que os pais podem utilizar para aprender como podem se tornar mais envolvidos ativamente na escola de seus filhos. Outra é apoiando o treinamento dos funcionários da escola a fim de mostrar como podem se conectar efetivamente com os pais. A terceira é a defesa por uma mudança de políticas em nível distrital para encorajar investimentos nas duas primeiras iniciativas. Em alguns casos, a Families in Schools fará o treinamento dos funcionários por conta própria em situações em que a falta de recursos não permite que as escolas o realizem.

Oscar entende que a única maneira de obter mais participação dos pais é ajudar mais pais a participarem da aprendizagem dos seus filhos em casa. Com esse propósito, eles lançaram dois programas importantes. Um é o Million Word Challenge (Desafio de um milhão de palavras), em que a organização patrocina um concurso nas escolas da área de Los Angeles, encorajando a leitura fora da sala de aula. A participação dos pais é central para a realização do evento, uma vez que eles ajudam seus filhos a criarem um registro histórico e aprovam seu progresso. O segundo programa é o Read With Me (Leia Comigo), uma livraria de empréstimo que doa 20 sacolas cheias de livros para um grande número de salas de aula, a fim de que os alunos os levem para casa e leiam com suas famílias. O tempo de leitura aumentou em 20 minutos por dia, graças à acessibilidade dessas obras.

"Cada vez mais, existe uma discussão intensa sobre a participação dos pais", disse Oscar. "Podemos ver isso na imprensa, podemos ver isso na política em nível estadual. Você pode ver os pais assumindo o controle das escolas e exigindo mudanças. As pessoas estão obtendo mais informações que as tornam mais proativas. Acho que outro aspecto positivo é que, quanto mais latinos e líderes de minorias assumem posições de poder aqui nos Estados Unidos, mais levam consigo uma boa compreensão sobre a natureza dos problemas do país, e estão moldando as soluções."

"Do modo como o envolvimento dos pais está estruturado nas escolas, eles dispõem de maneiras muito formais de ter voz", disse Oscar. "Pode existir uma Associação de Pais e Professores, um conselho escolar, mas a noção real do que é uma organização democrática – um local em que existe fluxo de informações para as pessoas tomarem decisões, onde há parcerias, entendimento e respeito comum – ainda não foi atingida. Para que os pais sejam parceiros, eles precisam ser bem informados, e isso é responsabilidade da escola."

Oscar Cruz e os funcionários da Families in Schools dedicaram-se a mudar a dinâmica entre pais e escolas por uma razão que é relevante para todos: independentemente de onde você vive e de qual é seu *status* socioeconômico, quando os pais têm interesse ativo na educação dos filhos, estes têm muito mais chances de ser bem-sucedidos.

ENSINE BEM AOS SEUS FILHOS

O nível mais elevado de envolvimento parental na educação dos filhos é a escolarização domiciliar (em inglês *homeschooling*), uma prática que ganhou força nos últimos anos. Antes considerada como o domínio dos excêntricos, ela agora está se tornando popular. Segundo o Departamento de Educação dos Estados Unidos, aproximadamente 3% das crianças em idade escolar foram escolarizadas em casa no ano letivo de 2011-2012.[17] Existem muitas razões convincentes para considerar a escolarização domiciliar como uma opção. Uma é o fato de que ela trata de uma variedade de temas que abordamos em outro momento sobre a personalização da educação, evitando a confiança em um ensino para testes padronizados e oferecendo às crianças espaço para descobrir suas verdadeiras paixões e interesses. As evidências parecem indicar que os alunos que recebem escolarização domiciliar tendem a ter desempenho superior ao de outros indivíduos no desempenho dos testes acadêmicos e no SAT.

Quinn Cummings é a autora de *The year of learning dangerously* (O ano de aprender perigosamente), uma memória de suas experiências na escolarização domiciliar de sua filha Alice. Nele, ela escreve:

> O pai de Alice e eu conhecíamos nossa filha melhor do que qualquer outra pessoa e não podíamos mais ignorar o fato de que ela não estava trabalhando duro na escola. Como as pessoas dizem, "ela não estava atingindo seu potencial total". Ao mesmo tempo, eu também estava preocupada com o fato de que sua carga de deveres de casa aumentaria a cada ano, deixando-a com menos tempo disponível para acompanhar uma curiosidade repentina, aprofundar-se em um tema aleatório, mergulhar em uma atividade sem sentido ou criar algo por nenhuma razão especial a não ser a inspiração. Eu era ambiciosa. Queria que ela ampliasse sua mente e sua autoconfiança, mas também queria que brincasse com os amigos, lesse livros, escutasse música e olhasse para o nada com o tédio agradável de uma longa tarde sem ter de estar em lugar algum ou fazer qualquer coisa.[18]

O que Quinn Cummings está defendendo aqui é o maior argumento para a escolarização domiciliar: ela permite que você cobre do seu filho no que ele precisa ser cobrado (Alice, por exemplo, tendia a fingir que não conseguia fazer divisões de números grandes com resto), enquanto se deixa um enorme espaço para improvisação e descoberta.

Logan LaPlante apoiaria essa perspectiva. Logan é um adolescente que recebeu escolarização domiciliar desde o 4º ano. Ele acredita que ter sido escolarizado dessa forma lhe permitiu se aprofundar em certas áreas, mantendo ainda uma educação ampla. "Estou definitivamente me concentrando em certas coisas", ele disse-me, "mas não estou ignorando outras. Ainda estou estudando cada um dos assuntos escolares, apenas faço isso de maneira diferente. Meu currículo é uma mistura. Eu curso matemática tradicionalmente *on-line*. Mas também aprendo matemática por meio do *design* quando estou nos meus estágios. Fazemos todas as coisas que precisam ser aprendidas em um determinado ano."

Logan considera essa abordagem como muito mais valiosa do que as experiências dos seus amigos educados tradicionalmente. "Meus amigos estão se esforçando muito porque estão passando de história direto para matemática, direto para ciências ou o que seja, e não estão se aprofundando o suficiente em suas aulas. Eles gostariam de se aprofundar mais e integrar mais as matérias em um tópico, como eu fiz em uma aula sobre governo, nesse outono, em que aprendemos sobre o governo, sobre a história até a época da Guerra Civil Americana e cursamos artes – integramos várias matérias naquele único tema."

Em 2013, Logan deu uma palestra em um evento TEDx na University of Nevada. Ele falou sobre como "fez desvios" na sua educação, utilizando uma variedade de recursos à sua disposição a fim de reunir o currículo que acreditava ser o melhor para si. "Eu aproveito as oportunidades na minha comunidade e em uma rede de trabalho de meus amigos e família", afirmou durante a palestra. "Aproveito as oportunidades para vivenciar o que estou aprendendo. E não tenho medo de buscar atalhos ou desvios para obter um resultado melhor e mais rápido."[19]

Embora alguns pais façam a escolarização domiciliar dos seus filhos por conta própria, suplementando essa educação com cursos *on-line*, tutores de especialidades e programas de reforço em suas comunidades, Logan tem acesso a um grupo mais amplo de professores na sua comunidade. Ele faz isso com um núcleo de outros alunos que receberam escolarização domiciliar. "Alguns dos nossos professores são professores de química na University of Nevada-Reno. Alguns dos alunos são apenas mães com filhos em idade escolar que cursam disciplinas de verão, como aquela aula sobre governo. Alguns deles têm mestrado em literatura, então, são nossos professores de escrita. Todos nos reunimos por cerca de oito semanas, com uma ou duas aulas semanais."

A escolarização domiciliar não deixa de ter desafios. A National Education Association recentemente se pronunciou a respeito, dizendo que "acredita que os programas de escolarização domiciliar baseados na escolha dos pais não são capazes de proporcionar ao aluno uma experiência educacional completa".[20] Também há a preocupação com o fato de a escolarização domiciliar dificultar a socialização. E, é claro, existe a questão dos custos, que podem ir de alguns milhares de dólares por ano até mais de 10 mil dólares. Por fim, existe também o comprometimento de passar um determinado número de horas com seus filhos todos os dias, que é um nível de participação dos pais que poucos imaginam quando têm filhos. Nenhuma dessas questões deve ser considerada de modo superficial, mas, para um número crescente de pais, os prós superam os contras. Certamente, é difícil negar que a escolarização domiciliar seja a expressão última da participação familiar na aprendizagem personalizada e, aconteça em casa ou na escola, está envolvida em tornar a educação mais pessoal, mobilizadora e plena.

10

Mudança de clima

Por mais que as escolas se esforcem para se transformar, suas culturas são muito afetadas pelo clima político que as envolve. As mudanças necessárias nas escolas acontecerão mais facilmente se as políticas locais e nacionais realmente as apoiarem. Para tanto, os legisladores precisam entender seus papéis específicos para permitir que essas mudanças aconteçam.

Quem são os legisladores? Nesta obra, tomamos por legisladores todas as pessoas que definem os tempos e as condições práticas sob as quais as escolas devem trabalhar, incluindo membros do conselho escolar, superintendentes, políticos e líderes sindicais. Constituem uma teia complexa de interesses diferentes, muitas vezes conflitantes. Trabalhei com legisladores em todos os níveis de educação em todo o mundo. A maioria das pessoas que conheço é apaixonadamente comprometida com o sucesso de suas escolas e deseja ser assertiva com os alunos. Muitos fazem o melhor que podem em condições adversas. Alguns buscam políticas bem-intencionadas que, inadvertidamente, frustram as metas que estão tentando alcançar.

Como vimos, é um ambiente complexo e um grande desafio de políticas educacionais, sobretudo quando essas políticas concentram-se em objetivos errados, ou as estratégias estão desalinhadas com o modo como as escolas precisam realmente trabalhar. Assim, em geral, quais devem ser os papéis dos legisladores na transformação das escolas? E o que eles realmente deveriam fazer para ajudar as escolas a atender os quatro propósitos básicos da educação: *econômico, cultural, social e pessoal*?

...

Antes de dar minhas respostas, vamos ver como um grupo de legisladores e educadores está trabalhando para mudar a cultura da educação em uma das áreas mais pobres dos Estados Unidos. Eles estão indo além das limitações da cultura-padrão para efetuar mudanças transformadoras em suas escolas públicas locais.

AS RAÍZES DA CONQUISTA

No Estado da Carolina do Sul, nos Estados Unidos, os números não são bons. De acordo com o National Assessment of Educational Progress (NAEP [Avaliação Nacional do Progresso da Educação]), em 2013, o percentual de estudantes do 4º e do 8º ano (em que foram realizadas as avaliações do NAEP) que estavam no nível da proficiência em leitura e matemática ou acima dele era menor que a média nacional. Cerca de um quarto dos estudantes não terminava o ensino médio em quatro anos, e, daqueles que conseguiam concluí-lo, 40% necessitavam de auxílio antes de entrar na faculdade.[1] Esses programas de auxílio custam ao Estado, sem muito dinheiro, cerca de 21 milhões de dólares por ano. Uma pesquisa pública mostrou que três quartos dos pais com filhos das escolas públicas da Carolina do Sul consideravam que o sistema precisava fazer grandes mudanças. Mas isso significava ultrapassar antigas crenças arraigadas dentro dessas mesmas comunidades sobre como as escolas deveriam ser e funcionar.

Essas eram condições assustadoras para a transformação, mas um grupo de educadores dedicados aceitou o desafio. Em outubro de 2012, eles enviaram um relatório de inovação ao conselho estadual de educação. O relatório definia as questões e os desafios. Eles também questionavam quem no Estado poderia ajudar a realizar as mudanças necessárias. Alguns líderes estaduais sugeriram a New Carolina, uma organização sem fins lucrativos que se concentra no desenvolvimento econômico. O grupo reuniu-se com a New Carolina, e juntos lançaram o TransformSC. Enquanto escrevo este texto, o programa ainda está ganhando força, mas suas ambições e abordagens prometem levar o sistema educacional do Estado a novas direções significativas.

Moryah Jackson é a diretora de iniciativas de educação da New Carolina. Ela me disse que a New Carolina se orgulha de ser "uma organização que conecta todos os pontos e é capaz de aglutinar as pessoas de maneira apartidária". O primeiro passo foi dado em direção às comunidades, para entender o que o público via como as mudanças mais importantes e necessárias para melhorar a educação na Carolina do Sul. Eles possuíam o documento de inovação, mas precisavam se alinhar com os sentimentos do público, se quisessem ter o tipo de adesão de que necessitavam para fazer as mudanças acontecerem. "Fiquei impressionada com as respostas", disse Moryah. "Senadores, membros da casa, autoridades municipais, pais, professores. Sentimos que realmente tínhamos atingido um ponto nevrálgico e que as pessoas de fato se importavam com o que estava acontecendo. Desse modo, conseguimos estabelecer uma base muito sólida para nós."

"Queremos mostrar às pessoas que mudanças podem ocorrer. No curto prazo, estamos trabalhando para colocar todos na mesma página. Nossos administradores escolares concordaram com as características de um graduado do século XXI, e a Câmara de Comércio do Estado já adotou essas mesmas características. Isso foi importante, porque muitas vezes os educadores e os líderes de negócios falam línguas diferentes."

Ficou claro, por meio dessas sessões e encontros de divulgação com os superintendentes escolares, que havia um desejo real em muitas partes do Estado de se concentrar mais nos tipos de programas práticos e colaborativos que discutimos neste livro. Essas escolas da Carolina do Sul estavam priorizando a tecnologia, mudando para modelos de aprendizagem baseada em projetos, desenvolvendo habilidades subvalorizadas como solução de problemas e comunicação, e dando aos professores significativamente mais liberdade, enquanto ainda os mantêm responsáveis pelos resultados. Em todo o Estado, havia também um sentimento muito forte de que novas formas de avaliação eram necessárias. Moryah disse: "Sabemos da importância de ter avaliação formativa e sumativa. Precisamos ter os dados em tempo real. Os professores não devem esperar até o fim do ano e só receber os resultados dos exames no ano seguinte. Eles precisam ter avaliações não cognitivas. Se estamos falando em aprendizagem baseada em projetos, como avaliar as lideranças? Como avaliar as habilidades de comunicação?".

"No longo prazo, esperamos que 90% de nossos alunos estejam prontos para uma profissão ou para a faculdade. Isso não significa necessariamente que os resultados dos exames irão melhorar. Estamos realmente tentando ser mais inteligentes em relação a essa questão. Queremos que nossas salas de aula reflitam mais sobre o mundo real. O mundo está mudando. Precisamos ter certeza de que nossos alunos estão preparados para competir na economia do conhecimento."

A iniciativa da New Carolina baseia-se na capacitação de diretores e professores para melhorar a cultura geral de conquistas em suas próprias escolas. "Eles têm muita flexibilidade, e há muitas inovações que eles mesmos podem fazer, mas precisam de alguém para dizer: 'Está tudo bem; estamos aqui para apoiá-los. Vamos defendê-los no legislativo'. É uma linha muito tênue para nós, na Carolina do Sul, em termos de estrutura. Cada distrito escolar tem uma diretoria local da escola, e essa diretoria contrata um superintendente. Em nível estadual, o superintendente estadual não tem muito poder. Se a comunidade local não estiver satisfeita com o superintendente, ele é demitido. Assim, estamos dizendo às pessoas que o que esses superintendentes e professores estão fazendo está certo, para que possamos apoiá-los."

À medida que o programa se desenrola, um dos maiores desafios é lidar com o pensamento arraigado sobre escolas e educação, mesmo entre pais e legisladores que pensam que a mudança é fundamental. "Pela primeira vez em décadas, todos concordam que precisamos mudar, mas é difícil mudar a cultura. Todos sabem como as escolas geralmente são, de modo que temos alguns laços muito fortes com nossas instituições de ensino. Quando começamos a falar sobre redesenhar completamente a estrutura, para que não pareça mais uma escola, nos deparamos com alguns problemas na comunidade."

Muitos ficaram maravilhados com o projeto progressista da River Bluff High School, em Lexington, Carolina do Sul, seu currículo Expeditionary Learning (Aprendizado Rápido) e sua ausência de livros-texto ou armários. Outros queixaram-se de que ela se parece mais com um Starbucks do que com uma escola. O que a TransformSC está apresentando aqui é algo que os reformadores já enfrentaram em outras partes do mundo – a ausência de conexão que ocorre quando uma nova visão contradiz drasticamente uma que é mantida há muito tempo.

"Um modo poderoso de mudar é mudar a maneira como falamos sobre educação pública. Estamos tentando enfatizar o lado positivo, e talvez os pessimistas dirão: 'Sabe de uma coisa, talvez isso não seja tão ruim' ou 'Talvez possamos fazer isso'. Somos muito intencionais em como falamos sobre o que estamos fazendo. Em vez de dizer: 'A escola está falhando porque a pobreza é alta', vamos encontrar as escolas muito pobres que estão tendo sucesso." À medida que o programa ultrapassa sua fase de lançamento, ele começa a ganhar ímpeto. No outono de 2013, já havia 37 escolas participando da iniciativa, cobrindo uma ampla faixa demográfica.

POLÍTICAS PARA O CRESCIMENTO

Com o TransformSC e muitos outros exemplos fornecidos, as políticas superiores se concentraram em estimular a inovação desde a base. Isso se trata de criar condições em que as escolas possam passar por autotransformações. Mas quais são exatamente essas condições?

Como já disse anteriormente, o verdadeiro papel de líderes efetivos na educação não é o *comandar e controlar*, e sim, *controlar o clima*. Assim que professores e diretores conseguem criar as condições de crescimento para seus próprios alunos e comunidades, o papel dos legisladores passa a ser criar condições semelhantes para as redes de escolas e comunidades em que trabalham. Eu tenho sugerido que a educação deve se basear nos princípios de *saúde, ecologia, justiça* e *cuidado*. Para praticá-los, os legisladores devem facilitar algumas condições, as quais estão implícitas em muitos exemplos fornecidos ao longo deste livro. Deixe-me explicitá--los aqui.

Promoção da saúde

Alunos entusiasmados

O pré-requisito básico para uma educação efetiva é cultivar o entusiasmo dos alunos pela aprendizagem. Isso significa compreender como eles aprendem, fornecer um currículo diversificado e apoiar métodos de ensino e avaliação capazes de motivar, e não de inibir a aprendizagem. Se os estudantes não estiverem envolvidos com a escola, tudo o que segue em nome da educação é praticamente irrelevante. Os custos decorrentes do abandono dos estudos são muito maiores do que os do investimento em escolas que estimulam a aprendizagem.

Professores especialistas

No começo, fiz uma distinção entre aprendizagem e educação. O papel dos professores é facilitar a aprendizagem, e isso é uma tarefa profissional especializada. É por isso que sistemas escolares de alto desempenho promovem prêmios para o recrutamento, a retenção e o desenvolvimento profissional contínuo dos professores de alta qualidade. Não existe um sistema de educação no mundo que seja mais confiável que seus próprios professores.

Visão inspiradora

As pessoas irão conquistar milagres se estiverem motivadas por uma visão direcionada e um senso de propósito. Essa visão deve conectar-se com os indivíduos no nível pessoal. Não consigo imaginar crianças que acordam pela manhã e se perguntam o que podem fazer para elevar seus padrões de leitura. Porém, incontáveis crianças desejam ler, escrever e fazer cálculos, e cantar, dançar, explorar e experimentar. Inúmeros pais e professores desejam apoiá-los. Eles necessitam de políticas e visões que tratem de seus próprios interesses e circunstâncias, e que não se reduzam a dados em alguma competição política abstrata.

NUTRINDO A ECOLOGIA

Líderes inspiradores

Grandes sistemas exigem grandes líderes. Assim como os alunos podem ser inspirados a ter ideais mais elevados por professores inspiradores, e escolas podem ser inspiradas por um diretor visionário, as redes de escolas precisam acreditar nas lideranças que as afetam. Elas precisam saber que os legisladores realmente compreendem os desafios do dia a dia de ensinar e aprender, e precisam acreditar que eles têm em mente o melhor para as escolas nas políticas que criam. Os legisladores não conseguem aumentar as conquistas das escolas sem a confiança e o comprometimento daqueles que realmente trabalham nela.

Alinhamento e coerência

Sistemas saudáveis trabalham de forma holística; cada elemento sustenta os outros. Com a educação deveria acontecer o mesmo. Em um sistema complexo como esse, com muitos subsistemas e dinâmicas, o risco constante é que as preocupações de diferentes grupos de interesse fiquem desalinhadas. Em sistemas de qualidade, a visão para a educação está muito alinhada com a prática ao longo de todas as fases e níveis do sistema. São as pessoas que se movimentam pelos sistemas, e a coerência de suas experiências é uma consideração crucial, e não incidental.

Recursos bem-concentrados

Sistemas de educação de alto desempenho têm bons recursos. Esses recursos não são apenas financeiros. A qualidade da educação não está inevitavelmente relacionada à quantidade de dinheiro que ela consome – neste livro, vimos alguns bons exemplos de escolas com alta qualidade educacional, apesar de recursos limitados. No geral, entretanto, os Estados Unidos gastam mais dinheiro *per capita* em educação do que qualquer outro país no mundo, mas isso não significa que tenham o melhor sistema. Tudo depende de onde se concentram esses recursos. Sistemas de alto desempenho investem especialmente em treinamento profissional, em tecnologia adequada e em serviço de apoio comum, que estariam além do alcance de escolas individualmente.

PROMOÇÃO DE JUSTIÇA

Parceria e colaboração

O movimento de padronização está enraizado na competição entre estudantes, professores, escolas, distritos e, agora, entre países. Há lugar para a competição na educação, como existe no restante da vida. Mas um sistema que coloca as pessoas umas contra as outras acaba interpretando erroneamente a dinâmica que conduz à realização. A educação prospera em parceria e colaboração – dentro das escolas, entre escolas e com outros grupos e organizações.

Inovação estratégica

Mover-se do *status quo* para um novo paradigma exige imaginação e visão, bem como cuidado e julgamento. "Cuidar" é salvaguardar o que é conhecido por funcionar enquanto se prepara para explorar novas abordagens de forma responsável. Uma das estratégias mais poderosas para a mudança sistêmica é testar os benefícios de fazer de um modo diferente. A inovação é estratégica quando possui um significado além de seu contexto imediato – quando inspira outros a inovar, de modo semelhante, em suas próprias situações.

Defesa e permissão

Um dos papéis dos legisladores é criar condições nas quais a inovação local seja ativamente estimulada e apoiada. A mudança é frequentemente difícil, pelo menos quando envolve práticas desafiadoras que há muito tempo são tidas como certas. Eu disse anteriormente que a cultura é um conjunto de permissões sobre o que é e o que não é um comportamento aceitável. Os legisladores podem facilitar a mudança em todos os níveis, defendendo-a e fornecendo às escolas a permissão para romper antigos hábitos, no interesse de abrir novos caminhos.

FORNECENDO O CUIDADO

Padrões elevados

É fundamental ter padrões elevados nas escolas em todas as áreas da aprendizagem. Os altos padrões podem inspirar as conquistas e capacitar pessoas a realizar mais do que elas jamais imaginariam conseguir. Isso é tão válido para música e dança quanto para matemática e engenharia. Para ser eficaz, alcançar os padrões deve ser um estímulo para a realização, e não um fim em si mesmo. É fundamental que todos estejam de acordo sobre quais são esses padrões e que haja um processo colaborativo de respeito mútuo para alcançá-lo.

Prestação de contas inteligente

Padrões elevados não se referem apenas a o que os alunos fazem. Eles são essenciais no ensino, na administração e na liderança. A prestação de contas não deve ser uma via de mão única. Certamente, os educadores devem ser responsáveis pela sua eficácia. O mesmo deve acontecer com os legisladores, que interferem no trabalho dos educadores. Prestação de contas implica responsabilidade e controle. Se é esperado que as pessoas prestem contas, deve ser por fatores que elas podem controlar. Um sistema inteligente de prestação de contas deve considerar os fatores na vida dos alunos que as escolas podem atenuar, mas não podem controlar, e deve funcionar em todas as áreas e níveis do sistema.

Desenvolvimento profissional contínuo

Ensinar é uma profissão que exige muito. Com as mudanças no mundo e o aumento das demandas, é fundamental que os professores tenham oportunidades regulares para aprimorar seu conhecimento profissional. O desenvolvimento escolar é, na verdade, um processo de desenvolvimento profissional, e o desenvolvimento profissional contínuo de professores não é uma extravagância: é um investimento fundamental no sucesso dos alunos, das escolas e das comunidades.

MUDANÇA DE CURSO

Se o movimento de padronização estivesse funcionando como pretendido, não haveria razão para mudança de curso. Mas ele não está. Os legisladores de todo o mundo sabem disso. Nos Estados Unidos, algumas das mudanças mais interessantes estão ocorrendo nos Estados que anteriormente o defendiam. O No Child Left Behind Act se baseava, em grande parte, em políticas que tiveram origem no Texas. Partes desse Estado estão agora assumindo a liderança na utilização de estratégias mais personalizadas, que dão a devida importância aos diferentes talentos dos alunos e às necessidades de diferentes partes do próprio Estado.

Era exatamente isso que o representante veterano do Texas, Jimmie Don Aycock, tinha em mente quando me disse que "As questões econômicas e sociais são enormemente diferentes em todo o Texas – de pessoas que dependem de ajuda alheia nas usinas eólicas a outras nas refinarias de petróleo, com todas as posições intermediárias entre eles. É muito importante fornecer aos distritos locais os meios para elaborar diferentes estratégias educacionais para sua região".

Jimmie é o autor do projeto de lei nº 5, que foi aprovado por unanimidade, em 2013, no legislativo do Texas, realizando mudanças significativas nas exigências de graduação e no número de testes estaduais que os alunos texanos devem realizar. Ele também apresenta novos caminhos para a graduação, reconhecendo que diferentes formandos do ensino médio têm vários objetivos também diferentes para seus futuros.

"Todo o meu mandato na legislatura tem sido voltado para a área de educação. Na verdade, digo às pessoas que esse foi o único motivo importante o bastante para que eu adiasse minha aposentadoria. Cerca de 40 ou 50% dos nossos alunos eram simplesmente colocados em segundo plano, com pouquíssimas ofertas de emprego, em função de baixa qualificação ou de formação educacional inadequada para encontrar um emprego. Isso é simplesmente inaceitável. Espera-se que esse projeto de lei venha a incluir ofertas educacionais razoáveis para os alunos que não se destinam ao ensino superior. Alguns deles não pretendem entrar na faculdade por razões acadêmicas, outros por razões financeiras, e alguns simplesmente não querem seguir esse caminho – eles desejam fazer algo que não exija um nível superior de formação.

"Acho que a maioria das pessoas concorda que a maior parte dos alunos precisará de alguma forma de treinamento de habilidades avançadas, sejam elas adquiridas no ensino médio ou depois dele. O projeto de lei proporciona a flexibilidade para que eles adquiram uma habilidade empregável e/ou um conjunto de habilidades empregável, que os capacite a obter um emprego. O fato de os alunos não se destinarem ao ensino superior não significa que sejam fracassados. O que estamos descobrindo é que assim que os estudantes percebem que uma meta é alcançável, eles e seus pais estão novamente se motivando e vendo um objetivo na educação, que antes simplesmente não conseguiam ver. Acho que podemos observar não apenas melhores escolhas profissionalizantes e de carreira, mas também melhores escolhas pelo ensino superior, que afirmam: 'Posso realmente fazer isso se o que eu receber for importante'. Esses diálogos simplesmente não ocorriam antes. Se isso resultar pelo menos na participação de alunos e pais, acho que já valeu a pena.

"Estamos reduzindo o número de testes de alto nível de 15 para 5. Ainda assim, no próximo ano, poderemos encontrar um em quatro estudantes no que não estará pronto para se formar no período correto. Se tivéssemos realizado 15 testes, acredito que o número seria maior que 40% e poderia até mesmo se aproximar de 50%. Muitos deles irão completar o curso, obter uma boa nota e ser bem-sucedidos. Se você tiver uma grande quantidade de testes de nível elevado ao fim do curso, enfrentará uma situação em que os alunos irão apresentar bom desempenho na escola, realizar tudo que acreditam que devem fazer e, ainda assim, reprovar no exame de final do curso. As perguntas são: é muito fácil alcançar boas notas? O teste é imperfeito? Ou eles não são bons com testes? Provavelmente é um pouco de todas as anteriores.

"O projeto de lei apresenta algumas nuanças nesse aspecto para funcionar adequadamente, e precisamos lidar com todas as três etapas: testes, currículo e responsabilização. Foi uma decisão consciente apresentar todos os três juntos. Se lidássemos com qualquer etapa de maneira isolada, sem as outras duas, acho que haveria algumas consequências potencialmente ruins. Quando você equilibra todas as três, acredito que obtém um compêndio funcional de legislação que afirma: 'Esse projeto destina-se aos alunos, destina-se às necessidades do Estado, e essa é uma maneira melhor de responsabilizar os distritos'. Trata-se de um projeto de lei muito viável, e a maioria dos educadores está satisfeita com ele. Pais e alunos parecem satisfeitos. Algumas pessoas envolvidas com a reforma educacional parecem satisfeitas com ele, e outras não.

"As pessoas que expressaram maior preocupação com o projeto de lei tinham comprado totalmente a ideia do No Child Left Behind e sentiram que, se testássemos mais os alunos, elevássemos ainda mais os altos padrões e mantivéssemos a pressão, iríamos nos destacar e avançar nos resultados educacionais para as crianças. Tenho que admitir que também pensei desse modo por um tempo. O que perdemos com esse pensamento é que essa é uma boa visão mecânica da educação. É como uma visão de produção de uma fábrica. A falha desse pensamento é que não leva em consideração as diferenças entre as pessoas. Podemos fazer a mesma coisa e obter diferentes resultados algumas vezes. Portanto, voltei atrás em relação a essa questão e percebi que o No Child Left Behind se baseia em grande parte nesse tipo de pensamento, e simplesmente não acredito mais nisso."

A transição da padronização para a personalização, da conformidade para a criatividade, não está acontecendo apenas nos Estados Unidos. Está acontecendo em muitas partes do mundo, com resultados igualmente impressionantes.

FAZER DE MODO DIFERENTE

Legislar é um processo coletivo, e muito complicado também. Mas os verdadeiros agentes de mudança sabem que um indivíduo apaixonado pode transformar o processo e mudar o mundo. Algumas vezes, esse tipo de liderança vem em resposta a um chamado.

Relâmpagos na Argentina

Quando a economia da Argentina quebrou, em 2001, Silvina Gvirtz percebeu que sua vida na academia precisava mudar radicalmente. Ela havia recebido seu PhD e estava trabalhando com pesquisa em educação; mas, com tantas novas crianças empobrecidas em seu país, sabia que precisava sair de trás de sua mesa. Buscando subsídio em muitas grandes companhias, ela criou um ambicioso projeto para melhorar a qualidade da educação para escolas com poucos recursos. Trabalhando em distritos pobres em toda a Argentina, ela liderou uma iniciativa para envolver a comunidade em prol de melhorias para as escolas. Os resultados foram inspiradores, com taxas de abandono que caíram de 30 para 1% e taxas de repetição (taxa de estudantes que precisaram repetir o ano) que baixaram de 20 para 0,5%.

"Nós trabalhamos com parceiros locais", ela me disse. "Dividimos o território para fortalecer as políticas locais. Trabalhamos com professores e diretores locais. Era importante que os diretores conhecessem os objetivos que queríamos alcançar e, assim, eles poderiam estimular seus professores. Nunca utilizamos um reforço negativo. Entrávamos nas salas de aula para trabalhar problemas concretos com os professores. Nós trabalhamos muito como os médicos fazem, quando se sentam lado a lado para resolver um caso. Os professores sentiam que havia alguém ali com eles, para ajudá-los."

O programa foi e continua a ser muito efetivo, mas Silvina percebeu que tinha um problema com a escala. Se ela realmente desejava ajudar o máximo de estudantes, precisava entrar para a política, embora não fosse sua inclinação natural. Ela tornou-se ministra da educação da província de Buenos Aires, servindo por quase oito anos. Mais recentemente, ela iniciou o Conectar Igualdad, um programa dedicado a conectar os estudantes argentinos à tecnologia. Enquanto escrevo este texto, o Conectar Igualdad já distribuiu mais de 3,5 milhões de *netbooks* para estudantes em seu país. Os *netbooks* são carregados com aplicativos de código aberto para facilitar a aprendizagem, mas o objetivo do programa sempre foi acender uma faísca.

"Para mim, você tem três tipos de crianças", ela disse. "Aquelas que são consumidoras passivas de tecnologia, que consomem os programas mais conhecidos, mas não compreendem a tecnologia; as consumidoras inteligentes, que são as crianças que conseguem distinguir o certo e o errado na rede – elas sabem mais sobre tecnologia, mas não produzem; e também existem as crianças que produzem – os programas de código aberto lhes permitem isso. Se desejamos crianças criativas, devemos ensiná-las a programar. Quando você apresenta um computador a uma criança que nunca teve acesso a ele, você reduz o *gap* digital. Ele pode ser um incrível dispositivo para outras disciplinas e para torná-las mais criativas."

Antes satisfeita em trabalhar exclusivamente no nível teórico, Silvina Gvirtz agora ocupa uma posição de liderança em várias áreas: é diretora executiva do Conectar Igualdad, professora na Universidade Nacional de San Martín, pesquisadora no Conselho Nacional de Investigação Científica e Tecnológica da Argentina, professora visitante na State University of New York, em Albany, e editora de dois programas de livros educacionais. As circunstâncias exigiram que ela se tornasse uma líder, e ela atendeu ao chamado.

China criativa

Jiang Xueqin viu um problema na China. Os números eram excelentes – como mencionei anteriormente, Xangai estava no topo das mais recentes tabelas de classificação do Programa para Avaliação Internacional de Alunos (PISA) –, mas isso ocorreu como resultado de treinamento e foco quase exclusivo no desempenho em testes, um processo que ele acredita que "recompensa comportamentos utilitários, não éticos e imediatistas, que destroem a curiosidade, a criatividade e o amor pela aprendizagem intrínseca dos alunos. Em geral, qualquer sistema educacional que enfatize o desempenho e os objetivos acima do processo e das atitudes é, na minha opinião, ruim para os estudantes".[2]

Esse sistema é conhecido como *gaokao* (nome do exame de acesso ao ensino superior na China). Boa parte da educação ocidental foi modelada em um sistema adequado à Revolução Industrial, enquanto o sistema *gaokao* foi desenvolvido para uma época em que a China precisava do máximo de engenheiros e de administradores de nível intermediário. O sistema se baseava em produzir grandes números e, em seguida, enviar uma enorme quantidade de alunos para os Estados Unidos, para cursar a pós-graduação. Mas a China está mudando. A classe média está se expandindo, e ela depende menos da produção industrial – ela agora precisa produzir um tipo diferente de aluno. "Para que a China possa progredir, precisa de pessoas com diferentes tipos de habilidades. Ela precisa de empreendedores, planejadores, administradores – o tipo de pessoas que a China não tem", disse ele.[3]

Assim, em 2008, Jiang Xueqin começou a trabalhar em um novo tipo de escola, na cidade de Shenzhen. Os estudantes não eram submetidos ao exame *gaokao*. Eles passavam mais tempo escrevendo. Ajudavam a administrar uma cafeteria e um jornal. Aprendiam a ser empreendedores e a ser solidários. Participavam de serviços sociais.

Recentemente, Jiang Xueqin mudou-se para a Tsinghua International School, onde é o delegado principal e continua a promover essa abordagem para a próxima geração na educação dos estudantes chineses. Ele também publicou um livro recentemente, *Creative China* (China criativa), em que relata suas experiências ensinando criatividade e oferece uma plataforma para ampliar sua abordagem.

Pedindo mudanças no Oriente Médio

Dr. Amin Amin encara a construção da capacidade humana como o maior desafio do mundo árabe. "A necessidade de capital humano do século XXI está criando uma nova pressão nos sistemas educacionais atuais, para que sejam efetivos e totalmente capazes de atender às necessidades específicas de cada estudante", afirmou.[4] Isso o levou a fundar a ASK for Human Capacity Building (ASK para Construção da Capacidade Humana) (o acrônimo representa atitude, habilidades (*skills*) e conhecimento (*knowledge*).[5] Um dos objetivos principais da ASK é oferecer serviços de educação que produzam uma nova geração de pensadores críticos na região. Esses serviços operam em cinco plataformas: desenvolvimento profissional para educadores; licenciamento de professores; desenvolvimento de conteúdos customizados; monitoramento e avaliação; e consultorias para organizações não governamentais e escolas.

O trabalho do Dr. Amin já apresentou grande efeito, atingindo aproximadamente 4 mil escolas desde 2011. Por esse motivo, ele foi nomeado Defensor de Empreendimentos Globais e Mentor do Ano pela instituição organizadora, a Mowgli Foundation.[6]

Transformando a Escócia

Atualmente, uma das iniciativas educacionais nacionais mais interessantes encontra-se na Escócia. Ela ilustra muitos dos princípios e condições que abordamos. No centro dessa iniciativa, está o Curriculum for Excellence (Currículo para a Excelência), uma abordagem geral para a transformação de toda a escola. Como o currículo na Finlândia,[7] e ao contrário de muitas iniciativas de reformas no Reino Unido e nos Estados Unidos, o Curriculum for Excellence foi desenvolvido por meio de um longo processo de consulta a educadores, pais, alunos, empresários e líderes comunitários de toda a Escócia. Ele apresenta uma visão arrojada do futuro da educação no país e uma ampla abordagem para torná-la realidade. Não se trata de uma abordagem prescritiva, imposta de cima para baixo. Como o A+, permite que as escolas tenham espaço para interpretação das orientações a fim de atender às necessidades específicas de seus próprios alunos e comunidades. Por trás desse processo, existe uma análise fundamentada dos desafios da implantação e uma convincente teoria de mudança.

Essa estratégia foi desenvolvida em associação com o International Futures Forum (IFF [Fórum Internacional de Futuros]), um grupo mundial de educadores, legisladores e pesquisadores. Assim como eu, o IFF identifica três formas de compreensão para efetuar a mudança, que eles chamam de três horizontes: o Horizonte 1 é o sistema existente; o Horizonte 2 é o processo de transição; e o Horizonte 3 consiste nas novas condições que o processo de mudança deve produzir. Os mesmos princípios encontram-se no centro da transformação que está ocorrendo do outro lado do Atlântico, na cidade canadense de Ottawa.

Escutando Ottawa

Assim como eu, Peter Gamwell veio de Liverpool, Reino Unido. Agora ele é superintendente de ensino para o Ottawa-Carleton District School Board (OCDSB [Comitê Escolar do Distrito de Ottawa-Carleton]), uma organização que se mostrou uma liderança para comitês escolares de todo o mundo em função de sua dedicação à inclusão e à criatividade.

Segundo Peter, o momento inovador para o OCDSB ocorreu durante um encontro sobre liderança, em 2004, com diversos funcionários do distrito. Peter e as outras pessoas envolvidas conduziam esse programa há cerca de meia hora quando uma mão se levantou no fundo da sala. Um homem perguntou o que fazia naquela reunião, e lhe foi dito que estava presente para compartilhar suas ideias de liderança. O homem pareceu surpreso com a resposta e disse que trabalhava no distrito como membro do conselho tutelar há 20 anos e que nunca teve qualquer indicação de que suas ideias sobre liderança tinham qualquer valor. Nesse momento, Peter percebeu que precisava conduzir uma iniciativa em todo o distrito para acolher contribuições criativas de todas as pessoas envolvidas, incluindo funcionários, pais e, é claro, alunos.

"Todos têm capacidade criativa", ele me disse. "Todos têm um brilho interno. Precisamos reconhecê-lo, valorizá-lo e encontrar maneiras de acessá-lo. Se você conseguir fazer isso, maximizará a oportunidade de desenvolver uma cultura de participação, pertencimento e capacidade criativa."

Uma maneira pela qual Peter promove um ambiente de criatividade é solicitando que todos os envolvidos "descubram o que as pessoas têm a oferecer, escutem as histórias que elas contam, descubram suas capacidades específicas e cresçam a partir daí". Outra maneira é ajudar todos os envolvidos no sistema a entender que eles realmente possuem capacidades criativas inatas.

"Se você for a uma turma de pré-escola e observar as crianças, elas estarão cheias de criatividade. Se você for a uma turma de anos finais do ensino fundamental e perguntar 'Quem é criativo?', elas irão fazer a coisa mais incrível: irão apontar para uma ou duas crianças na turma. É muito triste. Era o que observávamos também em nossos adultos. Nosso objetivo era fazer as pessoas pararem de apontar para longe de si e passarem a apontar para si próprias, reconhecendo que cada uma delas apresenta capacidades criativas."

A organização seguiu essa abordagem com um chamado por iniciativas criativas em todo o distrito. Em um primeiro momento, as respostas foram limitadas e comedidas. Assim que Peter e sua equipe deixaram claro que genuinamente desejavam essas contribuições, receberam centenas delas. As ideias variaram de novos programas em sala de aula a esforços para atingir crianças autistas, introduzindo-as ao empreendedorismo, até contribuições de redução de custos por parte dos funcionários da manutenção.

Muitas das iniciativas tiveram como alvo a personalização da educação recebida pelos alunos por meio da oferta de uma maior variedade de cursos disponíveis e da ampliação de seus horizontes.

"Não se trata de dizer que matemática e linguagem não são importantes. É claro que são. Elas são absolutamente vitais. Trata-se de nos certificarmos que não deixaremos as crianças passarem pela escola sem reconhecerem suas habilidades. Isso ocorre com muitos alunos. Trata-se de alcançar um equilíbrio, de modo que não tenhamos um aluno saindo da escola e dizendo 'não sei no que sou bom'. Quando você tem professores nas salas de aula que estão entusiasmados em compartilhar suas paixões e habilidades, isso terá um impacto muito positivo no ambiente de aprendizagem."

Perguntei a Peter o que ele recomendaria aos legisladores de outros distritos que quisessem promover o ambiente de criatividade e o potencial que existe no OCDSB. Sua primeira resposta foi "prepare-se para uma viagem turbulenta". A realização dessas mudanças no OCDSB não foi nem imediata nem tranquila. Contudo, em seguida, ele apresentou a seguinte lista:

- Avalie a sua instituição de ensino. Descubra como as pessoas estão se sentindo em relação à cultura de aprendizagem. Faça perguntas sérias e desafiadoras. Quais são suas visões sobre aprendizagem, liderança e criatividade? Onde a imaginação se encaixa nos níveis de organização individual, grupal e organizacional? O que elas pensam sobre liderança e sobre as características e comportamentos dos líderes ideais? A cultura organizacional promove a liderança informal e a criatividade pessoal? O que a organização está fazendo para ajudar ou dificultar a criatividade individual, grupal e organizacional? Como podemos melhorar? Esteja preparado para respostas honestas. Diga às pessoas que você é sincero ao desejar suas verdadeiras opiniões.

- Utilize essas informações para adotar uma abordagem baseada nos pontos fortes de cada um para realizar a mudança cultural. Comece essa mudança imediatamente. Crie uma visão planejada de maneira colaborativa ou uma narrativa de liderança que englobe as ideias que surgem a partir do que você aprendeu. Esse modelo colaborativo precisa ser inclusivo para os funcionários de todos os grupos. As hierarquias precisam ser reduzidas, e as pessoas precisam ver que isso ocorreu.

- Coloque em ação práticas e estruturas que demonstrem às pessoas que você está ouvindo suas ideias e respondendo a partir de uma perspectiva de valorização baseada em suas habilidades.

- O diálogo precisa ser de longo prazo e contínuo. Você precisa desenvolver estruturas por meio das quais as vozes das pessoas sejam ouvidas. É crucial o desenvolvimento de uma cultura de escuta e de relato de histórias. As pessoas responderão a isso de diferentes maneiras, e, portanto, você deve oferecer múltiplas oportunidades de respostas. Assim que todos vivenciarem uma sensação genuína de pertencimento, a cultura de aprendizagem iniciará.

- Quebre as barreiras de sua organização e traga pessoas de fora. Elas irão oferecer uma perspectiva totalmente diferente. Há histórias de transformação impressionantes em todas as áreas, à medida que negócios, municípios, organizações artísticas e científicas e muitas outras tentam descobrir como responder e operar nessa nova era criativa. Procure-as. Convide-as. Visite-as. Envolva-as no diálogo. Por meio desse choque de ideias, dessa centelha de curiosidade, você começa a produzir uma dinâmica diferente.

Sempre que esses tipos de abordagem são praticados adequadamente – da Argentina a Ottawa, do Texas a Dubai –, os resultados são semelhantes. Mas, se os princípios e condições são tão claros, por que não estão sendo adotados por todos?

QUAL É O PROBLEMA?

Existem muitos obstáculos para os tipos de transformações que discutimos. Alguns têm a ver com o conservadorismo inerente das instituições, incluindo as próprias escolas, algumas das quais têm visões conflitantes sobre os tipos de mudanças que são necessárias. Alguns têm a ver com cultura e ideologia, e outros com interesses políticos próprios.

Aversão a riscos

Em *Weapons of Mass Instruction* (Armas de instrução em massa), John Taylor Gatto fala de uma matriz de restrições para a inovação nas escolas. Outrora Professor do Ano da cidade de Nova York, ele se aposentou desiludido com o impacto da cultura de padronização, baseada na indústria, igualmente sobre professores e alunos. Após uma vida dedicada à educação, ele afirmou que passou a ver as escolas como "fábricas virtuais de infantilidades, com seu confinamento forçado de longo prazo em células-blocos, tanto de alunos quanto de professores". Ele não entendia por que tinha que ser dessa maneira.

"Minha própria experiência me revelou o que muitos outros professores também devem ter aprendido ao longo do caminho, mas não revelam por medo de represálias: se quiséssemos, poderíamos facilmente e, de modo barato, rejeitar as estruturas velhas e burras e ajudar os alunos a receber educação, em vez de apenas aulas. Poderíamos encorajar as melhores qualidades da juventude – curiosidade, aventura, resiliência, capacidade de ter percepções inovadoras –, simplesmente sendo mais flexíveis sobre tempo, textos e testes, apresentando os alunos a adultos verdadeiramente competentes e dando a cada um deles a autonomia de que precisam para assumir riscos ocasionalmente. Mas nós não fazemos isso."[8]

Essa resistência em mudar hábitos antigos pode operar em todos os níveis do sistema, da sala de aula às assembleias legislativas estaduais. Existem também outros fatores.

Cultura e ideologia

A política de educação está inevitavelmente enredada em outros interesses culturais, e as culturas locais e nacionais afetam profundamente o modo como a educação é conduzida. Em partes da Ásia, por exemplo, há uma forte cultura de obediência e respeito à autoridade escolar, que está enraizada em tradições mais gerais do pensamento e da cultura asiáticos.

Nos Estados Unidos e no Reino Unido, os políticos de direita, em particular, frequentemente defendem o fim da educação pública e sua comercialização. Seu compromisso geral com as economias de mercado leva naturalmente à visão de que a educação pode ser melhorada ao se aplicar esse pensamento às escolas e às escolhas dos pais. O entusiasmo político por essas iniciativas tem tanto a ver com os valores gerais do capitalismo nessas culturas quanto com qualquer compreensão real da sua eficácia na própria educação.

Lucro e influência

Existe um esforço de alguns políticos para abrir a educação pública às forças de mercado – por meio das escolas *charter*, da educação infantil e de escolas independentes operadas por corporações que visam ao lucro. Não foi demonstrado que qualquer uma delas seja melhor do que escolas públicas adequadamente bem estruturadas.[9]

Política e ambição

Nem todos os legisladores que atuam na área da educação de fato se importam com ela. Alguns são políticos de carreira ou administradores que estão utilizando a educação como uma plataforma para a promoção profissional.

Suas próprias ambições na educação podem estar ligadas a outros interesses e motivos políticos. Uma razão pela qual dão tanta importância aos resultados dos testes é que eles se preocupam com os ganhos no curto prazo que possam ser utilizados no próximo ciclo eleitoral. Em muitas democracias, isso ocorre a cada quatro anos aproximadamente. Com o crescente clamor do ciclo de notícias, a campanha começa 18 meses ou mais antes das eleições. Portanto, os políticos têm apenas alguns anos de mandato para obter os resultados que poderão utilizar no discurso. Eles procuram resultados mensuráveis em áreas politicamente sensíveis como letramento, aritmética e preparação para o trabalho. As classificações do PISA são feitas sob medida para os maneirismos políticos.

Comando e controle

Muitas vezes, os políticos são levados naturalmente a abordagens de comando e controle. Para todas as retóricas de promoção da satisfação individual e do bem público, existe uma história bem documentada na educação de controle social, conformidade e complacência em massa. Em alguns aspectos, a educação de massa é, e sempre foi, um processo de engenharia social. Às vezes, as intenções políticas são benignas e, às vezes, não. Eu disse, no início deste livro, que a educação é um "conceito essencialmente contestado". Ele é, e às vezes discordamos, não apenas sobre os meios, mas também sobre os seus fins. Nenhum volume de debate sobre estratégias resultará em consenso se os propósitos que tivermos em mente forem opostos.

ORGANIZANDO A MUDANÇA

Observamos a necessidade de liderança inspiradora para criar um ambiente de inovação e possibilidades na educação. Eu tive o privilégio de trabalhar com muitos líderes inspiradores nessa área. Um dos maiores deles foi Tim Brighouse. Além de ser um líder de pensamento diferenciado no Reino Unido, ele também foi um diretor executivo transformador em dois importantes distritos escolares – Oxfordshire e Birmingham –, e liderou importantes programas de inovação estratégica em Londres e em todo o país. Ele sabe, a partir de sua longa experiência, que não existe uma linha simples da visão à mudança. Trata-se de um processo constante de ação, improvisação, avaliação e reorientação à luz das experiências e das circunstâncias. Às vezes, ele utiliza este quadro para resumir os elementos essenciais: visão, habilidades, incentivos, recursos e um plano de ação:[10]

A realização da mudança precisa de todos esses elementos. As pessoas precisam ter uma visão do futuro para o qual estão sendo direcionadas. Elas precisam sentir que são capazes de mudar e de desenvolver as habilidades necessárias para isso. Precisam acreditar que existem boas razões para a mudança e que o local para onde se dirigem será melhor do que aquele em que se encontram no momento, e que valerá a pena o esforço de fazer a transição. Elas precisam ter os recursos pessoais e materiais para realizar essa mudança. E precisam de um plano de ação convincente para chegar lá; ou, pelo menos, um que as coloque no caminho, mesmo que este mude durante o processo.

Um dos maiores obstáculos à mudança é a falta de alinhamento entre os vários componentes que são necessários para torná-la realidade. Se faltar um ou mais desses componentes, o processo pode ser interrompido e, geralmente, é o que ocorre. Acontece da seguinte maneira:[11]

		Habilidades	Incentivos	Recursos	Plano de ação	=	Confusão
Visão			Incentivos	Recursos	Plano de ação	=	Ansiedade
Visão	Habilidades			Recursos	Plano de ação	=	Resistência
Visão	Habilidades	Incentivos			Plano de ação	=	Frustração
Visão	Habilidades	Incentivos	Recursos			=	Difusão

Se todos esses elementos estiverem presentes, existe uma chance razoável de ajudar as pessoas a se moverem de onde se encontram agora para onde desejam estar. O papel dos líderes é ajudar a assegurar que elas se movam na direção certa. E, no fim das contas, esse também é o papel da política e dos legisladores na educação.

CHEGOU A SUA VEZ

Muitos dos princípios e condições que discutimos ao longo deste livro são tão antigos quanto a própria educação. Eles fazem parte da essência de escolas bem-sucedidas e coerentes, de todos os lugares, e sempre fizeram. Meu próprio trabalho com as escolas e os governos nos últimos 40 anos sempre se baseou nesses princípios, e, de uma maneira ou de outra, os vários exemplos de transformação que acompanhamos neste livro os ilustram claramente. O desafio agora é aplicá-los em todos os locais. Como enfatizamos repetidamente, existem muitas escolas maravilhosas, com pessoas excelentes e esperançosas trabalhando nelas. Porém, um grande número delas está trabalhando contra a cultura dominante na educação, em vez de serem ajudadas por ela.

Benjamin Franklin, o estadista e polímata norte-americano, sabia que uma educação equilibrada e liberal para todos era essencial para o adequado florescimento do sonho americano. Ela é essencial para a realização do sonho das pessoas em todas as partes. À medida que o mundo se torna mais complicado e perigoso, é urgente a necessidade de transformar a educação e criar escolas para as pessoas.

Certa vez, Franklin disse que existem três tipos de pessoas no mundo: as que são imóveis, as que são móveis e as que se movem. Sabemos o que ele quis dizer. Algumas pessoas não veem a necessidade de mudança e não querem ver. Elas se agacham como as pedras em um rio, enquanto o fluxo de eventos passa por elas. Meu conselho é deixá-las em paz. O curso dos acontecimentos e o tempo estão ao lado da transformação, e as correntes da mudança podem deixá-las para trás.

Existem também as pessoas que são móveis. Elas veem a necessidade de mudança. Elas podem não saber o que fazer, mas estão abertas à persuasão e à possibilidade de agir se assim for necessário. Trabalhe com elas e vá aonde a energia delas está. Forme parcerias e construa sonhos e planos.

Por fim, existem aquelas que se movem: os agentes da mudança que podem ver o formato de um futuro diferente e estão determinados a torná-lo realidade por meio de suas ações e trabalhando com os outros. Eles sabem que nem sempre precisam de permissão. Como disse Gandhi, seja a mudança que você quer ver no mundo. Quando um número suficiente de pessoas se move, isso se torna um movimento, e se o movimento possuir energia suficiente, isso se torna uma revolução. E, na educação, é exatamente disso que precisamos.

Posfácio

Quando terminei o ensino médio, no Reino Unido, em 1968, entrei no ensino superior e, por um inexplicável golpe de sorte, cheguei à Bretton Hall, a renomada faculdade de artes liberais e cênicas em West Riding, Yorkshire. Bretton era uma joia na coroa de um excelente distrito educacional, liderada pelo inestimável Sir Alec Clegg, um pioneiro na transformação da educação pública. Foi uma tripla sorte. Bretton era dirigida por um jovem cientista de inteligência incisiva, Dr. Alyn Davies. Ele também era um líder educacional sensível, que aprimorou igualmente a perspicácia e a sensibilidade de funcionários e alunos com charme, erudição e diplomacia política.

A faculdade era repleta de profissionais idiossincráticos e entusiasmados que, de diferentes maneiras, nos surpreendiam e exasperavam para produzirmos o nosso melhor. E havia também os alunos. Éramos uma multidão eclética em termos de idades, talentos e inclinações, e ficamos intensamente imersos, por vários anos, na companhia uns dos outros, em uma grande mansão que ocupava centenas de hectares da região rural mais magnífica do Reino Unido. E era gratuita, cortesia das políticas governamentais iluministas da época. Eu sei.

Saí de lá com um diploma de educação e uma qualificação para ensinar inglês e teatro em escolas de ensino fundamental e médio. Ao longo do caminho, aprendi com alguns dos melhores professores que já encontrei, trabalhei com alguns dos estudantes mais talentosos que já conheci e ensinei em algumas das escolas mais interessantes e criativas em que já estive. Também me tornei um curioso a respeito dos problemas da educação pública e da necessidade de torná-la pessoal.

Personalizar a educação pode soar revolucionário, mas essa revolução não é recente. Suas raízes são profundas na história da educação. No século

XVII, John Locke defendia a educação simultânea de corpo, caráter e mente – em outras palavras, da pessoa como um todo. Muitos indivíduos e instituições diferentes foram defensores de formas personalizadas de ensino que acompanham o caminho do desenvolvimento natural das crianças e da importância dessas formas de educação para sociedades mais equitativas e civilizadas.

Defensores e praticantes da educação personalizada e holística são encontrados em muitas culturas e têm diferentes perspectivas. Eles incluem Jean-Jacques Rousseau, Johann Heinrich Pestalozzi, John Dewey, Michael Duane, Kurt Hahn, Jiddu Krishnamurti, Dorothy Heathcote, Jean Piaget, Maria Montessori, Lev Vygotsky, Sir Alec Clegg, Noam Chomsky e muitos outros. Essas várias abordagens não podem ser reunidas em uma única escola de pensamento ou prática. O que elas têm em comum é o entusiasmo por moldar a educação em torno do modo como as crianças aprendem e daquilo que elas precisam aprender para formar a si mesmas.

Maria Montessori era física e educadora. Ela começou sua carreira na educação em San Lorenzo, Itália, no início do século XX, trabalhando com crianças pobres e desfavorecidas. Montessori defendia a educação personalizada. "O professor deve observar os interesses da criança", ela disse, "como eles despertam sua atenção e por quanto tempo, observando até mesmo a expressão de seu rosto. O professor deve tomar bastante cuidado para não ferir os princípios da liberdade, pois, se ele estimular a criança a fazer um esforço que não é natural, não vai mais saber qual é a atividade espontânea da criança."[1] Existem, agora, mais de 20 mil escolas montessorianas em todo o mundo que adotam essa abordagem na aprendizagem.[2]

Rudolf Steiner era filósofo e reformador social austríaco. Ele desenvolveu uma abordagem humanista para a pedagogia, chamada agora de Steiner Waldorf Schools Fellowship (Irmandade de Escolas Steiner Waldorf). A abordagem de Steiner é estruturada em torno das necessidades individuais do *todo* de cada criança – acadêmico, físico, emocional e espiritual. A primeira escola de Steiner foi aberta em 1919. Hoje, existem aproximadamente 3 mil delas, em 60 países, utilizando as filosofias e os métodos de Steiner.[3]

Curiosamente, Steiner também desenvolveu um sistema específico de agricultura orgânica baseado nos princípios da ecologia e da sustentabilidade. Seu sistema de agricultura biodinâmica acompanha os ciclos naturais das estações e não utiliza fertilizantes químicos ou pesticidas. Ele é empregado amplamente nos dias de hoje, em muitas partes do mundo, como uma prática específica no campo geral da agricultura orgânica.

Alexander Sutherland Neill fundou a Summerhill School em 1921, criando um modelo para todas as escolas democráticas que vieram em seguida.

A filosofia da escola é "oferecer liberdade ao indivíduo, sendo cada criança capaz de assumir a responsabilidade por sua própria vida e seguir seus próprios interesses, transformando-se em quem ela pessoalmente considera que deveria ser. Isso leva à autoconfiança interna e à aceitação real de si mesmo como indivíduo".[4]

E a lista continua.

Essas várias abordagens de aprendizagem personalizada são frequentemente reunidas sob a designação geral de "educação progressista", que alguns críticos parecem acreditar ser o oposto da "educação tradicional". Essa é uma concepção errônea e prejudicial que leva a várias falsas dicotomias. A história das políticas de educação tem sido uma variação entre esses supostos polos. O movimento de padronização é a última tendência. A educação efetiva é sempre um equilíbrio entre rigor e liberdade, tradição e inovação, indivíduo e grupo, teoria e prática, mundo interior e mundo exterior.

À medida que o pêndulo se move de volta, como ele invariavelmente faz, a tarefa, como sempre, é ajudar as escolas e os alunos a encontrar equilíbrio. Não existe uma utopia permanente para a educação, apenas uma luta constante para criar as melhores condições para pessoas reais em comunidades reais em um mundo em mudança constante. Esse é o significado de viver em um sistema complexo e dinâmico. A necessidade é urgente. A experiência da educação é sempre pessoal, mas os problemas são cada vez mais globais.

As revoluções são definidas não apenas pelas ideias que as impulsionam, mas pela dimensão do seu impacto. Se as ideias são capazes ou não de provocar revoluções, depende das circunstâncias – se elas fazem sentido para um número suficiente de pessoas no momento certo, fazendo-as entrar em ação. As ideias por trás da revolução que estou encorajando já existem há muito tempo. Porém, agora cresce o desejo por elas, e as mudanças estão se intensificando.

Muitos dos princípios e práticas que defendo foram postos em prática de maneira bem-sucedida, embora em contextos limitados, ao longo da história da educação – em escolas públicas, em distritos inteiros, em escolas experimentais e em escolas-laboratório, em áreas urbanas desfavorecidas, em escolas privadas bucólicas e, agora, pelo menos em um país inteiro. Então, o que há de novo? Primeiro, o rápido contexto de mudanças em que vivemos torna urgente a compreensão adequada dessas abordagens e sua aplicação em massa. Em segundo lugar, agora temos tecnologias que tornam possível personalizar a educação de maneiras totalmente novas. Terceiro, existe em muitas partes do mundo uma onda de sentimento de que é essencial que ocorra um movimento tectônico no modo como pensamos e colocamos em prática a educação.

As escolas que abordamos neste livro estão tentando oferecer o tipo de educação rigorosa, personalizada e motivada de que todos precisam, mas que foi negada a muitos por muito tempo. Elas são parte de uma longa revolução. Desta vez, é preciso oferecê-la para todos, não para alguns poucos escolhidos. Os riscos nunca foram tão grandes, e os resultados dificilmente poderiam ser mais importantes.

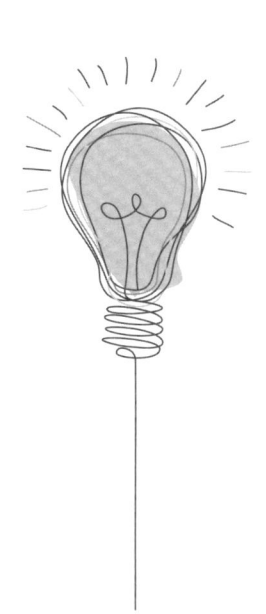

Notas

INTRODUÇÃO: Um minuto para a meia-noite

1. Escrevi mais detalhadamente em outros livros e publicações sobre alguns dos conceitos e práticas que fundamentam meus argumentos gerais neste livro. Eles incluem *Learning through drama* (1977), *The arts in schools: principals, practice and provision* (1982), *All our futures: creativity, culture and education* (1999), *Out of our minds: learning to be creative* (2001 e 2011), *The element: how finding your passion changes everything* (2009) e *Finding your element: how to discover your talents and passions and transform your life* (2013).

2. Especialmente depois que minhas palestras no TED se tornaram populares, debati minhas ideias com todos os tipos de pessoas de todo o mundo, bem como vi o que foi escrito sobre elas, às vezes por pessoas que dizem que concordam comigo e às vezes por quem discorda. Ocasionalmente, as pessoas dizem que concordam comigo, mas provavelmente não concordariam se tivessem entendido o que eu de fato disse. Também há a aqueles que distorcem o que eu penso e então me criticam por pensar de tal maneira. Sou sempre feliz por ter que responder pelo que penso, mas não por aquilo que não penso. Se formos fazer progresso na educação, é importante saber em que concordamos e no que discordamos. Tentarei ser o mais claro possível sobre a minha posição, de modo que você possa optar por um dos posicionamentos. Ver: CNN. *Bush calls education 'civil rights issue of our time'*. 2002. Disponível em: <http://edition.cnn.com/2002/ALLPOLITICS/01/19/bush.democrats.radio/index.html>. Acesso em: 05 out. 2018.

CAPÍTULO 1: **De volta ao básico**

1. Tendo ajudado a Smokey Road a avançar de uma maneira que pareceria inimaginável nove anos atrás — progresso que aconteceu porque ela escolheu encontrar flexibilidade no interior dos mandatos —, Laurie seguiu para um novo desafio. Realizamos nossa entrevista enquanto ela estava dirigindo para Kalispell, Montana, onde se tornou superintendente do distrito escolar de Evergreen. Não tive a chance de me reconectar com ela desde que se mudou para lá, mas meu palpite é que ela não está deixando a tradição ou imposições externas definirem o que é melhor para seus alunos.

2. CNN. *Bush calls education 'civil rights issue of our time'*. 2002. Disponível em: <http://edition.cnn.com/2002/ALLPOLITICS/01/19/bush. democrats.radio/index.html>. Acesso em: 05 out. 2018.

3. Em 2012, o presidente da China, Xi Jinping, afirmou: "Nosso povo tem um amor ardente pela vida. Ele deseja ter uma educação melhor, empregos mais estáveis, renda maior, maior segurança social, melhores cuidados médicos e de saúde, condições de moradia melhores e um meio ambiente melhor". (SOUTH CHINA MORNING POST. *Transcript*: Xi Jinping's speech at the unveiling of the new Chinese leadership (video). 2012. Disponível em: <http://www.scmp.com/news/18th-party-congress/ article/1083153/transcript-xi-jinpings-speech-unveiling-new-chinese>. Acesso em: 05 out. 2018). (Transcrição do discurso no anúncio da nova liderança chinesa.)

4. "Apenas quando há avanço na qualidade da educação", argumenta Rousseff, "[...] podemos formar jovens que sejam [...] capazes de liderar o país na direção dos benefícios plenos da tecnologia e do conhecimento." (GOMEZ, E. J. Dilma's education dilemma. *Americas Quarterly*, 2011).

5. ORGANIZAÇÃO PARA COOPERAÇÃO E DESENVOLVIMENTO ECONÔMICO (OCDE). *PISA Key Findings*. 2012. Disponível em: <http://www.oecd.org/pisa/keyfindings>. Acesso em: 05 out. 2018.

6. Ver exemplo: INTERNATIONAL EDUCATION NEWS. 2013. Disponível em: <https://internationalednews.com/2013/12/04/pisa-2012-headlines-from-around-the-world/>. Acesso em: 05 out. 2018; ou THE ART OF TEACHING. 2013. Disponível em: <http://www.artofteachingscience. org/pisa-headlines-from-the-uk-world-league-standings>./>. Acesso em: 05 out. 2018.

7. UNITED STATES. Department of Education. *The threat of education stagnation and complacency.* 2013. Disponível em: <http://www.ed.gov/news/speeches/threat-educational-stagnation-and-complacency>. Acesso em: 05 out. 2018. (Observações da secretária de educação dos Estados Unidos, Arne Duncan na publicação do PISA 2012.)

8. "*Race to the Top* marca um momento histórico na educação norte--americana. Essa iniciativa oferece incentivos corajosos aos Estados que desejam estimular uma reforma sistêmica a fim de melhorar o ensino e aprendizado nas escolas dos Estados Unidos. *Race to the Top* introduziu uma mudança significativa no sistema educacional desse país, particu-larmente elevando os padrões e alinhando as políticas e estruturas ao propósito do ensino superior e da preparação para o trabalho. Além disso, ajudou a impulsionar os Estados no nível nacional a buscar padrões mais elevados, melhorar a eficiência dos professores, utilizar dados de maneira eficaz na sala de aula e adotar novas estratégias para ajudar as escolas que lutavam para mudar." (WHITE HOUSE. *Race to the top.* 2012. Disponível em: <https://obamawhitehouse.archives.gov/issues/education/k-12/race-to-the-top>. Acesso em: 05 out. 2018.

9. NEW AMERICA FOUNDATION. Background and Analysis: The Federal Education Budget. *New America Foundation Federal Education Budget Project.* 2014. Disponível em: <https://www.newamerica.org/education--policy/policy-papers/federal-education-budget-update/>. Acesso em: 05 out. 2018.

10. CAVANAGH, S. Global Education Market Tops $4 Trillion, Analysis Show. *Education Week.com, Marketplace K-12.* 2013. Disponível em: <https://marketbrief.edweek.org/marketplace-k-12/size_of_global_e-learning_market_44_trillion_analysis_says/>. Acesso em: 05 out. 2018.

11. HARRINGTON, E. Education spending up 64% under no child left behind but test scores improve little. *CNSNews.* 2011. Disponível em: <http://www.cnsnews.com/news/article/education-spending-64-under--no-child-left-behind-test-scores-improve-little>. Acesso em: 05 out. 2018.

12. UNITED STATES. Department of Education. *A nation at risk:* the imperative for educational reform. 1983. Disponível em: <https://www2.ed.gov/pubs/NatAtRisk/risk.html>. Acesso em: 05 out. 2018.

13. WORLD BANK. *Education Statistics.* c2018. Disponível em <http://datatopics.worldbank.org/education/>. Acesso em: 05 out. 2018.

14. "Diante de uma estrutura comum, mas em ambientes distintos e com uma vivência ainda separada e desigual para muitos estudantes, qual é o propósito do ensino médio no século XXI?", pergunta o cientista Robert Balfanz do Johns Hopkins. "As evidências", ele afirma, "sugerem um consenso crescente entre os alunos que frequentam as escolas e os distritos escolares e Estados que as organizam no sentido de que independente das características de uma escola ou de seus estudantes, o objetivo principal do ensino médio hoje é preparar os alunos para o ensino superior."

15. Para uma análise útil dessa tendência, ver RAVITCH, D. *Reign of error: the hoax of the privatization movement and the danger to america's public schools*. Nova York: Knopf, 2013.

16. NATIONAL CENTER FOR EDUCATION. *PISA 2012 Results*. Disponível em: <http://nces.ed.gov/surveys/pisa/pisa2012/index.asp>. Acesso em: 08 out. 2018.

17. OCDE. *PIAAC survey of adults skills 2012* — USA. c2018. Disponível em: <http://www.oecd.org/skills/piaac/>. Acesso em: 08 out. 2018.

18. LEHMAN, P. R. Another perspective: reforming education - the big picture. *Music Educators Journal*, v. 98, n. 4, p. 29-30, 2012.

19. NATIONAL GEOGRAPHIC. *2006 National Geographic Roper Survey of Geographic Literacy*. 2006. Disponível em: <https://media.national-geographic.org/assets/file/Roper-Poll-2006-Highlights.pdf>. Acesso em: 05 out. 2018.

20. Ver, por exemplo, este artigo: THE GUARDIAN. *Geography:* why in the world do we know so little. 2008. Disponível em: <http://www.theguardian.com/education/2008/nov/19/bad-at-geography>. Acesso em: 05 out. 2018.

21. No Reino Unido, o desemprego de graduados aumentou de 5,6%, em 2000, para 12%, em 2011. Houve aumentos ao longo do mesmo período na maior parte da Europa continental, com uma ou duas exceções, notadamente na Finlândia, em que a taxa caiu de 14,8% para 7,4%. Em outubro de 2011, a taxa de desemprego de jovens de 20 a 29 anos de idade que haviam se formado na faculdade em 2011 nos Estados Unidos foi de 12,6%. A taxa foi de 13,5% para aqueles que haviam recebido recentemente o título universitário e de 8,6% para aqueles que recentemente haviam recebido títulos mais avançados. Apesar da melhora modesta desde o pico mais recente em outubro de 2009, as taxas de desemprego de recém-graduados no ensino superior permaneceram acima das taxas

anteriores à recessão de 2007–2009. (UNITED STATES DEPARTMENT OF LABOR. *TED: The Economics Daily image.* 2013. Disponível em: <http://www.bls.gov/opub/ted/2013/ted_20130405.htm>. Acesso em 05 out. 2018). Nos Estados Unidos, em 2014, 8,5% dos jovens entre 21 e 24 anos, 3,3% daqueles com mais de 25 e 16,8% dos recém-graduados estavam "subempregados". (WEISSMANN, J. How bad is the job market for the college class of 2014? *Money Box.* 2014. Disponível em: <http://www.slate.com/blogs/moneybox/2014/05/08/unemployment_and_the_class_of_2014_how_bad_is_the_job_market_for_new_college.html>. Acesso em: 05 out. 2018.

22. EUROSTAT. Youth unemployment trends 2013. *Statistics Explained.* 2017. Disponível em: <http://epp.eurostat.ec.europa.eu/statistics_explained/index.php/Unemployment_statistics#Youth_unemployment_trends>. Acesso em: 05 out. 2018.

23. Durante o período 1990 – 2012, as taxas de desemprego para graduados no ensino superior nos Estados Unidos atingiram seu pico em 2010, durante o auge da recessão, e ficaram na média de 2,9% para todos os graduados do ensino superior e de 4,3% para graduados recentes do ensino superior. ABEL, J. R.; DEITZ, R.; SU, Y. Are recent college graduates finding good jobs? *Current Issues in Economics and Finance,* v. 20, n. 1, p. 1–8, 2014.

24. Em 2008, mais de 35% dos formandos do ensino superior estavam desempregados; em junho de 2014, o Federal Reserve Bank de Nova York relatou que impressionantes 44% dos graduados estavam desempregados. E não é apenas por causa da recessão, pois o número tem aumentado desde 2001. Mais educação não parece ajudar; na verdade, passar para a pós-graduação pode tornar as coisas piores. Em 2008, 22% das pessoas com PhDs ou títulos profissionais estavam subempregadas. Esse número aumenta para 59% para pessoas com mestrados.

25. UNITED NATIONS DEVELOPMENT PROGRAM. *China Human Development Report.* 2013: sustainable and liveable cities: toward ecological urbanisation: English. 2013. Disponível em: <http://www.cn.undp.org/content/dam/china/docs/Publications/UNDP-CH_2013%20NHDR_EN.pdf>. Acesso em: 05 out. 2018.

26. OCDE. *Education at a Glance 2013:* OECD indicators. 2013. Disponível em: <https://www.oecd-ilibrary.org/education/education-at-a-glance-2013_eag-2013-en>. Acesso em: 05 out. 2018.

27. Ao contrário de outras formas de endividamento, o endividamento dos alunos não pode ser aliviado por meio da decretação de falência. Esse fato foi comemorado pela indústria de cobrança de débitos. Desde a recessão de 2008, os cobradores têm passado por tempos difíceis: muitos devedores de empresas não pagaram e decretaram falência, deixando-os sem suas comissões. O endividamento estudantil é diferente. Ele deve ser pago. Li uma entrevista com um diretor de uma agência de cobrança, que afirmou prazerosamente que o futuro da sua empresa parecia brilhante outra vez. No que me pareceu um epíteto assustador, ele indicou que as perspectivas de recuperação do endividamento estudantil eram "de dar água na boca" — um exemplo sinistro de um sistema em falência.

28. LEE, D. Household debt and credit: student debt. Federal Reserve Bank of New York media advisory. 2013.

29. Para mais detalhes sobre isso, ver, por exemplo: WAGNER, T. *The Global Achievement Gap*: why even our best schools don't teach the new survival skills our children need — e what we can do about it. Nova York: Basic Books, 2014.

30. YONG ZHAO. Test scores vs. entrepreneurship: PISA, TIMSS, and Confidence. *Zhaolearning.com*. 2012. Disponível em: <http://zhaolearning.com/2012/06/06/test-scores-vs-entrepreneurship-pisa-timss-and-confidence/>. Acesso em: 08 out. 2018.

31. IBM. *The enterprise of the future*: IBM global CEO study. 2008. Disponível em: <https://www-935.ibm.com/services/uk/gbs/pdf/ibm_ceo_study_2008.pdf>. Acesso em: 8 out. 2018.

32. YONG ZHAO. Test scores vs. entrepreneurship: PISA, TIMSS, and Confidence. 2012. <http://zhaolearning.com/2012/06/06/test-scores-vs-entrepreneurship-pisa-timss-and-confidence/>. Acesso em: 10 out. 2018.

33. YONG ZHAO. 'Not interested in being #1': Shangai May Ditch PISA. *Zhaolearning.com*. 2014. Disponível em: <http://zhaolearning.com/2014/05/25/not-interested-in-being-#1-shanghai-may-ditch-pisa/>. Acesso em: 08 out. 2018.

34. UNITED STATES. Current population survey 2013. 2012 *Annual Social and Economic Supplement*. 2012. Disponível em: <https://www.census.gov/prod/techdoc/cps/cpsmar12.pdf>. Acesso em: 08 out. 2018.

35. Em Washington D.C., Oregon, Alaska, Georgia e Nevada; e em muitos distritos do interior das cidades, por exemplo, as taxas de graduação estão muito abaixo de 70%.

36. LEVIN, H. M.; ROUSE, C. E. The true cost of high school dropouts. *The New York Times*. 2012. Disponível em: <https://www.nytimes.com/2012/01/26/opinion/the-true-cost-of-high-school-dropouts.html>. Acesso em: 08 out. 2018.

37. DOMENECH, D. A. Executive perspective: real learning on the vocational track. *School Administration*, v. 70, n. 5, p. 48, 2013. Disponível em: <http://www.aasa.org/content.aspx?id=28036>.

38. HAYNES, M. On the path to equity: improving the effectiveness of beginning teachers. *Alliance for Excellent Education report*. 2014. Disponível em: <https://all4ed.org/wp-content/uploads/2014/07/PathToEquity.pdf> Acesso em: 08 out. 2018.

39. INGERSOLL, R. M. *Is there really a teacher shortage?* 2003. Disponível em: <https://repository.upenn.edu/cgi/viewcontent.cgi?article=1133&-context=gse_pubs>. Acesso em: 08 out. 2018.

40. AMURAO, C. *Fact sheet:* how bad is the school-to-prison Pipeline? 2016. Disponível em: <https://www.beatthestreetsca.org/single-post/2016/07/15/Fact-Sheet-How-Bad-Is-the-SchooltoPrison-Pipeline> Acesso em: 08 out. 2018.

41. ACLU. *School-to-prison Pipeline*. c2018. Disponível em: <www.aclu.org/school-prison-pipeline>. Acesso em: 08 out. 2018.

42. EDCAN NETWORK CEA. 2012. Disponível em: <http://www.cea-ace.ca/sites/cea-ace.ca/files/cea-2012-wdydist-report-1.pdf>.

43. NATIONAL CENTER ON EDUCATION AND THE ECONOMY. South Korea: system and school organization. c2018. Disponível em <http://www.ncee.org/programs-affiliates/center-on-international-education-benchmarking/top-erforming-countries/south-korea-overview/south-korea-system-and-school-organization/>. Acesso em: 08 out. 2018.

44. CHAKRABARTI, R. South Korea's school: long days, high results. *BBC*. 2013. Disponível em: <http://www.bbc.com/news/education-25187993>. Acesso em: 08 out. 2018.

45. WHO. *Mental health*: background of SUPRE. c2018. Disponível em: <http://www.who.int/mental_health/prevention/suicide/background/en/>. Acesso em: 08 out. 2018.

CAPÍTULO 2: **Mudando as metáforas**

1. CHAMPION, T. C. et al. Demographics. *Encyclopædia Britannica*. c2018. Disponível em: <http://www.britannica.com/EBchecked/topic/195896/history-of-Europe/58335/Demographjcs>. Acesso em: 08 out. 2018.

2. JEFFERSON, T. *The works of Thomas Jefferson*. Nova York: G. P. Putnam, 1904.

3. A educação secundária na França, por exemplo, tem uma estrutura em dois estágios. O primeiro, *le collège*, atende aos alunos dos 11 aos 15 anos; o segundo, *le lycée*, oferece um curso de três anos que prepara alunos de 15 a 18 anos para o exame de ingresso no ensino superior (*baccalaureat*). A Itália divide a educação secundária em duas etapas: a primeira etapa, *la scuola secondaria di primo grado*, dura três anos e aborda todas as matérias. A segunda, *la scuola secondaria di secondo grado*, dura cinco anos. O currículo nos primeiros dois anos da segunda etapa é obrigatório; para os últimos três anos, os caminhos podem ser livremente escolhidos. A educação secundária nos Estados Unidos se refere aos últimos quatro anos de educação formal obrigatória (séries 9 a 12), seja no ensino médio ou dividida em um ano final de "ensino médio júnior" e três anos de ensino médio.

4. Discutimos esse processo detalhadamente no livro: ROBINSON, K.; ARONICA, L. *Finding your element*. Westminster: Penguin, 2013.

5. Richard ganhou o Prêmio Diretor do Ano na *Head Teacher of the Year Award*, na *British National Teaching Awards*, em 2005, e em 2006 seu trabalho foi celebrado na Conferência Mundial de Educação Artística da UNESCO, em Lisboa, Portugal. Atualmente, tem viajado pelo mundo trabalhando em uma grande variedade de organizações que atuam nos setores público e privado das áreas de educação, liderança, mudança e capacidade humana.

6. Silent Spring Institute. *The legacy of Rachel Carson*. c2018. Disponível em: <http://www.silentspring.org/legacy-rachel-carson>. Acesso em: 08 out. 2018.

7. Para um registro do modo como os estilos de vida industrial e rural afetaram a saúde humana, ver, por exemplo, CAMPBELL, T.; COLIN, T.; CAMPBELL, T. M. *The China study*: the most comprehensive study of nutrition ever conducted and the starling for diet, weight loss, e long-term health. Dallas: BenBella, 2005.

8. IFOAM. *Principles of organic agriculture.* c2018. Disponível em: <http://www.ifoam.org/en/organic-landmarks/principles-organic-agriculture>. Acesso em: 08 out. 2018.

9. Ver PARTNERSHIP FOR 21ST CENTURY SKILLS. c2018. Disponível em: <http://www.p21.org>. Acesso em: 08 out. 2018.

10. ADAMS, J. T. *The epic of America.* Safety Harbor: Simon, 2001.

11. LOS ANGELES. California mayoral election. *Ballotpedia.* 2013. Disponível em: <https://ballotpedia.org/Los_Angeles,_California_mayoral_election,_2013>.

CAPÍTULO 3: **Mudando as escolas**

1. Ver NORTH STAR. c2018. Disponível em: <http://northstarteens.org/overview/>. Acesso em: 08 out. 2018.

2. LIBERATED LEARNERS. *The story of liberated learners.* c2018. Disponível em: <http://www.liberat edlearnersinc.org/the-story-of-liberated-learners/>. Acesso em: 08 out. 2018.

3. UNITED STATES. Department of Education. *A nation at risk:* the imperative for educational reform, 1983. Disponível em: <https://www2.ed.gov/pubs/NatAtRisk/risk.html>. Acesso em: 08 out. 2018.

4. UNITED STATES. Department of Education. *A nation at risk:* the imperative for educational reform, 1983. Disponível em: <https://www2.ed.gov/pubs/NatAtRisk/risk.html>. Acesso em: 05 out. 2018.

5. Para mais informações sobre o sistema de educação da Finlândia, ver SAHLBERG, P. *Finnish lessons 2.0: what can the world learn from educational change in Finland?* 2. ed. Nova York: Teachers College, 2014.

6. TROJANMICE. *What are complex adaptive systems?* c2018. Disponível em: <http://www.trojanmice.com/articles/complexadaptivesystems.htm>.

7. Para uma discussão geral sobre a dinâmica da emergência, ver JOHNSON, S. *Emergence:* the connected lies of ants, brains, cities and sofwares. Nova York: Scribner, 2002.

8. Para um registro fascinante das possibilidades das novas tecnologias na transformação do aprendizado, ver PRICE, D. *Open:* how we'll work, live and learn in the future. London: Crux Publishing, 2013.

9. PRICE, D. *Open: How we'll work, live and learn in the future city.* London: Crux Publishing, 2013.

10. PRENSKY, M. *Digital game basead learning*. New York: McGraw Hill, 2001. Também ver: MCGONIAL, J. *You found me*. c2018. Disponível em: <www.janemcgonigal.com>. Acesso em: 08 out. 2018; e ainda: MCGONIGAL, J. (Ed). *How they can change the world*. Westminster: Penguin, 2011.

11. BROOK, P. *The empty space: a book about the theatre: deadly, holy, rough, immediate*. Nova York: Touchstone, 1996.

CAPÍTULO 4: **Aprendizes naturais**

1. MITRA, S. The child-driven education. *TED*. 2010. Disponível em: <http://www.ted.com/talks/sugata_mitra_the_child_driven_education/transcript?language=en>. Acesso em: 09 out. 2018.

2. MITRA, S. The child-driven education. *TED*. 2010. Disponível em: <http://www.ted.com/talks/sugata_mitra_the_child_driven_education/transcript?language=en>. Acesso em: 09 out. 2018.

3. RAJGHATTA, C. NRI Education Pioneer, Dr. Sugata Mitra, Wins $1 Million TED Prize. *The Times of India*. 2013. Disponível em: <http://timesofindia.indiatimes.com/nri/us-canada-news/NRI-education-pioneer-Dr-Sugata-Mitra-wins-1-million-TED-Prize/articleshow/18705008.cms>.

4. SCHOOL IN THE CLOUD. *The school in the cloud story*. 2013. Disponível em: <https://www.theschoolinthecloud.org>. Acesso em: 09 out. 2018.

5. Para ser justo, nem todos apoiam a investigação de Sugata Mitra, especialmente aqueles que acreditam que ele poderia estar exagerando na defesa por uma redução das técnicas e sistemas de ensino tradicionais. No *The Journal of Education*, Brent Silby escreveu: "Mitra acredita que o modelo de educação tradicional do passado não irá equipar nossos estudantes com aquilo de que precisam para enfrentar os problemas mundiais modernos. Eu discordo. Eu me preocupo que a abordagem do aprendizado de cima para baixo forneça aos alunos um conhecimento que tem fundamentos inseguros e que, portanto, não pode ser a base para novos conhecimentos. Enquanto Mitra defende que as ideias do passado não podem ser utilizadas para resolver os problemas atuais, acho que ignorar o passado pode ser perigoso. O modelo de educação tradicional fornece aos alunos fundamentos sólidos nos quais o novo conhecimento pode se basear. Isso é crucial se quisermos enfrentar novos

problemas. Sem uma base sólida, qualquer tentativa de adquirir novo conhecimento se arrisca a fracassar. Os problemas do século XXI precisam ser enfrentados com o benefício da experiência e o conhecimento da história — precisamente aquele conhecimento que nos permitiu construir esse mundo do século XXI".

6. Se você quiser aprender mais sobre as escolas livres, acesse: NEW SCHOOLS NETWORK. C2018. Disponível em: <https://www.newschoolsnetwork.org/>.

7. MASSON, J. M. *The pig who sang to the moon:* the emotional world of farm animals. New York: Ballantine, 2003.

8. BBC. Are crows the ultimate problem solvers?" Inside the animal minds. *Youtube*. 2014. Disponível em: <https://www.youtube.com/watch?v=A-VaITA7eBZE>. Acesso em: 09 out. 2018.

9. GORILLA FOUNDATION. *History*. c2018. Disponível em: <http://www.koko.org/history1>. Acesso em: 09 out. 2018.

10. Ver, por exemplo: ROBINSON, K. *The Academic Ilusion*. In: ROBINSON, K. *Out of our minds:* learning to be creative. 2. ed. Mankato: Capstone, 2011. capítulo 4.

11. MIOASIS. *The components of MI.* c2018. Disponível em: <http://multipleintelligencesoasis.org/about/the-components-of-mi/>. Acesso em: 09 out. 2018.

12. POPPER, K. *Conjectures and refutations:* the growth of scientific knowledge. 2. ed. Nova York: Routledge, 2003.

13. Para uma discussão fascinante e útil dessa e de outras dinâmicas de aprendizado e inteligência, ver: WILLINGHAM, D. T. *Why don't students like school?:* a cognitive scientist answer question about how the mind works and what it means for the classroom. San Francisco: Jossey-Bass, 2010.

14. HONORÉ, C. *In praise of slowness: how a worldwide movement is challenging the cult of speed.* San Francisco: Harper One, 2004.

15. HARRISON, J. *One size doesn't fit all!* Slow education at Holy Trinity Primary School, Darwen. Slow Education. c2018. Disponível em: <http://sloweducation.co.uk/2013/06/13/one-size-doesnt-fit-all-slow-education-at-holy-trinity-primary-school-darwen/>. Acesso em: 09 out. 2018.

16. NEILL, M. A Child is not a test score: assessment as a civil rights issue. *Root and Branch*, v. 2. n. 2, p. 29–35, 2009.

17. GRAY, P. TEDx - The decline of Play. *Youtube*. 2014. Disponível em: <https://www.youtube.com/watch?v=Bg-GEzM7iTk>. Acesso em: 09 out. 2018.

18. GRAY, P. *Free to learn:* why unsleashing the instinct to play will make our children happier, more self-reliant, and better students for life. Nova York: Basic Books, 2013.

CAPÍTULO 5: **A arte de ensinar**

1. MCNAMARA, M. Teacher inspires kids to love learning. *CBS Interactive*. 2007. Disponível em: <http://www.cbsnews.com/news/teacher-inspires--kids-to-love-learning/>. Acesso em: 09 out. 2018.

2. MCNAMARA, M. Teacher inspires kids to love learning. *CBS Interactive*. 2007. Disponível em: <http://www.cbsnews.com/news/teacher-inspires--kids-to-love-learning/>. Acesso em: 09 out. 2018.

3. ESQUITH, R. *Teach like your hair's on fire:* the methods and madness inside room 56. Westminster: Penguin, 2007.

4. HATTIE, J. *Visible learning:* a synthesis of over 800 meta-analyses relating to achievement. Londres: Routledge, 2009.

5. Alistair Smith é consultor de educação e trabalhou com professores do mundo todo. Em seu livro, *High Performers: The Secrets of Successful Schools*, ele afirma: "Alunos com os melhores professores nas melhores escolas aprendem pelo menos três vezes mais a cada ano do que aqueles com os piores professores nas piores escolas. Assim, trata-se de uma necessidade investir na qualidade do ensino e dos professores". SMITH, A. *High performers:* the secrets of successful schools. Carmarthen: Crown House, 2011.

6. TIMES HIGHER EDUCATION. *Gove, the enemy of promise.* 2013. Disponível em: <http://www.timeshighereducation.co.uk/features/gove-the-enemy-of-promise/2004641.article>. Acesso em: 09 out. 2018.

7. Ele não é o único que pensa assim. Existe uma visão de que as universidades estão enchendo professores potenciais de críticas sociais e teorias desnecessárias. Nos Estados Unidos, muitas escolas *charter* têm isenções que lhes permitem evitar as atribuições estaduais e federais, o que significa poder contratar professores que podem saber muito sobre o que estão ensinando, mas não tiveram que aprender as outras habilidades necessárias para ensinar.

8. SHEPHERD, J. NUT passes unanimous vote of no confidence in Michael Gove. *The Guardian*. 2013. Disponível em: <http://www.theguardian. com/education/2013/apr/02/nut-no-confidence-michael-gove>. Acesso em: 09 out. 2018.

9. RICHARDSON, H. Michael Gove heckled at head teachers' conference in Birmingham. *BBC*. 2013. Disponível em: <http://www.bbc.com/news/ education-22558756>. Acesso em: 09 out. 2018.

10. Em Singapura, há apenas uma instituição de formação de professores — o National Institute of Education — e ela é extremamente seletiva, selecionando o terço superior de alunos formados no ensino médio. A instituição submete os possíveis professores a um programa rigoroso, com foco intensivo na construção do ato de ensinar, bem como no domínio das disciplinas. Na Coreia do Sul, o esforço para oferecer aos alunos apenas os professores mais qualificados chega ao ponto de até mesmo palestrantes em tempo parcial precisarem ter certificações para ensinar.

11. FRIEDMAN, T. L. Foreign affairs: my favorite teacher. *The New York Times*. 2001. Disponível em: <https://www.nytimes.com/2001/01/09/opinion/foreign-affairs-my-favorite-teacher.html>. Acesso em: 09 out. 2018.

12. AUSTEN, H. *Artistry Unleashed*: a guide to pursuing great performance in work and life. Toronto: University of Toronto, 2010.

13. WRIGHT'S law. Direção: Zack Conkle. Produção de Western Kentucky University. Bowling Green: Western Kentucky University, 2012. (12 min).

14. WRIGHT'S law. Direção: Zack Conkle. Produção de Western Kentucky University. Bowling Green: Western Kentucky University, 2012. (12 min).

15. PIERSON, R. Every kid needs a champion. *Ted Talks Education*. 2013. Disponível em: <https://www.ted.com/talks/rita_pierson_every_kid_needs_a_champion?language=pt-br>. Acesso em: 09 out. 2018.

16. DAVIS, J. How a radical new teaching method could unleash a generation of geniuses. *Wired*. 2013. Disponível em: <http://www.wired. com/2013/10/free-thinkers/>. Acesso em: 09 out. 2018.

17. BUILDING LEARNING POWER. c2018. Disponível em: <http://www. buildinglearningpower.co.uk>. Visite o *site* para conhecer mais sobre os princípios, técnicas e impacto do BLP.

18. MAZUR, E. SSAT National Conference 2012: keynote 4. *Youtube*. 2012. Disponível em: <https://www.youtube.com/watch?v=y5qRyf34v3Q>. Acesso em: 09 out. 2018.

19. BRAME, C. J. Flipping the classroom. Vanderbilt University Center for Teaching. 2013. Disponível em: <http://cft.vanderbilt.edu/guides-sub-pages/flipping-the-classroom/>. Acesso em: 09 out. 2018.

20. KHAN ACADEMY. *Up close and personal in a Khan Academy classroom*. 2013. Disponível em: <http://www.khanacademy.org/about/blog/post/60457933923/up-close-and-personal-in-a-khan-academy-classroom>. Acesso em: 09 out. 2018.

21. Antigo Secretário de Educação do Reino Unido, Michael Gove, disse uma vez que as crianças precisam aprender as habilidades necessárias antes de começarem a ser criativas. Em inglês, ele afirmou: "a criatividade depende do domínio de certas habilidades e da aquisição de um corpo de conhecimentos que antecedem a capacidade de expressar o que está dentro de você. [...] Você não pode ser criativo a menos que entenda como as sentenças são construídas, o que significam as palavras e como utilizar a gramática". Na matemática, ele prosseguiu dizendo: "a menos que as crianças sejam introduzidas àquele estoque de conhecimentos, a menos que saibam utilizar os números com confiança, a menos que multiplicação e divisão se tornem processos automáticos, elas não serão capazes de utilizar a matemática criativamente [...] para fazer descobertas que tornarão nossas vidas melhores no futuro". Mesmo que se tenha um dom musical, ele afirma, "você precisa primeiro aprender todas as escalas. Precisa primeiro adquirir uma fundação sobre a qual a sua criatividade possa florescer". Tudo isso soa como senso comum. E como boa parte do senso comum, é errado ou, na melhor das hipóteses, uma meia-verdade.

22. Eu defendi esses pontos em um artigo para o jornal *The Guardian* (17 de maio de 2013) em resposta ao então Secretário de Educação do Reino Unido Michael Gove. Disponível em: <http://www.theguardian.com/commentisfree/2013/may/17/to-encourage-creativity-mr-gove-understand>. Acesso em: 09 out. 2018.

CAPÍTULO 6: **O que vale a pena saber?**

1. HIGHTECHHIGH. c2018. Disponível em: <http://www.hightechhigh.org/>. Acesso em: 09 out. 2018.

2. ROBIN, J. Project Based Learning. (Vídeo). 2013. Disponível em: <http://dp.hightechhigh.org/~jrobin/ProjectBasedLearning/PBL_is.html>. Acesso em: 09 out. 2018.

3. Ver, por exemplo: HIRCSH JR., E. D. *Core Knowledge Foundation.* c2018. Disponível em: <http://www.coreknowledge.org/ed-hirsch-jr>. Acesso em: 09 out. 2018 e COMMON CORE STATE STANDARDS. *About the Standards.* c2018. Disponível em: <http://www.corestandards. org/about-the-standards>, é uma Iniciativa do Núcleo Comum dos Parâmetros Estaduais. O endereço eletrônico afirma que o Núcleo Comum é baseado em pesquisas e evidências; claro, compreensível, consistente, alinhado às expectativas de entrada no ensino superior e da carreira; com base em conteúdo rigoroso e na aplicação do conhecimento por meio de habilidades de pensamento de nível elevado; nos pontos fortes e nas aulas dos parâmetros estaduais atuais; e informado por outros países de desempenho superior a fim de preparar todos os alunos para o sucesso em nossa economia e sociedade global.

4. Refletindo sobre suas próprias experiências na escola, Charles Darwin (1809–1882) disse: "Nada pode ter sido pior para minha mente do que essa escola, uma vez que ela era estritamente clássica; nada mais sendo ensinado exceto um pouco de história e geografia da Antiguidade. A escola como um meio de educação foi para mim um completo vazio. Durante toda a minha vida, fui singularmente incapaz de dominar qualquer língua [...] O único prazer que recebi desses estudos [clássicos] foi de algumas odes de Horácio que eu admirava muito". (DARWIN, C. *The autobiografy of Charles Darwin.* Disponível em: <http://www. public-domain-content.com/books/Darwin/P2.shtml>. Acesso em: 09 out. 2018.)

5. Eu abordo esses desenvolvimentos mais detalhadamente no livro: ROBINSON, K. *Out of our minds:* learning to be creative. 2. ed. Mankato: Capstone, 2011.

6. No capítulo 1, disse que havia muitas variações no modo como os diferentes sistemas nacionais funcionam e que diferentes países estão encarando o currículo de diferentes maneiras. É verdade. Também é verdade que existe uma forma dominante de currículo em muitos países. Em Xangai, por exemplo, uma grande reforma curricular começou nos anos 1980, com uma mudança de foco para o aprendizado conceitual e vivencial. O currículo é dividido em três componentes: aulas compulsórias, aulas eletivas e programas após a escola, e um refrão comum é "para cada pergunta deve haver mais do que uma única resposta". Trata-se de uma mudança importante em relação ao período anterior, quando o currículo focava em uma grande quantidade de matérias e os professores gastavam

boa parte do seu tempo fazendo seus alunos terem um melhor desempenho nos testes. Também é verdade que existe uma forma dominante de currículo em muitos países.

7. O termo foi cunhado nos anos 1960 pelo educador britânico Andrew Wilkinson. Ver, por exemplo: PHILLIPS, T.; WILKINSON, A. *Oracy matters:* the development of talking and listening. Bristol: Open University, 1988. (English, Language, and Education Series.)

8. Ver, por exemplo: DAMON, W. Peer education: the untapped potential. *Journal of Applied Developmental Psychology,* v. 5, n. 4, p. 331–43.

9. Para mais informações, ver o grande trabalho da CITIZENSHIP FOUNDATION. c2018. Disponível em: <http://www.citizenshipfoundation.org.uk/index.php>.

10. WASHOR, E.; MOJKOWSKI, C. High Schools as Communities in Communities. *The New Educator,* v. 2, p. 247–57, 2006.

11. WASHOR, E.; MOJKOWSKI, C. *Leaving to learn:* how ouy-of-school learning increases student engagement and reduces dropout rates. Portsmouth: Heinemann, 2013. Fiquei muito lisonjeado em fazer o prefácio deste livro.

12. WASHOR, E.; MOJKOWSKI, C. *Leaving to learn:* how ouy-of-school learning increases student engagement and reduces dropout rates. Portsmouth: Heinemann, 2013.

13. INNOVATION UNIT. Big Picture Learning – A school for 21st Century. 2013. Disponível em: <https://www.innovationunit.org/wp-content/uploads/2017/04/Big-Picture-Learning-Final.pdf>.

14. Ver MATTHEW MOSS HIGH SCHOOL. c2018. Disponível em: <http://www.mmhs.co.uk/we-aredifferent>. Acesso em: 09 out. 2018.

15. Ver ALTERNATIVE EDUCATION RESOURCE ORGANIZATION. c2018. Disponível em: <http://www.yaacovhecht.com/bio/>. Acesso em: 09 out. 2018.

16. HECHT, Y. What is democratic education? *Schools of Trust Youtube Channel.* 2013. Disponível em: <https://www.youtube.com/watch?v=B-lECircdLGs>. Acesso em: 09 out. 2018.

17. HECHT, Y. *Democratic education:* a beginning of a story. Ontario: AERO, 2012.

18. Ver AERO. *Jerry Mintz.* c2018. Disponível em: <http://www.education-revolution.org/store/jerrymintz/>. Acesso em: 09 out. 2018.

19. Não tentei definir detalhadamente como funciona na prática, mas fiz isso em outro texto. Ver, por exemplo: ROBINSON, K. *All our futures: creativity, culture and education*. [S.l.]: Dept. for Education and Employment, 1999.

CAPÍTULO 7: **Testando, testando**

1. MATTHEWS, R. What testing looks like? *Youtube*. 2013. Disponível em: <https://www.youtube.com/watch?v=KMAjv4s5y3M&feature=youtube>. Acesso em: 09 out. 2018.

2. ASSOCIATED PRESS. Washington State's loss of no child left behind waiver leaves districts scrambling., 2014. Disponível em: <http://www.oregonlive.com/pacific-northwest-news/index.ssf/2014/05/washington_states_loss_of_no_c.html>. Acesso em: 09 out. 2018.

3. Para informações sobre o trabalho e propostas de Kohn, ver <https://www.alfiekohn.org/bio/>.

4. YOUNG ZAO. *Five questions to ask about the Common Core*. 2013. Disponível em: <http://zhaolearning.com/2013/01/02/five-questions-to--ask-about-the-common-core/>. Acesso em: 09 out. 2018.

5. FAIRTEST. *National resolution on high-stakes testing*. 2015. Disponível em: <https://fairtest.org/national-resolution-highstakes-testing>. Acesso em: 09 out. 2018.

6. HILL, C. Will new sat raise test-prep prices? *MarketWatch*. 2014. Disponível em: <http://www.marketwatch.com/story/test-prep-industry-expects-banner-year-from-new-sat-2014-03-06>. Acesso em: 09 out. 2018.

7. SCHONFELD, Z. Princeton review founder blasts the SAT: 'These tests measure nothig of value.' *Newsweek*. 2014. Disponível em: <https://www.newsweek.com/princeton-review-founder-blasts-sat-these-tests-measure--nothing-value-246360>. Acesso em: 09 out. 2018.

8. CLAUDE. Unions Opposed to Testdriven Education. Education International. 2012. Disponível em: <https://worldsofeducation.org/en/detail/1957/united-states-unions-opposed-to-test-driven-education>. Acesso em: 09 out. 2018.

9. FAIRTEST. Colleges and universities that do not use SAT/ACT scores for admitting substantial numbers of students into bachelor degree programs. 2014. Disponível em: <https://fairtest.org/university/optional#5>. Elas incluem Bard College, Brandeis University, Colorado State College,

Grambling State University, Providence College, University of Texas e muitas outras.

10. IBIS WORLD MARKET RESEARCH. Testing & educational support in the U.S. 2014. Disponível em: <https://www.ibisworld.com/industry/default.aspx?indid=1549>. Acesso em: 09 out. 2018.

11. BOX OFFICE MOJO. *2013 Domestic Grosses*. Disponível em: <https://boxofficemojo.com/yearly/chart/?yr=2013>. Acesso em: 09 out. 2018.

12. BURKE, M. How national football league can reach $25 billion in annual revenues. *Forbes*. 2013. Disponível em: <http://www.forbes.com/sites/monteburke/2013/08/17/how-the-national-football-league-can-reach--25-billion-in-annual-revenues/>. Acesso em: 09 out. 2018.

13. FIGUEROA, A. 8 Things you should know about corporations like person that make huge profits from standardized tests. *Alternet*. 2013. Disponível em: <https://www.alternet.org/education/corporations-profi-t-standardized-tests>. Acesso em: 09 out. 2018.

14. FIGUEROA, A. 8 Things you should know about corporations like person that make huge profits from standardized tests. *Alternet*. 2013. Disponível em: <https://www.alternet.org/education/corporations-profi-t-standardized-tests>. Acesso em: 09 out. 2018.

15. ARMITAGE, J. Watch your language: the tories'u-turn on testers. *News-Bank*. 2014.

16. HAIMSON, L. The pineapple and the hare: person's absurd, nonsensical ela exam, recycled endlessy throughout country. *NYC Public School Parents*. 2012. Disponível em: <https://nycpublicschoolparents.blogspot.com/2012/04/pineapple-and-hare-pearsons-absurd.html>. Acesso em: 09 out. 2018.

17. OCDE. *PISA 2012 results*. 2012. Disponível em: <https://www.oecd.org/pisa/keyfindings/pisa-2012-results.htm>. Acesso em: 09 out. 2018.

18. CENTER ON INTERNATIONAL EDUCATION BENCHMARKING. Singapore: Instructional Systems. 2012. Disponível em: <http://ncee.org/what-we-do/center-on-international-education-benchmarking/top-per-forming-countries/singapore-overview-2/singapore-learning-systems/>. Acesso em: 09 out. 2018.

19. PARTANEN, A. What Americans keep ignoring about finland's school success?" *The Atlantic*. 2011. Disponível em: <https://www.theatlantic.com/national/archive/2011/12/what-americans-keep-ignoring-about-fin-

lands-school-success/250564/#.Tv4jn7hW2CU.twitter>. Acesso em: 09 out. 2018.

20. PHONG, T. Vietnam stops using grades in elementary schools. *Pangea Today.* 2014. Disponível em: <https://www.pangeatoday.com/vietnam--stops-using-grades-in-elementary-schools/>.

21. THE GUARDIAN. OECD and Pisa tests are damaging educational worldwide — academics. 2014. Disponível em: <https://www.theguardian.com/education/2014/may/06/oecd-pisa-tests-damaging-education-academics>. Acesso em: 09 out. 2018.

22. BOWER, J.; THOMAS, P. L. *De-testing and De-grading Schools: Authentic Alternatives to Accountability and Standardization.* New York: Peter Lang, 2013.

23. FAIR TEST. The learning record. 2007. Disponível em: <http://fairtest.org/learning-record>. Acesso em: 09 out. 2018.

24. MILLAR, E. Why some schools are giving letter grades a fail? *The Globe and Mail.* 2014. Disponível em: <https://www.theglobeandmail.com/news/national/education/schools-that-give-letter-grades-fail/article17807841/>. Acesso em: 09 out. 2018.

CAPÍTULO 8: **Princípios para diretores**

1. Ver FERGUSON, A. In: Wikipedia. 2018. Disponível em: <http://en.wikipedia.org/wiki/Alex_Ferguson>. Acesso em: 10 out. 2018.

2. BADENHAUSEN, K. Manchester United tops the world's 50 most valuable sports team. *Forbes.* 2012. Disponível em: <https://www.forbes.com/sites/kurtbadenhausen/2012/07/16/manchester-united--tops-the-worlds-50-most-valuable-sports-teams/>. Acesso em: 10 out. 2018.

3. JACKSON, J. David Moyes sacked by Manchester United and replace by Ryan Giggs. *The Guardian.* 2014. Disponível em: <https://www.theguardian.com/football/2014/apr/22/david-moyes-sacked-manchester-united>. Acesso em: 10 out. 2018.

4. Para uma discussão detalhada sobre esse tema, ver: SINEK, S. *Leaders eat last:* why some teams pull together and others don't. Westminster: Portfolio, 2014.

5. WAGNER, T. *Creating innovators:* the making of young people who will change the world. Scribner: Simon & Schuster, 2012.

6. *HANSARD. House of commons rebuilding.* 1943. Disponível em: <https://api.parliament.uk/historic-hansard/commons/1943/oct/28/house-of-commons-rebuilding>. Acesso em: 10 out. 2018.

7. IMISON, T.; LIZ WILLIAMS, L.; HEILBRONN, R. *Comprehensive achievements:* all our geese are swans. Londres: Trentham, 2013.

8. Para detalhes, ver: THE THIRD TEACHER. c2010. Disponível em: <http://www.thethirdteacher.com>. Acesso em: 10 out. 2018.

9. CLARK UNIVERSITY. LEEP (Liberal Education and Effective Practice). c2018. Disponível em: <https://www.clarku.edu/leep/>. Acesso em: 10 out. 2018.

10. CLARK UNIVERSITY. The school with a promise. c2018. Disponível em: <https://www.clarku.edu/departments/education/upcs/>. Acesso em: 10 out. 2018.

11. EDUCATION TRUST. University Park Campus School. c2018. Disponível em: <http://action.org/content_item/university-park>. Acesso em: 10 out. 2018.

12. Desde o relatório inicial, NASSP publicou seis relatórios adicionais sobre a reforma educacional e lançou uma série contínua de programas de liderança Breaking Ranks.

13. NASSP. *School improvement.* 2017. Disponível em: <http://www.nassp.org/School-Improvement>. Acesso em: 10 out. 2018.

14. MetLife Foundation–NASSP. Escolas Inovadoras da Fundação MetLife—NASSP. 2014. Disponível em: <http://www.nassp.org/AwardsandRecognition/MetLifeFoundationNASSPBreakthroughSchools.aspx>.

15. AN EXECUTIVE Summary of Breaking Ranks: changing an American Institution. Reston: National Association of Secondary School Principals, 1996.

CAPÍTULO 9: **Tragam tudo de volta para casa**

1. De acordo com um relatório de 2014 da Pew Foundation, em 1960, 73% das crianças dos Estados Unidos viviam com dois pais heterossexuais no seu primeiro casamento; em 1980, o número era de 61%; e, em 2014, atingiu 46%.

2. Para o manifesto-padrão sobre essa abordagem de cuidado parental, ver CHUA, A. *Battle hymn of the tiger mother.* Westminster: Penguin, 2011.

3. Para o contramanifesto, ver: CAREY, T. *Taming the tiger parent:* how to put your child's well-being first in a competitive world. Londres: Constable and Robinson, 2014.

4. HENDERSON, A. T.; MAPP, K. L.; AVERETT, A. *A new wave of evidence:* the impact of school, family, and community connections on student achievement. Austin: National Center for Family and Community Connections with Schools, 2002.

5. HENDERSON, A. T.; MAPP, K. L.; AVERETT, A. *A new wave of evidence:* the impact of school, family, and community connections on student achievement. Austin: National Center for Family and Community Connections with Schools, 2002.

6. UNIVERSITY OF CHICAGO. Urban Education Institute. *Organizing schools for improvement:* lessons from Chicago. 2010. Disponível em: <https://uei.uchicago.edu/news/article/organizing-schools-improvement-lessons-chicago>. Acesso em: 10 out. 2018.

7. UNIVERSITY OF CHICAGO. Urban Education Institute. *Organizing schools for improvement:* lessons from Chicago. 2010. Disponível em: <https://uei.uchicago.edu/news/article/organizing-schools-improvement-lessons-chicago>. Acesso em: 10 out. 2018.

8. BASSETT, P. F. When parents and schools align. *National Association of Independent Schools.* 2009. Disponível em: <https://www.nais.org/Magazines-Newsletters/ISMagazine/Pages/When-Parents-and-Schools-Align.aspx>. Acesso em: 10 out. 2018.

9. BASSETT, P. F. When parents and schools align. *National Association of Independent Schools.* 2009. Disponível em: <https://www.nais.org/Magazines-Newsletters/ISMagazine/Pages/When-Parents-and-Schools-Align.aspx>. Acesso em: 10 out. 2018.

10. Para mais detalhes sobre a escola ver: BLUE SCHOOL. c2018. Disponível em: <http://www.blueschool.org>. Acesso em: 10 out. 2018.

11. NATIONAL STANDARDS FOR FAMILY-SCHOOL PARTNERSHIPS. *National PTA.* Disponível em: <https://www.pta.org/programs/content.cfm?ItemNumber=3126&navItemNumber=3983>. Acesso em: 10 out. 2018.

12. THORNTON, O. Families: an essencial ingredient for student successvand excellent schools. *Huffington Post.* 2014. Disponível em: <http://www.huffingtonpost.com/otha-thornton/families-an-essential-ing_b_5232446.html>. Acesso em: 10 out. 2018.

13. U.S. DEPT. OF EDUCATION. *Partners in education:* a dual capacity--building framework for family-school partnership. 2013. Disponível em: <http://www2.ed.gov/documents/family-community/partners-education.pdf>. Acesso em: 10 out. 2018.

14. "O conhecimento traduzido na Abordagem Construtora de Dupla Capacidade é o resultado de décadas de trabalho de professores, pais, pesquisadores, administradores, dirigentes e membros da comunidade. A abordagem revela que, para que as parcerias família-escola sejam bem-sucedidas, os adultos responsáveis pela educação das crianças devem aprender e crescer, assim como eles apoiam o aprendizado e o crescimento dos alunos." (U.S. DEPT. OF EDUCATION. *Partners in education:* a dual capacity-building framework for family-school partnership. 2013. Disponível em: <http://www2.ed.gov/documents/family-community/partners-education.pdf>. Acesso em: 10 out. 2018.)

15. EDUTOPIA. *Home-to-school connections resource guide.* c2018. Disponível em: <http://www.readingrockets.org/sites/default/files/edutopia--home-to-school-guide.pdf>. Acesso em: 10 out. 2018.

16. Ver FAMILIES IN SCHOOLS. *Mission.* c2018. <https://www.familiesinschools.org/about/mission-vision/>. Acesso em: 10 out. 2018.

17. NATIONAL CENTER FOR EDUCATION STATISTICS. *Fast facts.* c2018. Disponível em: <http://nces.ed.gov/fastfacts/display.asp?id=91>. Acesso em: 10 out. 2018.

18. CUMMINGS, Q. *The year of learning dangerously: adventures in homeschooling.* New York: TarcherPerigee, 2012.

19. LAPLANTE, L. TEDx - Hackschooling makes me happy. *Youtube.* 2013. Disponível em: <https://www.youtube.com/watch?v=h11u3vtcpaY&feature=kp>. Acesso em: 10 out. 2018.

20. MILLER, L. Homeschooling, City-Style. *New York.* 2012. Disponível em: <http://nymag.com/guides/everything/urban-homeschooling-2012-10/>. Acesso em: 10 out. 2018.

CAPÍTULO 10: **Mudança de clima**

1. FITS NEWS. *South Carolina loses ground on nations report card.* 2013. Disponível em: <https://www.fitsnews.com/2013/11/07/south-carolina--loses-ground-on-nations-report-card/>. Acesso em: 10 out. 2018.

2. RUBIN, C. M. The global search for education: creative China. *Huffington Post*. 2014. Disponível em: <https://www.huffingtonpost.com/c-m-rubin/the-global-search-for-edu_b_5665681.html>. Acesso em: 10 out. 2018.

3. JOHNSON, I. Solving China's schools: an interview with Jiang Xueqin. *New York Review of Books*. 2014. Disponível em: <https://www.nybooks.com/blogs/nyrblog/2014/apr/08/china-school-reform-jiang-xueqin/>. Acesso em: 10 out. 2018.

4. RUBIN, C. M. The global search for education: the middle east. *Huffington Post*. 2014. Disponível em: <http://www.huffingtonpost.com/c--m-rubin/the-global-search-for-edu_b_5651935.html>. Acesso em: 10 out. 2018.

5. Ver Declaração de objetivos da ASK. c2018. Disponível em: <http://www.ask-arabia.com/>. Acesso em: 10 out. 2018.

6. RUBIN, C. M. The global search for education: the middle east. *Huffington Post*. 2014. Disponível em: <http://www.huffingtonpost.com/c--m-rubin/the-global-search-for-edu_b_5651935.html>. Acesso em: 10 out. 2018.

7. Ao descrever seus programas de reforma, Krista Kiuru, ministra finlandesa da educação e ciência, afirmou: "Devemos atuar fortemente para desenvolver a educação finlandesa [...] Traremos não apenas especialistas em pesquisa e educação e dirigentes políticos, mas também representantes dos alunos e dos pais [...] devemos encontrar meios para melhorar e manter a motivação no aprendizado e no estudo e tornar as escolas um bom ambiente a ser frequentado".

8. GATTO, J. T. *Weapons of Mass instruction*: a schoolteacher's journey through the dark world of compulsory schooling. Gabriola Island: New Society, 2009.

9. Ver, por exemplo: RAVITCH, D. *Reign of error*: the hoax of the privatization movement and the danger to america's public schools. Nova York: Vintage, 2014.

10. Adaptado por Brighouse a partir de Knoster (1991). Apresentação na Conferência TASH, Washington, D.C. (Adaptado por Knoster do Enterprise Group.)

11. Adaptado por Brighouse a partir de Knoster (1991). Apresentação na Conferência TASH, Washington, D.C. (Adaptado por Knoster do Enterprise Group.)

POSFÁCIO

1. MONTESSORI, M; GEORGE, A. E. *The Montessori method*. Nova York: Schocken, 1964.

2. NORTH AMERICAN MONTESSORI TEACHERS' ASSOCIATION. How many Montessori schools are there? c2018. Disponível em: <http://www.montessori-namta.org/faq/Montessori-Education/How-many--Montessori-schools-are-there>. Acesso em: 10 out. 2018.

3. STEINER WALDORF SCHOOLS FELLOWSHIP. *What is Steiner education*? c2018. Disponível em: <https://www.steinerwaldorf.org/steiner-education/what-is-steiner-education/>. Acesso em: 10 out. 2018.

4. Ver: SUMMER HILL SCHOOL. c2018. <http://www.summerhillschool.co.uk/about.php>. Acesso em: 10 out. 2018.

Índice